Caminhos da cidadania

Alzira Alves de Abreu
(Organizadora)

Caminhos da cidadania

Adalberto Cardoso
Alcides Jorge Costa
Alzira Alves de Abreu
Carlos Roberto de C. Jatahy
Elizabeth Dezouzart Cardoso
Fabiano Santos
Joaquim Falcão
José Augusto Garcia de Sousa
Juliana Gagliardi de Araujo
Luiz Carlos Merege
Márcio Grijó Vilarouca
Sergio Lamarão

ISBN — 978-85-225-0776-4

Copyright © 2009 Alzira Alves de Abreu

Direitos desta edição reservados à
EDITORA FGV
Rua Jornalista Orlando Dantas, 37
22231-010 — Rio de Janeiro, RJ — Brasil
Tels.: 0800-021-7777 — 21-3799-4427
Fax: 21-3799-4430
E-mail: editora@fgv.br — pedidoseditora@fgv.br
www.fgv.br/editora

Impresso no Brasil/*Printed in Brazil*

Todos os direitos reservados. A reprodução não autorizada desta publicação, no todo ou em parte, constitui violação do copyright (Lei nº 9.610/98).

Os conceitos emitidos neste livro são de inteira responsabilidade dos autores.

Este livro foi editado segundo as normas do Acordo Ortográfico da Língua Portuguesa, aprovado pelo Decreto Legislativo nº 54, de 18 de abril de 1995, e promulgado pelo Decreto nº 6.583, de 29 de setembro de 2008.

1ª edição — 2009

Preparação de originais: Maria Lucia Leão Velloso de Magalhães

Editoração eletrônica: FA Editoração

Revisão: Aleidis de Beltran e Fatima Caroni

Capa: aspecto:design

Apoio:

**Ficha catalográfica elaborada pela
Biblioteca Mario Henrique Simonsen**

Caminhos da cidadania / Alzira Alves de Abreu (organizadora). — Rio de Janeiro : Editora FGV, 2009.
240 p.

Inclui bibliografia.

1. Cidadania. 2. Direitos civis. I. Abreu, Alzira Alves de. II. Fundação Getulio Vargas.

CDD — 323.6

Fundado em 1856, o Credit Suisse oferece uma plataforma completa de produtos e serviços financeiros, por meio de suas três divisões principais de negócios: Private Banking, Investment Banking e Asset Management. No Brasil e em mais de 50 países, o Credit Suisse procura estabelecer parcerias de longo prazo e desenvolver soluções financeiras inovadoras, sempre atento às necessidades de seus clientes.

Há muitos anos, o Credit Suisse depositou confiança no crescimento do Brasil e no importante papel que nosso país conquistaria, a cada dia, no cenário internacional. Em 1991, foi um dos principais bancos de investimento internacionais a estabelecer sua presença no país e, em 1998, adquiriu um dos líderes entre os bancos de investimento do Brasil, o Banco Garantia. Em 2007, o Credit Suisse adquiriu o controle da Hedging-Griffo, uma empresa líder em private banking *e* asset management *e uma das maiores corretoras de valores e* commodities *do Brasil.*

Por nos considerarmos parte de uma sociedade global, auxiliamos diversas organizações e projetos humanitários e filantrópicos em todo o mundo, bem como eventos culturais importantes.
O exercício da cidadania é um dos aspectos mais relevantes e importantes das sociedades democráticas.

O Credit Suisse parabeniza a FGV pela iniciativa de disponibilizar de forma sistemática dados e informações sobre a organização, a estrutura e o funcionamento do sistema político brasileiro que até agora se encontravam dispersos. A obra Os caminhos da cidadania *é uma importante contribuição para os estudos sobre esse tema no país.*

Sumário

Introdução — O que é cidadania e o que é ser cidadão?   9
Alzira Alves de Abreu

1 Constituição constituições   13
Joaquim Falcão

2 O Estado e os três poderes   35
Juliana Gagliardi de Araujo

3 A federação brasileira — estados e municípios: estrutura e atribuições   53
Alzira Alves de Abreu
Juliana Gagliardi de Araujo

4 Atribuições do Ministério Público, ferramentas da cidadania   59
Carlos Roberto de C. Jatahy

5 A Defensoria Pública   69
José Augusto Garcia de Sousa

6 Mudanças e permanências no sindicalismo brasileiro   93
Adalberto Cardoso

7 Tendências do sistema partidário brasileiro   107
Fabiano Santos
Márcio Grijó Vilarouca

8 O sistema eleitoral brasileiro   125
Alzira Alves de Abreu
Juliana Gagliardi de Araujo

9   O sistema tributário nacional   135
Alcides Jorge Costa

10 A previdência social no Brasil   149
Alzira Alves de Abreu

11 As organizações do terceiro setor: para que servem, o que fazem   157
Luiz Carlos Merege

12 A mídia no Brasil: coparticipante na construção da cidadania   177
Alzira Alves de Abreu

13 A população brasileira: sua evolução   187
Sergio Lamarão
Elizabeth Dezouzart Cardoso

Apêndice — Uma cronologia dos principais acontecimentos no Brasil republicano   203
Alzira Alves de Abreu
Juliana Gagliardi de Araujo

Sobre os autores   239

Introdução

O que é cidadania e o que é ser cidadão?

Alzira Alves de Abreu

O conceito de cidadania — do latim *civitas* — tem origem nas antigas religiões, na Grécia antiga e no Império romano. Na Grécia, cidadania designava os direitos dos indivíduos que viviam na cidade e que participavam da gestão, dos negócios e das decisões políticas. Eram direitos de que só uma pequena minoria usufruía. Em Atenas, por exemplo, só os homens livres eram cidadãos, ficando excluídos as mulheres, os escravos e os estrangeiros. Na Roma antiga, a cidadania era inicialmente atributo dos indivíduos mais importantes, mas em 212 d.C. foi estendida a todos os habitantes do Império pelo Edital de Caracalla. Já na Idade Média, a cidadania sofreu um grande recuo. Foi o período da sociedade dos privilégios, dos senhores e dos servos, em que não havia participação da população nas decisões de interesse da comunidade. Com o avanço da Idade Moderna, nos séculos XVII e XVIII, o conceito de cidadania reapareceu. A Revolução Industrial inglesa introduziu mudanças nas esferas econômica e política, e o poder do proprietário de terras passou para as mãos dos novos proprietários mercantis e industriais, tanto na cidade quanto no campo. A luta pelas liberdades e direitos dos indivíduos contra governos tirânicos ganhou mundo. A Revolução Americana (1776) e a Revolução Francesa (1789) foram decisivas para o desenvolvimento da cidadania, na construção dos direitos civis. Liberdade, igualdade e fraternidade sintetizam a natureza do novo cidadão. Cidadão, hoje, é definido como o indivíduo que goza dos direitos civis e políticos de um Estado e cumpre seus deveres como membro desse Estado.

Entretanto, cidadania não é sinônimo de democracia. É verdade que no Brasil dos anos 1970, durante a luta pela redemocratização, o discurso político de modo geral identificava a luta pela volta à democracia com a conquista da cidadania. Hoje ainda, muitas vezes, nos discursos políticos e nos meios de comunicação, identificam-se esses dois conceitos. O que é importante lembrar é que hoje existem certos direitos que nem as leis nem as autoridades públicas podem contrariar, como mostra Dalmo de Abreu Dallari (1982). Esses direitos estão na Declaração Universal dos Direitos do Homem, aprovada pela Organização das Nações Unidas (ONU) em 1948. Em todos os países, a lei maior é a Constituição, na qual são enumerados os direitos fundamentais do indivíduo. Todos são obrigados a respeitar a Constituição e as leis do país, pois o contrário implica punição.

No Estado moderno, o conceito de cidadania consiste no conjunto de direitos e obrigações legais conferidos aos indivíduos na qualidade de cidadãos. Essa concepção, de acordo com Rosângela B. Cavalcanti (1999:22), "está ancorada no pensamento liberal clássico, segundo o qual a cidadania tem origem no pacto social, quando se funda a nação e se organiza o Estado, pelo estabelecimento de uma constituição. Ser cidadão significa fazer parte de uma comunidade mais ampla, é identificar-se com uma nação particular e ter direitos — garantidos pelo Estado correspondente — e deveres para com a coletividade na qual se está inserido". Conclui a autora: "O cidadão é membro ativo de uma sociedade política independente. A cidadania se diferencia da nacionalidade porque esta supõe a mera qualidade de pertencer a uma nação, enquanto o conceito de cidadania pressupõe a condição de ser membro ativo do Estado para tomar parte em suas funções".

É desses conceitos que este livro tratará, com o objetivo de colocar à disposição da sociedade dados e informações sobre a organização, a estrutura e o funcionamento do sistema político brasileiro que se encontram dispersos em diferentes fontes. O livro contém 13 textos, resultantes do trabalho de 12 pesquisadores, juristas, cientistas políticos, especialistas em diferentes áreas, que trazem sua contribuição para o entendimento do Brasil democrático contemporâneo. O conhecimento que será aqui apresentado permitirá orientar estudantes de nível universitário, jornalistas, políticos, administradores municipais, estaduais e federais, assim como todos os cidadãos que necessitam de informações para melhor exercer a cidadania na comunidade.

***

Ao contrário do que ocorreu no século XVIII na Inglaterra, nos países europeus e nos Estados Unidos, onde a conquista dos direitos de cidadania se deu através da luta contínua dos cidadãos com forte sentimento de liberdade, no Brasil a construção da cidadania foi realizada sem a presença ativa dos cidadãos. Até 1930, de acordo com José Murilo de Carvalho (2002:83), "não havia povo organizado politicamente nem sentimento nacional consolidado. A participação na política nacional, inclusive nos grandes acontecimentos, era limitada a pequenos grupos. A grande maioria do povo tinha com o governo uma relação de distância, de suspeita, quando não de aberto antagonismo".

O ano de 1930 foi um divisor de águas na história do país. A partir dessa data, aceleraram-se as mudanças sociais e políticas. Uma das primeiras medidas do governo revolucionário que então assumiu o poder, com Getúlio Vargas à frente, foi criar o Ministério do Trabalho, Indústria e Comércio. A seguir, veio vasta legislação trabalhista e previdenciária, completada em 1943 com a Consolidação das Leis do Trabalho. O governo de Vargas outorgou às classes trabalhadoras salário mínimo, repouso remunerado, regulamentação do trabalho do menor e da mulher, aposentadoria e previdência social. Se a legislação social continuou a se expandir até os dias de hoje, os direitos políticos não tiveram a mesma evolução, já que ditaduras e experiências democráticas se alternaram.

Em 1934 fora promulgada uma nova Constituição. Em 1937, Vargas inaugurou um período ditatorial, instalando o Estado Novo e outorgando uma nova Carta. Foram proibidas as manifestações políticas, instalada a censura à imprensa, presos os opositores do regime, fechado o Congresso. O governo legislava por decreto. Em 1945 houve a queda de Vargas e a volta à democracia. Foram convocadas eleições presidenciais e para uma assembleia nacional constituinte. No ano seguinte, 1946, foi promulgada uma nova Constituição. Pela primeira vez na história do país, o voto popular alcançou grande parte da população. Foram mantidas as conquistas do período anterior e garantidos os direitos civis e políticos. Os direitos civis progrediram lentamente, e o acesso da população ao sistema judiciário continuou muito limitado.

Segundo Carvalho (2002:123-127), o período de 1930 a 1945 foi a era dos direitos sociais, e o de 1945 a 1964, a primeira experiência democrática da história brasileira. Em 1964, um regime ditatorial foi imposto, e os direitos civis e políticos foram restringidos. Entretanto, também aí foi dada ênfase aos direitos sociais, agora estendidos aos trabalhadores rurais: houve a unificação e universalização da previdência social. A volta ao regime democrático se deu em 1985 com a eleição indireta de Tancredo Neves para a presidência da República e de José Sarney para a vice-presidência. Com a morte de Tancredo Neves antes mesmo de tomar posse, assumiu o governo José Sarney, que convocou uma Assembleia Constituinte. A Constituição promulgada em 1988, a mais liberal e democrática que o país já teve, foi chamada de Constituição Cidadã.

Na Constituição de 1988 estão estabelecidos os direitos e deveres dos cidadãos no Brasil de hoje. É cidadão brasileiro todo indivíduo que tem nacionalidade brasileira e dispõe de todos os direitos civis e políticos. Existem duas categorias de cidadãos: aquele que já nasceu com a cidadania brasileira e o naturalizado, que adotou a cidadania brasileira. O cidadão originário e o naturalizado têm os mesmos direitos, com algumas exceções, de acordo com a Constituição. É reservado ao brasileiro originário o exercício de atividades públicas como as de presidente e vice-presidente da República, ministro de Estado ou de um tribunal superior, procurador-geral da República, senador, deputado federal, governador e vice-governador, embaixador ou diplomata de carreira e oficial das Forças Armadas. São também prerrogativas do brasileiro de origem ser proprietário, armador ou comandante de navio brasileiro, e ser responsável pela orientação e administração de empresas jornalísticas, inclusive de radiodifusão e televisão.

A garantia dos direitos individuais exige que o Estado respeite a individualidade de cada cidadão, enquanto a dos direitos sociais exige a interferência do Estado. Assim, o Estado deve interferir para garantir os direitos à educação, à previdência e assistência social, à habitação, ao trabalho, à segurança, ao transporte, ao lazer.

A cidadania pode ser desdobrada em direitos políticos, civis e sociais.

Os direitos políticos referem-se à participação do cidadão no governo da sociedade. Suas instituições principais são os partidos e um parlamento livre e representativo. Na dimensão política da cidadania estão incluídos os direitos de votar, de ser votado e de participar da vida política.

A dimensão civil da cidadania inclui, por sua vez, o direito à vida, à propriedade, à liberdade de pensamento, de crença e de expressão, e à justiça. Homens e mulheres são iguais em direitos e obrigações, todos os filhos biológicos ou adotivos são iguais, e não se tolera o racismo.

Na dimensão social e econômica da cidadania estão incluídos, entre outros, os direitos de proteção ao trabalho, de proteção contra o desemprego, através do "seguro desemprego", e de defesa do salário do trabalhador. São garantidos limites para a duração do trabalho e o direito ao repouso, a proteção da gestante, o direito à aposentadoria, a liberdade de associação profissional e sindical, o direito de greve e o direito à educação.

A cidadania também impõe deveres:

❏ dever de participar da vida coletiva no sindicato, no partido político, no bairro, nas diversas associações, nos níveis municipal, estadual ou nacional;
❏ dever de solidariedade;

- dever de contribuir para o progresso da cidade, do Estado, do país, de ajudar na superação dos problemas sociais, cada um na medida de suas possibilidades;
- dever de respeitar as leis;
- dever de pagar impostos;
- dever de prestar o serviço civil ou o serviço militar;
- dever de lutar para a construção de um país e de um mundo fundados na cooperação, na boa vizinhança, nos valores da justiça e da paz.

Para saber mais, é preciso ler

CARVALHO, José Murilo de. *Cidadania no Brasil:* o longo caminho. 3. ed. Rio de Janeiro: Civilização Brasileira, 2002.

CAVALCANTI, Rosângela Batista. *Cidadania e acesso à justiça:* promotores de justiça da comunidade. São Paulo: Idesp, 1999.

DALLARI, Dalmo de Abreu. *O que são direitos da pessoa.* São Paulo: Brasiliense, 1982.

PANDOLFI, Dulce et al. (Org.). *Cidadania, justiça e violência.* Rio de Janeiro: FGV, 1999.

PINSKY, Jaime; PINSKY, Carla Bassanezi (Orgs.). *História da cidadania.* 2. ed. São Paulo: Contexto, 2003.

1 Constituição constituições

*Joaquim Falcão**

Aviso inicial

Quase todos conhecem a palavra "constituição" ou já ouviram falar dela. Quase todos têm uma noção do que seja, uns vagamente, outros menos. Mas é difícil defini-la com precisão. E, quando alguém consegue, difícil também é obter consenso quanto à definição escolhida. Poucos concordam com muitos. Desde Aristóteles até hoje. Até amanhã, aliás. Disputam sempre, e a toda hora, juristas, juízes, legisladores, políticos, professores, cientistas sociais, advogados, historiadores, filósofos e tantos outros, cidadãos também e sobretudo. Cada um com sua definição preferida, e todos pretendendo que a sua seja verdadeira, única, capaz de excluir as demais. Vã pretensão.

Muitos entendem a tarefa de definir "constituição" como a de homogeneizar todas as constituições possíveis, verificáveis na trajetória da história, encontrá-las enquanto unidade, dar-lhes um unívoco sentido verdadeiro. É como colocar todos os tipos de constituições numa espécie de liquidificador epistemológico para lhes retirar sumo comum. Esse sumo seria o teste, o grupo de controle, a verdadeira natureza da constituição, em todas necessariamente presente. Vã pretensão.

Não partilho da ambição totalizante de homogeneização dos fenômenos sociais. Aceito, respeito, mas não partilho. Definir Constituição é compreender constituições. Constituição, constituições. É conhecer as múltiplas descrições possíveis, compatíveis e acumulativas. Não é ou uma, ou outra. São muitas. Essas descrições dependem da perspectiva e do método escolhido pelo sujeito, por aquele que olha para a Constituição. Depende muito dos óculos, do binóculo, do microscópio, do telescópico mental que cada jurista, cada cidadão, adota ao se aproximar do objeto do conhecimento, no caso, a Constituição ela própria, e apreendê-lo. Dependendo deles, as descrições da Constituição são múltiplas. A Constituição aparece como norma, como norma superior, como decisão, como decisão social, como pacto social, como arena de interesses políticos concorrentes,

---

* Agradeço a Tânia Rangel, Diego Werneck e Pedro Cantisano a leitura, a crítica e as sugestões que tornaram melhor e possível este texto.

como texto, como mudança, como interpretação, eficácia, e por aí vamos, pluralística e caleidoscopicamente, sem limitar as possibilidades que ainda vão surgir. Sem parar o futuro. Sem contradizê-lo ou evitá-lo de antemão.

Essas descrições, redescrições, são no fundo, no dizer de Richard Rorty,[1] apenas ferramentas, instrumentos múltiplos, que usamos para cumprir determinadas tarefas. As constituições são ferramentas institucionais vinculadas a uma tarefa e a um destino. Que tarefa é essa que se dá à Constituição e que justifica sua existência e define sua verdade provisória e múltipla? Trata-se da simples e enorme tarefa de ajudar a construir a solidariedade humana. De viabilizar a vida social como paz, a fim de impulsionar o progresso do conhecimento. De aumentar nossa sobrevida. De escapar da morte. Adiá-la.

Já foi dito que o cerne de nossa civilização contemporânea é a produção e aplicação do conhecimento. Seria isso justamente que nos distinguiria das civilizações passadas. Roma fez a expansão territorial com seus exércitos. Os fenícios avançaram com o comércio. A Grécia foi à frente com a arte e a beleza. Hoje avançamos com o conhecimento que produzimos e aplicamos, em favor da saúde, da riqueza e da justiça. A tarefa da Constituição se insere nessa utilidade. Luhmann caminha no mesmo sentido. Se o Judiciário não produz sentenças capazes de aumentar a paz social não é legítimo. Não se define, justifica ou se merece. Desperdício institucional inútil.

Essa perspectiva que adotei é pragmática e policêntrica. A Constituição não vai além de sua utilidade. Utilidade não monogâmica, que se pode realizar de várias maneiras. Constituição, constituições. Mas todas têm que se encontrar no objetivo comum: afastar-nos do destino de sermos, apenas e sempre, alcateia. Não somos necessariamente, embora o sejamos muitas vezes.

Por isso, caro leitor, substitua logo de início o teste pelo qual vai avaliar este capítulo. Em vez de se perguntar: essa definição de Constituição é verdadeira? Pergunte-se: essas múltiplas descrições de Constituição — como pacto, arena, decisão, eficácia e mudança — vão me ser útil para compreender e praticar uma vida social mais justa como queria Luhmann ou mais solidária como queria Rorty? A Constituição inexiste sem seu destino.

A Constituição como ata do pacto social

A melhor definição de Constituição é também a mais sucinta e simples: a Constituição é a ata do pacto social. É de Joaquim da Silva Rabelo, frade carmelita luso-brasileiro, também conhecido por frei Joaquim do Amor Divino Rabelo Caneca, formado aos 22 anos no Seminário de Olinda. Por causa dela e por acreditar nela, e mais, por lutar por ela, morreu. Ou melhor, foi condenado à forca pela justiça de d. Pedro I. Aliás, não morreu enforcado, não. O carrasco designado a enforcá-lo negou-se, tamanha a reverência e o respeito que lhe tinha. Morreu arcabuzado, isto é, fuzilado com bacamartes, por ordem expressa do militar Francisco de Lima e Silva, filho do mais tarde glorioso duque de Caxias. Foi no Recife, em 13 de janeiro de 1825, no pátio do Forte das Cinco Pontas, que existe até hoje.

---

[1] Ver Rorty, Nystrom e Puckett, 2004.

O Brasil mal conquistara sua independência em 1822 e rabiscava sua primeira Constituição nacional. Pelos jornais, nos conselhos comunitários e nos sermões, frei Caneca, no Nordeste, discordava do projeto de Constituição centralizador apresentado por d. Pedro I.

> É por todas estas razões que eu sou de voto que não se adote e muito menos jure o projeto de que se trata, por ser inteiramente mau, pois não garante a independência do Brasil, ameaça sua integridade, oprime a liberdade dos povos, ataca a soberania da nação...[2]

Este, através de seus pronunciamentos do trono, no Rio de Janeiro, defendia um projeto que fosse digno de sua augusta pessoa: "Espero que a Constituição que façais mereça a minha imperial aceitação".[3] Aliás, ao primeiro projeto de Constituição tentado, d. Pedro não deu sua imperial aceitação, ao contrário, dissolveu a Assembleia Constituinte.

Frei Caneca falava nas austeras salas de aula de paredes caiadas de branco, lente de biologia que era, nos dourados púlpitos de olindenses e recifenses, em igrejas barrocas e nos jornais artesanais impressos em tipografia. Época de jornais doutrinários, sem fotos, apaixonados ideologicamente. Usando da retórica — a arte da persuasão que visa o esclarecimento da humanidade —, como diz Marco Morel (2000).

Frei Caneca, um liberal, discordava e denunciava o ataque às liberdades. Inclusive às de expressão. Talvez tenha sido esta a primeira experiência de defesa da liberdade de imprensa como dramático instrumento da nacionalidade. Uma experiência entre a nação que já tínhamos proclamado e a Constituição que ainda não tínhamos criado. O jornal foi o *Thyphis Pernambucano*, do qual era redator.

Cada adversário com suas ideologias, púlpito e raízes. Províncias *versus* capital. Nordeste *versus* Sudeste. Centralização *versus* descentralização do poder nacional. Será sempre assim. Basta ler Raymundo Faoro (2001).

A Constituição é ata porque se trata de documento escrito.[4] Documento no qual, ao final da reunião, enumeram-se os principais debates e decisões das partes presentes ou representadas. E que diz, sobretudo, o que as partes devem fazer e como se comportar daí para a frente. É documento normativo, voltado para a regulação do futuro, na conduta de hoje.

A Constituição é pacto porque, depois de muitos debates e divergências, o documento formaliza as múltiplas convergências, o acordo, o consenso, a síntese do possível, mesmo que efêmera. Pode até um participante prevalecer sobre o outro, num ou noutro item da pauta. Mas não em seu todo e conjunto, de antemão. Nem mesmo o imperador, com sua augusta vontade, viria a prevalecer totalmente sobre os religiosos jornalistas nordestinos. Jogo de armar de vencedores e vencidos, múltiplos e concomitantes.

---

[2] Morel, 2000:74.
[3] Extraído de Bonavides e Andrade, 1988:35 e segs.
[4] Quem sabe se, no futuro, poderá ser apenas documento virtual? Como virtual parece ser a inglesa, de tantos séculos, não escrita, segundo eles. Israel também possui vários "documentos constitucionais", promulgados em épocas diferentes. E imagino que isso vá também ser o caso da Nova Zelândia e da Austrália etc. Mas frei Caneca trabalhava com a ideia europeia do exercício do poder constituinte como o ato de *se dar* um conjunto de regras, fruto da razão, para reger a vida em comunidade — uma ideia estranha à evolução constitucional da Inglaterra e de suas antigas colônias.

Reunião de ata pré-pronta não se merece. É submissão. Deve haver sempre uma previsível incerteza mínima. A Constituição não é cartão pré-pago. Se for, será apenas ata nominal, mas não normativa, na classificação de Loewenstein (1964:205 e segs). Parece Constituição, mas não é. É rito. E o que é o rito senão a presença da ausência? No caso, a presença da ausência de pacto?

Nesse sentido, poder-se-ia até dizer, como veremos, que a Constituição é uma sequência de convergências, divergências e convergências, sequenciais e concomitantes. Primeiro, converge-se sobre a convocação da reunião — da constituinte —, a pauta comum, a necessidade social de se discutir e decidir, quem vai participar, os convocados. Todos têm de comungar, às vezes conflituosamente, dessa dupla convergência inicial: a pauta e a lista de participantes, sem o que não há reunião e pacto não se faz.

Mas atenção, convergência não é unanimidade. A convergência pretendida para a pauta e a lista de participantes pode ser abortada, como em 1823. D. Pedro I a tentou inicialmente. Não deu. Temendo que sua augusta vontade não fosse respeitada, que o nativismo brasileiro e a descentralização do poder para as províncias prevalecessem, não hesitou e, em seu ímpeto varonil, dissolveu a constituinte. Mas não evitou o fim do processo, a convocação já estava mobilizada. Paradoxalmente, a Constituição nascida da convergência suspensa foi a mais convergente de todas: durou-nos 77 anos.

Superadas as divergências latentes pela sempre efêmera convergência necessária, as divergências voltam a florescer, os constituintes se inflamam, se juram de morte, mas ao final se apaziguam outra vez. Convergem novamente, formulam-se no pacto alcançado. Pacto feito de palavras a serem tecidas, em si e entre si, sem significados precisos, mas já eleitas Constituição. Palavras limites, limitantes e ilimitadas. Inícios, quase indícios, fins também, da Constituição. Mas não ainda.

Finalmente, a Constituição é social, pois o pacto é firmado por diversos indivíduos, grupos e classes sociais, dos mais infinitamente semelhantes e distintos, concorrentes e harmônicos, diferentes e iguais, conciliados e conflitantes: homens e mulheres, jovens e adultos, brancos, mestiços e negros, patrões e empregados, religiosos e agnósticos, ricos e pobres, direta ou indiretamente presentes na reunião, interesses regionais conflitantes, influências de dentro e de fora da nação. A inevitável diversidade e pluralidade social nem sempre se traduz como conflito, e disputa às vezes como harmonia e concórdia. Mas não é essa a matéria-prima da solidariedade?

Nunca os constituintes virão de outro leito. Diversos de pés encharcados no chão, muitos com interesses recônditos e todos com votos e vontades usáveis no bolso. Todos dispostos a defender seu particular em nome do bem comum. Tanto no momento um — a convocação; quanto no momento dois — a elaboração; no momento três — a intepretação; e no momento quatro — a implementação. A Constituição não é um só momento, são muitos. É feita de táticas e estratégias, tentativas e erros, conhecimentos e reconhecimentos, da pressa e da paciência de todos, na prolongada e recorrente reunião-arena de intenções e ambições sociais. Constituição constituições, temporalmente também.

Mas, atenção. Jamais uma Constituição é igual a outra. Podem ter o mesmo nome, alguns traços, palavras, princípios e normas semelhantes; pode uma ser cópia da outra, haver imitações, pirataria constitucional, importações imprudentes, como a Constituição da República em 1891, excessivamente norte-americanizada. Podem até vir da mesma família ideológica, com inclusões e exclusões, revelar influências e dominâncias internacionais, como a portuguesa, a espanhola e a italiana na nossa Constituição de 1937. E é natural que seja assim. Não estamos isolados do mundo, e o diálogo globalizante, às vezes com e às vezes contra, das ideias e exemplos é inevitável. Mas ter a mesma Constituição? Jamais. Haverá sempre uma Constituição constituições, espacialmente também.

Cada Constituição tem como referência a história de seu próprio país e as múltiplas experiências internacionais. Mas cada uma é distinta e diferente. Sua genética, seu DNA, seus atores, seu sangue, seu suor, sua história e suas estórias, suas lágrimas, seus sonhos são todos únicos e distintos. Ninguém sonha permanentemente o sonho do outro. Nem um país é o outro. Nenhuma geração faz a Constituição da outra. Às vezes tenta. Bem que tentaram nestes últimos séculos. A rigidez da Constituição é o indicador de uma eventual ambição de perpetuidade, de ser transgeracional. Em geral, a Constituição de hoje pretende fixar a Constituição de amanhã. Pretende-se mais esperta, mais sábia do que qualquer outra futura. Mas as aves que aqui gorjeiam não gorjeiam como lá, diria o poeta.

A Constituição como institucionalização da independência

Mangabeira Unger diz: o que distingue uma geração de outra não são os novos problemas que cada uma enfrenta, mas as novas respostas que cada geração oferece aos mesmos e permanentes problemas da existência e da convivência humanas.

As constituições diferem porque oferecem diferentes soluções para a permanente necessidade de institucionalizar uma combinação minimamente solidária, acumulativamente pacífica, entre poder, liberdade e igualdade. Combinações para convivências. Essa necessidade social comum da Constituição, seu implacável destino sempre renovado, ganha forma e conteúdo diferentes em cada país.

A primeira Constituição francesa não brotou da necessidade de independência da França. A França já era independente. Foi uma necessidade resultante da luta de classes: aristocracia *versus* burguesia. Nem as primeiras constituições de Portugal ou da Espanha foram os instrumentos de suas independências. Mas no Brasil e nos Estados Unidos o foram. A cada um, pois, a sua história. A cada um, pois, a sua Constituição.

De onde brotou a necessidade de nossa Constituição? Pergunta fácil, resposta difícil, mas sobretudo múltipla. O fenômeno social jamais tem uma só causa geradora. É sempre um acúmulo. Descrevo a seguir uma das causas históricas geradoras de nosso pacto constitucional em 1824, não devidamente valorizada por nossos historiadores.

Uns dizem que foram 12 mil. Outros, mais de 15 mil. Não se sabe ao certo. Mas foi quase a totalidade da nobre e burocrática corte portuguesa que, atulhada nos portos de Lisboa, no dia 27 de novembro de 1807, embarcou e encheu oito naus portuguesas e quatro inglesas (que deram reforço à esquadra portuguesa), três fragatas, quatro brigues, duas escunas com nove carruagens, arcas e caixotes com os pertences da família real e de seu aparelho burocrático — ministros, conselheiros, juízes da Corte Suprema, funcionários do Tesouro, patentes do Exército e da Marinha e membros do alto clero —, obras de arte, objetos dos museus, a biblioteca real com mais de 60 mil livros, todo o dinheiro do Tesouro português — que representava a metade de todo o dinheiro que circulava em Portugal —, as joias da Coroa, cavalos, bois, vacas, porcos, galinhas e toda a sorte de alimentos. A elite, as faianças e a fauna do Estado aristocrático se fizeram ao mar.

Todos atrás da família real, d. João VI à frente, rumaram para a colônia, o Brasil. E, amontoados de medo e esperança, fugiram.

Foi uma das decisões político-estratégicas mais bem-sucedidas da história das guerras europeias. Uma sutil derrota para Napoleão, que, como vírus, se espraiava, desconhecendo fronteiras, tentando dominar a Europa. Do lado do Atlântico, depois de França, Itália, Espanha, cairia toda a península Ibérica. Napoleão tentava dominar o mundo civilizado e, depois, através dele, as colônias da América e da África. Queria os dois mundos: o civilizado e o incivilizado. Queria tudo. Como as legiões romanas no passado. Como as empresas globais americanas de hoje. A história é feita do querer permitido e do querer proibido. Do querer permanente e dos quereres efêmeros. Napoleão era só quereres. Quem não quer? *Sic transit gloria mundi.*

A fuga marítima muito preservou Portugal. Salvou sua Casa Real. Produziu nova potência: o Reino Unido Brasil-Portugal. Fundamentou a pré-independência do Brasil. Limitou o vírus.

Às vezes para avançar é sábio recuar. Ou fugir, mar adentro. Escapou Portugal do destino napoleônico da Europa. Evitou pelos mares já descobertos e já antes navegados a provável derrota terrestre. Não se pode exigir coerência de táticas, mas apenas resultados. A fuga foi a tática da derrota na vitória da estratégia. No extremo do possível. Melhor, impossível.

Nunca nos destacamos pelo pragmatismo e pelo planejamento, mas pelo burocratismo e pelo improviso. Até hoje, o Brasil não se planeja, desdobra-se nas conjunturas. Faz-se e se refaz, avança e regride, no acúmulo dos efêmeros. Surpreende-se a si mesmo quase sempre. Era portanto inevitável o que viria a ocorrer.

Até hoje nossas cidades nunca são suficientes. Não crescem saudavelmente. Incham patologicamente, disse certa feita Gilberto Freyre sobre o Recife, inchada nos mocambos, afogantes e afogados nos mangues, por flagelados famintos das secas dos sertões.

O Rio de Janeiro de repente, no correr do dia 24 de janeiro de 1808, quando a corte chegou e desembarcou, inchou também. No mínimo, engordou demais e repentinamente com tanta nobreza imprevista. Gordura súbita, dourada e não planejada. Puro colesterol político. Não podiam os nobres viver para sempre embarcados. Tinham chegado de viagem. Faltou então casa para todos. Como falta até hoje para favelados excluídos. Ontem, para os nobres portugueses autoincludentes. Hoje, para as classes C e D excluídas. Todos, porém, na história urbana brasileira, gêneros da mesma espécie: a dos sem-teto. A demanda por moradia sempre maior do que a oferta de casas. E com uma pressão irresistível: a pressa da vida.

D. João VI resolveu o excesso da nobre e portuguesa demanda habitacional por mero ato de vontade, interferindo com a violência e a prepotência de seu real desígnio no, digamos, mercado imobiliário de então. Vontade de rei, ou melhor, no caso, de príncipe regente. A rainha, sua mãe, d. Maria I, era louca. Mas, como loucura não se herda, d. João VI regia em nome do poder materno e do poder divino que o sustentavam.

Por sua ordem e vontade, escolhia-se uma casa, colocavam-se as letras PR na porta, e o proprietário quando nela chegasse não mais ali morava. Estava despejado de seu próprio bem. Despejado de si próprio. Que fosse morar alhures. Amontoe-se nas casas de parentes e amigos. Sua casa, sua propriedade, deixara de ser sua. O príncipe regente, o PR, a tinha confiscado para a nobreza desembarcante. Os cariocas, já cariocas desde então, na mesma hora traduziram PR por "Ponha-se na Rua". Quase humor negro.

Desse fato histórico, múltiplas podem ser as conclusões. Mas, para descrevermos a origem da Constituição brasileira como necessidade social, o mais importante é constatar que o PR evidenciou a todos que o direito de propriedade, a sua moradia, um direito individual, dependia apenas de uma vontade. De um humor. De uma preferência. De uma necessidade de um amigo do rei. Não era um direito. Era um favor real, temporário e instável. Insegurança jurídica maior não há.

Esse direito individual fundamental era como se hoje fosse uma concessão estatal revogável *ad nutum*, a qualquer hora e sem hora. Como antes já tinham sido as capitanias. Concessões eternas enquanto durem, posto que favor do poder do Estado real apenas eram. Aliás, o próprio nome já indica: ceder com. Conceder.

Não custa lembrar o que agora está claro, mas então, para os brasileiros, não. Sem direito de propriedade assegurado, dificilmente haveria uma nação. Não haveria Brasil. A dignidade cidadã, na convivência social solidária mínima, necessita de um teto previsível para dormir, de um futuro abrigado e garantido, do direito à moradia, onde esteja a ação e o momento da história. Essa necessidade foi, de início, a excelência da bandeira liberal. Mas em seguida tem sido transliberal, de todos. A genética ideológica não lhe amargura a tradução em direito universal.

Sem um mínimo de previsibilidade, de segurança, não se fazem investimentos econômicos. Não haveria também progresso econômico. Se o rei, que tem a força dos exércitos, não assegura casa, quanto mais poupança, contratos, fábricas e comércio! A proteção do direito de propriedade é indispensável para relações econômicas constitucionalmente organizadas. Isto é, previsíveis.

Talvez tenha sido o "Ponha-se na Rua" o vírus recôndito que despertou a animosidade do brasileiro contra o domínio português. Rompe-se a mínima solidariedade colonial. No Brasil, nascem juntos a Constituição, o direito de propriedade e a independência. O PR explicitou o sentimento de injustiça palpável, incompensável apesar dos inúmeros benefícios trazidos pela corte. O brasileiro, o carioca então líder, se deu conta, ao lhe ser arrancada a casa, de ser, no regime político jurídico de então, inferior ao português. Foi mal. Sob a indignação da desapropriação germinou o desejo da igualdade. Espraiou-se o vírus constitucionalizante.

O Reino Unido Brasil-Portugal começara mal. Tratando brasileiros desigualmente e evidenciando a precariedade do direito de propriedade. Ponha-se o Brasil fora do Brasil? Jamais. Começou-se a ouvir em surdina, e a se sentir na experiência cotidiana outra necessidade. Ponha-se, sim, Portugal fora do Brasil. Foi apenas questão de tempo. A tarefa da independência passou a ser converter a solidariedade desequalizante que desde então vigia sob o Regimento de Thomé de Souza, nossa primeira Constituição de fato, mas não de direito, em solidariedade igualizante.

Não é por menos que quando, depois de d. João VI, o Brasil passa a ter sua primeira Constituição, em 1824, lá está bem escrito no art. 179, XXII: "É garantido o direito de propriedade em toda a sua extensão...". Mais ainda. O mesmo art. 179, VII, diz textualmente: "Todo cidadão tem em sua casa asilo inviolável. De noite não se poderá entrar nela senão por seu consentimento ou para defender de incêndio ou inundação". Com a constitucionalização da independência, PR jamais.

E assim se passaram 164 anos. Com altos e baixos, mas em curva protetiva de direitos individuais ascendente, buscando sempre como futuro a igualação de desiguais. Em nossa última Constituição, em 1988, está escrito no *caput* do art. 5º: "todos são iguais e têm direito à igualdade".

E mais, no art. 5º, XXII: "É garantido o direito de propriedade". E mais. É garantido também o direito de moradia em seu art. 6º, quando diz: "São direitos sociais a educação, a saúde, o trabalho, a moradia...".

A história foi somando e fundindo, não linearmente, direitos e igualdades. No começo para menos brasileiros, pouco a pouco para mais e mais. Tudo indica ser essa a tendência inexorável do desejo de solidariedade. Um futuro permanentemente insaciável de igualdades, sempre insuficientemente alimentado pelas árduas conquistas do passado. Um futuro sempre insaciável ao se olhar de costas.

Desde a independência de então, até a república de hoje, nem a vontade divina do rei, do general, do presidente, da milícia, do vizinho ou do mercado pode mais arbitrariamente retirar sua casa de você. Ou de sua casa, retirar você. Seu direito não mais depende da vontade de qualquer um. Ou melhor, podem até retirar, mas você não estará mais sozinho. Terá a solidariedade da força estatal, a coerção legítima, para o reintegrar na posse do que é seu. Se a justiça funcionar, é claro. Se lhe houver eficácia. Se não, alcateia outra vez.

A Constituição enquanto pacto social diz que quem manda na nação não é mais uma ilimitada e absoluta vontade individual real, mas um conjunto de normas, que, entretecidas, formam a Constituição enquanto norma superior. Acima de todas as outras normas, no topo da pirâmide normativa que limita ou expande, direciona e comanda o poder estatal. A norma superior, ou mesmo máxima, não é mais a vontade de d. João VI ou de ninguém em particular. Começou assim a trilha do estado de direito.

Eis aí, claramente vista, a gênese de nossa Constituição enquanto independência brasileira. Tem a marca do desejo de igualdade entre cidadãos e da garantia do direito de propriedade. Fatores, se não decisivos, pelo menos tão fundamentais quanto as pressões em favor da liberdade de comércio. Essas foram pressões feitas pelos ingleses sobre os portugueses. Aquelas, dos brasileiros sobre os portugueses. A nossa primeira Constituição é feita de ambas.

O resultado líquido dessa necessidade social — a independência institucionalizada — é que as liberdades, no novo Estado soberano chamado Brasil, em vez de favores reais se fazem direitos dos cidadãos. Ou pelo menos tentam, até hoje. Navegar foi preciso.

A Constituição como arena política

O caminho para descrever a Constituição como pacto social passa necessariamente pela descrição de Constituição como arena e decisão social.

A Constituição é a arena política, a principal de todas, da luta renhida, onde legislar é lutar, onde estão em jogo interesses e ideais, indivíduos e comunidades, religiosos, militares ou civis, regionais ou não. Arena de competição, mas de harmonia também, guerra e paz concomitantes. Arena enquanto sequência, nem sempre pacífica, de convocação, elaboração e interpretação. Aqui a primeira sutileza conceitual.

Nossa primeira Constituição não reflete apenas divergências entre o imperador e frei Caneca, entre a nobreza burocrática do Rio e os povos e administrações públicas das províncias. As dramáticas divergências, de vida ou morte, só surgem depois de mutuamente reconhecerem uma necessidade política comum, um chão comum, e ao mesmo tempo de si próprios divergirem. É sempre assim. Por trás de cada divergência política há sempre uma recôndita e estruturante convergência comunicativa. E vice-versa.

As divergências só começam depois da convergência feita de latentes divergências, da convocação constituinte que estrutura e limita a própria arena. Uma convocação — cerca, muro. Ambas as facções, e podem ser muitas e não apenas duas, têm que estar de acordo naquele determinado momento histórico. Em 1823 havia a necessidade política de se definir qual o melhor regime de governo e modelo de gestão do Estado nacional capaz de assegurar nossa independência diante de Portugal e das outras nações do mundo. Em torno dessa tarefa — definir como institucionalizar e administrar o amálgama de solidariedade mínima da nação brasileira — d. Pedro I fez a inicial convocação da Constituição. Essa convergência sobrevive até mesmo à dissolução da constituinte.

Assegurar a independência e a gestão do novo Estado nacional, eis aí a convergência iniciante, a convocação convergente da arena legisladora, antes mesmo de sê-la. Daí surge a unidade ou a fragmentação do país, a centralização no Rio de Janeiro ou a descentralização nas províncias da recém-independente administração pública nacional.

A necessidade de se administrar o Estado nacional era tão urgente que não se pensou em alfabetizar e educar o povo, ou formar antes os técnicos para nossas pré-cidades. Criou-se logo o bacharel. As primeiras faculdades de direito do Brasil. Olinda antes, São Paulo depois produziram advogados profissionais liberais, os primeiros gestores do Estado nacional.[5] Depois da nação, urgente foi sua burocracia. E, paralelamente, seus exércitos, a Marinha sobretudo.

A partir da convocação, estavam em jogo questões fundamentais. Como viveríamos nossa independência? Como combinaríamos poder, liberdades e igualdades? Como organizaríamos nosso Estado, nossa administração e nossa sociedade? Três poderes? Um só? Por que não quatro? Estávamos, nós, em jogo.

O pressuposto em qualquer divergência na elaboração de uma Constituição é que haja um mínimo de consenso sobre os principais elementos da convocação constituinte: quem participa, qual a pauta, como votar. Aí começa verdadeiramente a arena política. Qualquer Constituição é assim: arena de acordos e consensos, desacordos e dissensos, sequenciais e concomitantes, ao mesmo tempo.

Limitada pelas regras da representação dos eleitores, a arena se constitui numa assembleia nacional constituinte exclusiva ou numa constituinte congressual, extrapola portas, comunica-se, mobiliza e se espalha pela nação. Afetará a todos, queiram ou não.

Trata-se de uma constituinte às vezes com muitos participantes, quase todos da nação inteira representada: a ata é produto então da arena democrática. Como foi na Constituição liberal de 1946 e na atual, de 1988. Fruto de intensa mobilização e multiparticipação social. Às vezes, ao contrário, resulta da reunião de poucos, muito poucos, quase um só, a portas fechadas, a maioria excluída: a ata é então da arena fragmentada, da maioria silenciada. Como foi na Constituição ditatorial, em 1937, de Getúlio Vargas, e na Constituição autoritária dos militares em 1967-1969. Ambas escritas pela desmobilização seletiva.

Foucault uma vez disse que para bem se apreender a totalidade da história teríamos que descrever e entender os acontecimentos que ficaram, e também os que poderiam ter ficado mas não ficaram. Não, é óbvio, os idealizados acontecimentos como idealização *ex post*, sem chances de terem sido. Mas os acontecimentos, os atores, as ideias, a história que, tendo batalhado, poderiam

---

[5] Falcão Neto, 1984.

ter ficado, que teriam tido uma mínima possibilidade de vencer. Chegaram próximos da virtude da existência, mas perderam.

Constituição é assim também, não se enganem. Ela pode ter sido feita tanto pela presença de muitos cidadãos e ausência de poucos, quanto pela ausência de muitos e presença de poucos. Nenhuma Constituição é feita apenas ou de todos ou de apenas alguns.

Identificar ausências percebidas e presenças palpáveis, e explicá-las, é a tarefa tanto do historiador das constituições quanto dos cientistas políticos. Identificação e explicação indispensáveis para intérpretes e aplicadores. Juristas, sobretudo.

A arena é política porque seu resultado, a ata constitucional, não cai dos céus, não brota da razão lógica, nem se deduz univocamente da natureza humana. Ainda que algumas descrições de Constituição pretendam-na resultado exclusivo da razão lógica, não o é. Ainda que muitos dos participantes da arena, dos constituintes, pretendam que suas propostas resultem de lógica indiscutível, não resultam. São os unicistas, os monistas, os unilateralistas. Essa pretensão de laivos totalitários não resiste muito. No correr da própria história constitucional ela será ou amenizada por curvas e sombras, perdendo o sol Merquior, ou explodida.

Na medida em que os constituntes passam a debater e a negociar suas propostas lógicas, elas se poluem, se fragmentam, se desconstituem enquanto tal e se desnudam como simples opções técnicas para administrar a pólis, a cidade, a nação. Opções políticas. Amalgam-se, até contraditoriamente, nas estratégias irracionais de negociação e conciliação, imposição e submissão. A razão se despedaça, se desvenda, vende-se e revela-se humana.

Às vezes as opções constitucionais podem até, como na Constituição alemã do pós-guerra, vir com aparente manto de necessidade racional. Mas esse manto não resultará da convicção lógica, mas da conveniência política: gerir sem humilhar a Alemanha pós-guerra.[6]

Quem não captar na Constituição a característica de arena — onde se tritura a pureza lógica das propostas em oportunidades, conveniências e decisões políticas — jamais entenderá o que seja uma Constituição. Carta (ou ata) escrita de "lógicas" politizadas e politizantes. É texto batizado pelo contexto. Nessa arena substitui-se o unilateralismo do racional pelo multilateralismo do razoável. A racionalidade singular pela razoabilidade plural. O racional vem de cima. O razoável dos lados.

Uma das forças inerentes às constituições e que estimulam sua obediência é justamente a aparência de ser o que não é: um conjunto neutro de normas neutras. O caminho entre a aparência e a evidência é, entretanto, longo e tortuoso. A Constituição, para ser útil, tem de despersonalizar o Estado. Não mais a vontade personalizada de um, seja d. João VI ou d. Pedro I, mais tarde de Getúlio Vargas, mas a norma anônima de todos. Constitucionalizar é tentar anonimizar o Estado.

Robert Dahl (1957:279), cientista político americano por analogia, assim se refere ao Supremo norte-americano: "os americanos não querem bem aceitar o fato de que o Supremo é uma instituição política, mas também não são bem capazes de negá-lo, de tal maneira que tomam ambas as posições ao mesmo tempo". Essa ambiguidade — ser ou não ser uma carta política, ou seja, ser ou

---

[6] A Lei Fundamental aprovada na Alemanha Ocidental em 1949 foi elaborada por delegados indicados pelos recém-organizados estados, que por sua vez ainda funcionavam sob o manto e a vigilância dos Aliados. Os representantes dos EUA encorajaram a realização de um referendo nacional para a aprovação do texto. Os delegados responsáveis pela elaboração discordaram, optando por apenas submeter a Lei Fundamental à aprovação das assembleias legislativas estaduais. Imaginavam que sua criação seria vista pelo povo como símbolo da humilhação militar alemã e sairia derrotada em uma votação nacional direta. Seria percebida como ata dos termos impostos pelos vencedores da II Guerra. Aliás, também por essa complicada origem, era para ser documento provisório até a eventual reunificação alemã — daí a invenção do nome "Lei Fundamental", em vez de Constituição.

não ser uma decisão unívoca — é indispensável para que se apaziguem os derrotados na arena e se os conduza à obediência voluntária, reforçada na crença do Supremo apolítico.

No fundo, ao hesitarem em reconhecer o conteúdo político e contingente da Constituição, os cidadãos revelam os medos de si próprios. O medo de seus desejos proibidos ou impossíveis. Da não solidariedade. Do egoísmo. Não querem uma Constituição fruto de desejos incontidos, ou seja, politizados. Querem uma Constituição fruto da razão, de algo que não lhes pertence nem lhes impute responsabilidades individualmente. É como se a razão fosse o limite e a segurança, e a política, o ilimite e a insegurança. Como se a Constituição razão fosse o superego. E a Constituição política fosse o ego. Ambos temendo o id alcateia da vontade. O limite racional acaba por dispensar a responsabilização da vontade. Tranquiliza e exime o traspasse.

Todos estão assim destinados à obediência sem solidariedade e também sem culpa. Preferem uma Constituição-deus do que uma Constituição-humana, embora todos tenham uma recôndita consciência, uns mais outros menos, da impossibilidade daquela e da inevitabilidade desta. Essa é a verdadeira descrição da ambiguidade observada por Dahl.

Se a Constituição fosse apenas razão seria um *datum*. Algo dado, construído fora da arena, independentemente de haver ou não pacto. Mas a Constituição é um constructo, construção de experiência feita. De interesses concretos convergentes, concorrentes e conflitantes, divergentes de toda a ordem, palpáveis e modeláveis pelas mãos de todos e de cada um. E mais. Não apenas de interesses presentes, mas de interesses futuros também, isto é, de sonhos. A Constituição é a construção comum dos incluídos sonhos possibilitáveis de uns, e dos excluídos sonhos impossibilitáveis de outros. Pois é dos sonhos dos homens que as cidades são feitas, diz Carlos Penna Filho.

A Constituição não diz como o Brasil é, como de fato somos. A Constituição diz como o Brasil quer, deve ser. Não é descrição sociológica, é prescrição política. É a afirmação normativa de condutas a serem exigidas do poder e pelo poder. Não diz que somos um Estado democrático de direito. Diz que devemos ser. Às vezes não somos. Não diz que todos são iguais perante a lei. Diz que todos devem ser iguais perante a lei. Às vezes não somos. Não diz como o passado se fez presente. Mas como o presente deve ser no futuro. Às vezes não será.

A Constituição enquanto norma em um conjunto hierárquico de normas — leis, decretos, regimentos, portarias, resoluções etc. — é a norma superior a todas. É o juramento do sonho dos que habitam a cidade, dos cidadãos. Mas só o tempo dirá se a nação manterá ou não esse juramento. Revogará ou não essa ata. E como transformará o juramento em experiência. Palavras em atos. Afirmação em realidade. Intenção em experiência. Como se transformará o dever-ser de hoje no ser de amanhã? A nação de hoje na nação de amanhã?

Só o tempo dirá da efetividade, da efetiva idade, a eterna idade dessas juras constitucionais de desejo, solidariedade e animosidade social. Só o tempo dirá se os sonhos se concretizarão, conduzirão a pólis e, como sempre, mudarão. O tempo é o senhor da Constituição. Dirá se a ata saiu do papel e entrou na vida.

A Constituição como decisão social

A reunião convocada e a arena construída estão voltadas para a práxis, a ação. Não é uma arena acadêmica, com difusas divagações sobre a solidariedade necessária para gerir a nação. Não é uma reunião onde a nação se pergunta sem se responder. É uma arena que persegue respostas, decisões normatizantes da conduta a ser de todos exigida pela força do Estado. Constitucionalizada como coerção legítima, através de multas, advertências, detenções, fiscalizações, prisões, morte até.

A Constituição não vai além de sua utilidade. E sua utilidade é esta: definir, instituir decisões sobre condutas cobráveis dos cidadãos pela coerção legítima do Estado. Constituição é força mobilizável, e potencializada.

Decisão nada mais é que escolha entre alternativas incompatíveis, entre possibilidades excludentes. Ou uma ou outra. Ou se escolhe um caminho, ou outro. Não se pode ir por diferentes trilhas ao mesmo tempo. É sucessão de escolhas, nada difícil de exemplificar e entender. Analisemos o art. 1º da atual Constituição: "A República Federativa do Brasil, formada pela união indissolúvel dos Estados e Municípios e do Distrito Federal...". Podem parar aí. Vejam só. Os constituintes tiveram de escolher entre o Brasil ser uma república federativa ou uma monarquia constitucional, como muitos presentes na Assembleia Nacional Constituinte preferiam. Não podemos ser ambas ao mesmo tempo. São possibilidades incompatíveis. Na ata final, só um regime político prevalece. Só um vence. Não há espaço para dois.

Em 1988, a escolha, a decisão, foi pró-república, conforme o art. 1º, feita pelos constituintes representantes indiretos dos eleitores. Em 1993, obedecendo-se ao disposto no art. 2º do Ato das Disposições Constitucionais Transitórias, essa escolha foi ratificada pelos eleitores diretamente em plebiscito. Podia não ter sido. Em 1824, a escolha fora pró-monarquia: "O seu Governo é Monarchico Hereditario, Constitucional, e Representativo" (art. 3º).

O mesmo raciocínio — decisão como escolha entre alternativas incompatíveis — continua. No próprio art. 1º escolheram a palavra indissolúvel, em vez de permanente, para caracterizar nosso amálgama político. "A República Federativa do Brasil, formada pela união indissolúvel dos Estados e Municípios e do Distrito Federal, constitui-se em Estado Democrático de Direito e tem como fundamentos: (...)". Mais ainda, incluíram o município no mesmo nível dos estados, o que nunca dantes fora feito.

Colocaram tudo no art. 1º, e assim fizeram outra escolha. Poderiam ter desdobrado essa escolha em dois artigos, ou em vários parágrafos separados. Surge assim, a olhos vistos, o objetivo maior da arena: tomar decisões. Elaborar a Constituição como sucessão finita, mas quase infinita, de escolhas. Escolhas referentes tanto ao conteúdo de cada artigo quanto também a sua formatação e *placement*: capítulos, títulos, artigos, parágrafos, incisos.

Às vezes, até a ordem de distribuição das matérias revela decisão política. Na Constituição de 1824, o capítulo dos direitos individuais vinha depois do capítulo da organização do Estado. Como se o mais importante viesse antes. Em 1988, inverteu-se essa ordem de propósito. Na Constituição cidadã, os direitos fundamentais da cidadania viriam antes da organização do Estado. Nas constituições, tudo é decisão. Escolhas de conteúdo e de forma, éticas e estéticas.

Cada enunciado, palavra, vírgula, cada signo linguístico incluído são por isso mesmo, e inevitavelmente, inclusão e exclusão. A palavra escolhida se sobrepõe aos incompatíveis interesses e sonhos concorrentes. Na constituinte de 1988, o projeto Afonso Arinos propôs o regime parlamentarista. Tentou-se até o final. Perdeu-se no último momento. Venceram os presidencialistas. Marco Maciel e José Sarney à frente.

A própria extensão da Constituição é também escolha. A de 1824 tinha 179 artigos; a de 1891, 91 artigos e oito disposições transitórias. Já a de 1934 teve 187 artigos e 26 disposições transitórias e a de 1937, 187 artigos. Em 1946 fomos para 218 artigos e 36 disposições transitórias. E em 1967 chegamos a 189 artigos. Na atual, de 1988, temos 250 artigos e 95 disposições transitórias. Ser extensa não é ser melhor. Apenas revela o maior ou menor grau de dissenso e consenso político existente na elaboração. Poderíamos até imaginar uma correlação: numa sociedade pluralística, quanto maior a participação dos cidadãos, maior a probabilidade de uma Constituição extensiva.

O endeusamento que ainda se faz no Brasil da curta Constituição norte-americana é puro mimetismo. Ser sintética não é ser melhor. Se negros, escravos, índios e deficientes físicos tivessem participado ou se representado na convenção americana, seu produto, sua ata, com certeza seria outra, e a Constituição teria outra extensão. Na brasileira de 1988, negros, deficientes e índios participaram. A complexidade aumentou, a Constituição também, naturalmente, precisou de mais capítulos e artigos.

Nem Espanha, nem Alemanha, nem Portugal, nem qualquer outro país recente teve como o Brasil mobilização tão intensa e Constituição tão participada. Muitas foram as propostas, poucas as escolhidas. Todas querendo, às vezes contraditoriamente, ser Constituição. Demanda por normas constitucionalizáveis muito maior do que a oferta de espaço constitucional disponível, mesmo com 250 artigos. Quais propostas entrarão, quais serão recusadas? E por quê? Qual o critério de seleção?

É justamente pelo desequilíbrio entre oferta de normas e espaço constitucional que a constituinte se transforma em processo decisório seletivo. Ninguém quer ser apenas lei ou decreto. Todos querem ser Constituição. Todos em busca de um lugar ao sol no topo da pirâmide normativa. O verdadeiro propósito da reunião-arena é nos decidir politicamente. Selecionar. Incluir e excluir. Chegar ao topo, ao trono normativo, sem dourados. Virar Constituição.

A grande questão é: quem, na reunião-arena, terá o poder de escolher a alternativa cuja obediência será exigida de todos? Quem deterá o poder de escolher o que se inclui e o que será excluído da ata do pacto social? Quem controla a porta de entrada?

O art. 242, §2º da atual Constituição, diz que o Colégio Pedro II, localizado na cidade do Rio de Janeiro, será mantido na órbita federal. Por que não na órbita estadual ou municipal? A Amazônia e o Pantanal são declarados patrimônio nacional, por que não a Mata Atlântica também?

Difícil dizer de antemão o decisor ganhador. Sobretudo porque as regras de tomada decisão podem ser previsíveis, mas o resultado terá sempre razoável dose de incerteza. Ata pré-escrita não se merece como Constituição democrática.

Para que a reunião-arena não seja o caos, e sim decisão pragmática, são necessárias regras da tomada de decisão. Que regras são essas?

Primeiro, como já vimos, trata-se de pelo menos inicialmente convergir sobre: a convocação, quem participa ou não da decisão; a pauta, definir como serão combinadas as relações de e entre poder, igualdade e liberdade, ainda que não sejam estes temas exclusivos, mas, desde o Regimento de Thomé de Souza, temas indispensáveis; as regras da votação, da escolha propriamente dita.

Meteco. Era assim que os gregos chamavam aquele que vivia além dos muros da cidade. Era o estranho, o estrangeiro. Vivia fora. Opunha-se ao que vivia dentro dos muros, o cidadão. O meteco não podia participar do processo decisório dos rumos da cidade. Ali não morava, ali não interferiria, ainda que ocasionalmente por ali estivesse ou negociasse. Não era um convocado. Era um enxerido, como se diz em Pernambuco. Os rumos da cidade não eram seus. Metecos se sentiram todos os brasileiros diante do PR de d. João VI.

Por não serem originários da cidade, os metecos eram excluídos das assembleias onde os moradores, cidadãos, se reuniam, participavam e decidiam, isto é, escolhiam. Daí a noção de cidadania atual. Cidadão é quem participa, escolhe e decide a organização, a administração e o futuro da cidade, do país, da nação onde vive. Participação em decisões da pólis, políticas. Capaz de moldar plenamente a si e ao seu futuro.

Quem na reunião-arena será cidadão e estará lá? Quem na reunião-arena será meteco e não estará? É preciso a lista dos convidados. Alguns vão sobrar, outros serão sub, outros sobrerrepresentados. A arena do processo decisório começa aí. A Constituição, portanto.

Às vezes, a ata do pacto social resulta de assembleia nacional constituinte, tentando incluir toda a nação através dos representantes eleitos. Às vezes, o Brasil quase inteiro penetra. Produz-se a ata do pacto promulgado. Às vezes, porém, faz-se a reunião-arena de um homem só, ou de poucos. Decisões solitárias. No fundo, produz-se a ata do pacto outorgado. Toda ata combina outorga, força e solidão com promulgação, eleição e participação. Ou ambas. Quanto mais aquela, mais pacto formal, nominal. Quanto mais esta, mais pacto consensual, normativo.

Solidão foi a de 1937, de Getúlio Vargas, e de seu escritor, o jurista Francisco Campos, que sozinho escreveu nossa Constituição. Ou de Getúlio. Ou de Getúlio e seus aliados. Ou de Getúlio, seus aliados e sua oposição excluída. Chico Ciência era como o chamavam, tamanho o seu conhecimento como conservador do poder. Por sua ata, não tivemos nem eleições para presidente, nem quase Congresso. Foi a ata solitária do presidente pelo medo apoiado. Dize-me da convocação que te direi da ata.[7]

O que melhor definiu a natureza da lista de participantes foi o Ato Institucional nº 1 de 1964. Ali, a lista pode ser feita de representantes eleitos, a legitimidade do poder advindo da eleição, ou pode ser feita de ato de força, a legitimidade do poder advindo dos líderes da revolução, no caso, os ministros militares — Exército, Marinha e Aeronáutica — e as respectivas forças de suas armas. A revolução se legitimava a si mesma, dispensava eleição. Lista feita então ou por eleição, ou pelo exercício da força militar.

Mesmo assim, em nossa história há lugar para otimismos. A lista dos convocados para as reuniões constituintes que temos tido, oito até agora, tende mais para a progressiva inclusão do que para a permanente exclusão da cidadania. Mais cidadãos e menos metecos. Com oscilações, a participação no processo decisório tem se ampliado.

Do ponto de vista quantitativo, em 1824, só votavam 1,5% dos brasileiros, e somente homens adultos, com mais de 25 anos, proprietários, com renda anual líquida de 100 mil réis (o que corresponde hoje a US$ 66.626,67). As mulheres entraram em 1934. Em 1988, os analfabetos também. Em 2007, já votavam cerca de 69% de homens e mulheres, adultos e jovens de mais de 16 anos, lustrados e analfabetos, o que ninguém nunca totalmente é ou foi. Do ponto de vista qualitativo, além da participação indireta dos cidadãos através do voto e dos congressistas, começamos a ensaiar, ainda que com excessiva timidez, a participação através do plebiscito, do referendo e das atuações nos órgãos colegiados administrativos.

---

[7] Aliás, a ata de 1937, em seu art. 187, previa um plebiscito legitimador da nova Constituição, o que nunca ocorreu. Francisco Campos insistiu, desistiu, saiu e Getúlio convocou. Pudor, talvez, de pedir ao povo o excesso: de se despir de lenços, documentos e liberdades. De não participar. De se desfazer e se anonimar. No plebiscito, o povo vestiria, com seu único traje, o presidente que estava nu. Assim, a Constituição não foi para Getúlio o que é: limite do poder. Foi o ilimite.

Inexiste modelo universal único de participação da cidadania no destino da pólis. São múltiplos. Cada país que se invente e reinvente. Combine, em sua dose, cidadãos e metecos nos diferentes tipos de participação: eleição, referendo, plebiscito e participação comunitária direta, como os americanos nos *town halls*, por exemplo.

Agora os países desenvolvidos da Europa e da América do Norte querem excluir do voto os imigrantes, destinando-os à subcidadania. Retrocesso na trajetória da democracia globalizada. Constitucionalizar é armar o quebra-cabeças das participações de cidadanias desiguais, contraditórias, includentes e excludentes, mas permanentes de uma nação. A pressa não importa, a direção sim. E a direção deve ser a da intensificação da participação.[8]

Convocados os participantes, é preciso definir a pauta obrigatória para que o país se organize, se institua e se administre. Onde terminam as liberdades, onde começam os poderes? Não apenas do Estado, mas do mercado também. O cerne dessa tarefa é imaginar e reimaginar as instituições nacionais. Combinar de forma duradoura o poder que organiza, a liberdade que precisa e a igualdade que condiciona. Duradoura para não sermos, diria Celso Furtado, acampamento.

Inexiste combinação única, mas decisões-tarefas indispensáveis: afirmar a soberania, modelar a administração pública, assegurar as liberdades, estimular as igualdades. Decisões-tarefas de todas as nossas constituições — 1824, 1891, 1934, 1937, 1946, 1967-1969, 1988.[9]

Na ata final, outras decisões, como inusitadamente a do Colégio Pedro II, podem até ser incluídas. Outras promovidas. O Brasil é o único país do mundo onde os direitos e vantagens do funcionalismo público chegam a 59 dispositivos na Constituição. Evidência do poder político e do *lobby* constituinte da burocracia.

As primeiras regras para as decisões da reunião-arena dizem respeito a quem participa ou não do processo decisório. As segundas, a como serão combinados poder, liberdade e igualdade. As terceiras, a como serão tomadas as decisões propriamente ditas. Para estas voltamos nossa atenção.

Como tomar decisões com multidões iguais, mesmo que indiretamente representadas na constituinte? Multidões com interesses concretos e sonhos mais vezes inconciliáveis entre si. Ou pelo menos concorrentes, diante da escassez do espaço constitucional. Multidões no entanto destinadas à conciliação para escapar do destino de alcateias. Como escapar de um provável impasse, de uma divergência paralisante, da não decisão? São necessárias regras terminativas do debate, apontando vencedor e vencidos. Ainda que não necessariamente se resolvam as divergências, diria com certeza Tércio Sampaio Ferraz. Não se resolvem não. Apenas se terminam. Ou melhor, se suspendem. Que regras são essas?

Ninguém é tão forte que não possa ser seduzido, diz Shakespeare. Eis aí o fundamento da primeira regra, sem a qual o processo decisório não se instala. Terei a possibilidade de seduzir e ao mesmo tempo estou disposto a ser seduzido? Só participam os que acreditam poder seduzir e influenciar na decisão. Quem tem pelo menos a vã esperança de que seus interesses, quaisquer que sejam, poderão prevalecer. A esperança de poder seduzir os outros, mesmo adversário e concorrente, a ponto de transformar o que é de seu interesse particular no interesse de todos, eis a convocatória maior, o edital atraente.

---

[8] Em algumas cidades europeias, a prefeitura só pode conceder licença para a abertura de novo shopping se os cidadãos votarem em plebiscito: sim ou não. Não chegamos a tanto. Mas aqui, um município só se desmembra de outro se houver antes um plebiscito também.
[9] Até mesmo o Regimento de Thomé de Souza, que nos organizou na Colônia, tratava dessas combinações.

Se a ata for de antemão certa, já estiver impressa, pode-se até comparecer, mas não se estará presente. Não haverá o que decidir. Será apenas rito: a presença da ausência. Institucionalização da divergência social. Como ocorreu com as constituições de 1937, 1964 e 1967-1969. Não foram escolhas. Foram pré-escolhas.

A regra básica para uma ata democrática, parafraseando Adam Przeworski, é a probabilidade de previsibilidade de um razoável grau de incerteza decisória: tanto na convocação, quanto na elaboração, quando se institucionalizam as relações entre poder, liberdade e igualdade, e, mais tarde, quando tudo se interpreta e aplica. É preciso regras que possibilitem o acaso. Para que não se saiba de antemão quem será o decisor vencedor. Quem será, por exemplo, o próximo presidente da República, como se sabia na Constituição de 1967: um general. O acaso é fundamental e convocante. O acaso evita o ocaso da história. A incerteza decisória evita o caso da solidariedade constitucionalizada.

Essa solidariedade constitucionalizada será tanto mais legítima quanto mais provável for que nenhum grupo tenha de antemão o controle do resultado da arena constituinte, e de sua posterior interpretação da ata, diria Adam. É indispensável preservar essa incerteza. Tarefa difícil. Existe um forte elo probabilístico entre ambos. Algo como: dize-me dos eleitores que eu te direi dos representantes. Dize-me dos representantes que eu te direi das decisões. Dize-me das decisões que eu te direi da Constituição.

Inicialmente pensava-se que, para se produzir uma ata democrática com a incerteza garantida, a regra decisória era a da maioria. Tanto bastava. No correr da história, evidenciou-se, porém, que nem sempre a maioria trazia incerteza e igualdade. A regra mudou. Maioria com respeito à minoria, limite que evita a provável derrota antecipada, a institucionalização da desigualdade. A minoria passou a ser uma melhor qualidade e não apenas a menor quantidade no processo decisório. O limite da vitória.

A Constituição como eficácia

No dia 24 de fevereiro de 2003, no bairro da Tijuca, no Rio de Janeiro, o Comando Vermelho, organização criminosa, emitiu comunicado, colado na porta de muitas lojas, dizendo: "Nós deixaremos bem claro que nesta segunda-feira, dia 24/02/2003, aqueles que abrirem as portas de seus comércios estarão desobedecendo uma ordem dada, e será radicalmente punido se desobedecê-la. (…) o comércio tem que permanecer com as portas fechadas até a meia-noite de terça-feira (25/02/2003), e aquele que ousar abrir as portas será punido de uma forma ou de outra, não adianta, não estamos de brincadeira, quem está brincando é a política com esse total abuso de poder e com essa roubalheira, que o judiciário passe a escravizar as prisões e agir dentro da lei antes que seja tarde. Se as leis foram feitas para serem cumpridas, porque esse abuso? C.V.R.L.". Esse C.V.R.L. quer dizer Comando Vermelho Rogério Lemgruber (conhecido como Bagulhão, fundador da facção criminosa). A ameaça se comunicou nas portas das lojas.

Deu-se, assim, ao cidadão angustiante escolha. A Constituição garante a liberdade de comércio em seu art. 170. "Art. 170 — A ordem econômica, fundada na valorização do trabalho humano e na livre iniciativa, tem por fim assegurar a todos existência digna, conforme os ditames da justiça social." O Comando o suspendeu unilateralmente, sem nenhum processo legal, até a meia-noite de terça-feira. Donde quem comanda o comércio da cidade? O Comando, com seus comunicados, suas gangues, seus fuzis e metralhadoras contrabandeados, ou a Constituição, através dos juízes, das leis e da polícia, com sua força legítima? A quem o cidadão deveria obedecer? Como se conduzir?

No fundo, a violência ilegítima floresceu no sentimento do medo, na iminência da alcateia, e se fez obediência inconstitucional. As lojas fecharam. Diante do comunicado, não prevaleceria o devido processo legal, o direito de defesa, e outras garantias da liberdade cidadã. A vontade do chefe do Comando, tal qual no tempo de PR de d. João VI, se fez lei máxima. O poder se personalizou outra vez, se não no nível nacional, pelo menos no local. Os consumidores desapareceram. A lei maior deixou de ser a Constituição. Passou a ser o comunicado. Assim tem sido, cada dia mais frequente, em bairros desta cidade. Como às vezes prevalece, no Rio de Janeiro, em vários morros. Ou nas favelas. Muitas favelas. Ou em 10, 20 ou 40% das grandes capitais brasileiras.

Não se trata de um episódio, de um acidente, de uma ilegalidade como desvio na curva, mas de ilegalidade como rotina. Ou seja, da ineficácia constitucional como rotina da violência urbana. É um fenômeno social diferente. Não é uma transgressão individual.[10] É coletiva. Desestrutura a cidade e a cidadania.

A ambição da Constituição liberal como generalidade, universalidade e onipresença, isto é, norma que vigora e é eficaz o tempo todo, igualmente para todos, em todo o país, se fez, na porta da loja, fumaça e vácuo. Assim como inexiste vácuo no poder, inexistem vácuos normativos também. Se a lei do Estado não preenche, outras leis, como a religiosa, a do mais forte, a comunitária, vão prevalecer. Vácuos são imediatamente ocupados. A força normativa e física da Constituição desaparece. *Verba volant*. Como em Hamlet, as palavras deixam de ser a expressão das certezas e passam a ser das dúvidas. Ser ou não ser constituições? As constituições podem também não ser. Às vezes também ficam loucas.

No fundo, é difícil falar de ilegalidade quando a maioria da população, mais de 50% dos trabalhadores brasileiros, está na informalidade, isto é, fora das normas trabalhistas, fiscais e previdenciárias decorrentes da Constituição. É difícil falar de ilegalidade quando a maioria provável das populações urbanas, mais de 50 milhões de pessoas, vive em moradias sem qualquer título válido. É difícil falar de ilegalidade no cenário onde prevalece não mais a vontade individual, mas as transgressões coletivas, a informalidade de emprego e a ilegalidade de moradia.

Tudo prenúncios da mesma moeda: a ameaça de dissolução do pacto social, a ameaça de desconstitucionalização da nação. O país no fio da navalha. O medo a voltar, e não a liberdade e a igualdade a assegurarem a rotina social. Um pacto cada vez mais sustentado por menos cidadãos. Não é o melhor caminho da legitimidade necessária.

Quando a Constituição, em vez de legalizar, ilegaliza a maioria do país, ocorreu uma deformação genética em sua elaboração. Lembremo-nos dos gregos, que quando queriam punir alguém o condenavam ao ostracismo. Ignoravam. A expansão das milícias e do tráfico nas favelas, a informalidade do emprego, a impunidade do administrador público, a ilegalidade da favela, descomportamentos cada vez mais rotineiros no Brasil de hoje, tudo ignora o pacto social e suas normas constitucionais. A Constituição vige, mas não vigora. Existe sem ser. Menos prezada, fera ferida. Posta de lado, sangrando. Querer ser mais do que se é, é ser menos. Há sobrevida?

A Constituição não pode ficar aquém de sua utilidade. A utilidade como institucionalização da solidariedade exige a recorrente tarefa, diria Hamlet, de ajustar a palavra ao gesto, e o gesto à palavra.

---

[10] Cardoso e Moreira, 2008.

Trata-se de ajustar a conduta social, o ser, o gesto, à norma constitucional, ao dever-ser, à palavra. Ser ou não ser Constituição. Sem sair do texto e entrar na vida, se fazer conduta, Constituição não há. Haverá apenas a presença da ausência. Insuficiente para gerir uma cidade, uma nação.

Não há muita diferença entre o PR de d. João VI e o comunicado do Comando Vermelho. Ambos resultam da vontade ilimitada de um rei ou chefe. Das metralhadoras de hoje aos bacamartes de anteontem. Nesses casos, o país tem de retomar em mãos, com urgência, a reelaboração do pacto social. É preciso mudar. Mas quando, como?

O primeiro indicador de necessidade de mudança é o custo da desobediência voluntária ser menor do que o custo da coerção legítima. Um dos fundamentos da obediência voluntária é a participação, seja direta ou indireta, na elaboração da ata. Nasce aí o sentimento de autorresponsabilização da cidadania. É como se o obedecer à Constituição fosse um obedecer-se a si mesmo. A autorresponsabilização é o teste da representatividade do processo constitucional pleno: elaboração, interpretação e implementação.

O cerne da obediência voluntária é a intensidade da solidariedade que cada cidadão quer no outro reconhecer. Sem obediência voluntária, menos legitimidade. Sem legitimidade, menos eficácia. Sem eficácia, menos legalidade. Sem legalidade, menos Constituição. Sem Constituição, menos pacto. Sem pacto, menos solidariedade. Sem solidariedade, mais *homo homine lupus*: alcateias.

Às vezes nem a obediência voluntária nem a coerção legítima prevalece. Nesse caso, o pacto social está ameaçado. Pela palavra, sem gesto. Pela virtude, sem ação. Pelo futuro, sem presente. Pela ineficácia constitucional. A solidariedade constitucionalizada está também ameaçada. A alcateia se assombra diante das transgressões coletivas que esgarçam o tecido social, diria Celso Furtado. Uivos, aqui e acolá, começam a se ouvir. Hora de mudança.

A Constituição como mudança recorrente

A Constituição não nos diz como o Brasil é. Diz como queremos que seja. É a escolha do sonho a ser implementado. Essa escolha, feita na confecção da ata, na determinação do significante, da plataforma tecnológica, é o primeiro momento do futuro. O segundo indispensável é a escolha de seu significado, de seu software, sua interpretação.

Para Montaigne, as palavras pertencem 50% a quem as enuncia e 50% a quem as ouve. Ou seja, 50% a quem as escolhe e coloca na Constituição e 50% a quem interpreta a Constituição. Aquela não existe sem esta. A Constituição é a soma do significante com o significado. Duas escolhas que, juntas, formam o sonho de uma nação. Uma sem outra inexiste.

Como as pessoas, umas constituições vivem mais e melhor, outras menos e pior. Umas mais longevas, outras menos. Umas são rígidas, outras flexíveis. Umas são sintéticas, têm apenas sete artigos, como a dos Estados Unidos da América, outras são analíticas, longas, têm mais de 200 artigos, como a nossa atual Constituição. Umas detalhistas nas regras, outras generalistas nos princípios. Umas muito mudam de texto, outras quase nunca. Aquelas mudam, traduzindo em voz alta a livre rouquidão das ruas. Estas mudam traduzindo em surdina o sussurro do poder dos gabinetes ou quartéis.

O fato é que inexiste modelo universal unívoco, e Constituição imutável. Tamanho único. Inexiste Constituição estática. Todas diferentes estão sempre a mudar. E *pur se muove*. Constituição constituições.

Umas mudam, outras são mudadas. O vazio, as bolhas, os intervalos da eficácia constitucional são de início simples rachadura, dor localizada, mas se não logo curada, se amplia e infecciona. Ameaça o edifício constitucional, a pirâmide das leis, Constituição no topo. Na década de 1980, a eleição indireta pretendeu estabilizar a democracia ausente. Não foi mais do que um manto diáfano do autoritarismo, que reacendeu nas ruas o desejo da participação nos destinos da cidade. Eleições indiretas nos transformaram em metecos. Demorou, mas percebemos. Surgiu então nas ruas o embrião de um novo pacto social: Diretas Já. Mudou-se de Constituição. Repactuamos a nós mesmos.

Até que ponto a atual Constituição pode se manter, com a maioria dos trabalhadores brasileiros na informalidade e sem direito de propriedade? Até que ponto a atual rigidez constitucional estimula uma dissolução violenta e difusa, instantânea e fugidia, mas permanente e onipresente dos próprios sonhos constitucionais? Esse é o desafio da atual geração.

Mudar de Constituição nunca é o único caminho de mudança. Outros podem e, em geral, são antes tentados, como o de mudar a Constituição. Estratégias distintas de sobrevida do pacto.

As constituições podem mudar tanto de texto, isto é, de significantes — e cada nova Constituição faz exatamente isso: muda o texto —, quanto de significados também. E cada interpretação constitucional, no correr da vida, ao se fixar o sentido de cada palavra, faz isso também. Seja a interpretação jurisprudencial dos magistrados, seja a infraconstitucional dos legisladores, seja a contratual do mercado e dos cidadãos.

Se admitirmos que as palavras não têm sentido unívoco, cada artigo e cada palavra da Constituição é outra vez motivo de luta renhida, arena de interesses conflitantes. Agora não mais de elaboração, mas de interpretação.

A Constituição, por exemplo, em seu art. 226, §3º, diz: "Para efeito da proteção do Estado, é reconhecida a união estável entre o homem e a mulher como entidade familiar...". Mas o que quer mesmo dizer união estável? Estável por quantos anos? Sem ou com interrupções? Para caracterizar união é preciso morar junto, ou pode o homem morar separado da mulher? E por aí vamos. Será que entidade familiar implica apenas união de homem e mulher? Mais ainda, constitui-se família apenas a mãe com o filho, ou tem de haver necessariamente um pai estável? Se não constituem família, constituem o quê?

A 1ª Turma do Supremo entende que "para a configuração do delito de porte ilegal de arma de fogo é irrelevante o fato de a arma encontrar-se desmuniciada e de o agente não ter a pronta disponibilidade de munição".[11] Já a 2ª Turma entende que "arma desmuniciada ou sem possibilidade de pronto municiamento não configura o delito previsto no art. 14 da Lei 10.826/2003".[12]

Tal como nós, quando escutamos nossas próprias veias e vozes e, não raramente, ao nos ouvir discordamos de nós mesmos, e nos estranhamos, nos deprimimos e nos reinventamos, a Constituição também é assim. Reinventa-se ao se interpretar, ao se escutar.

Enquanto texto escolhido, feitura e ordenação das palavras, a Constituição pode ser mudada, ou melhor, revista e emendada pelo próprio Congresso. Na linguagem moderna da tecnologia da informação, diz-se: muda-se o suporte físico. Assim tem sido. Em 1988, protegia-se apenas o direito

---

[11] Brasil, Supremo Tribunal Federal, RHC 90197/DF, da 1ª Turma, Brasília, DF, 9 jun. 2009. Disponível em: <www.stf.jus.br/portal/jurisprudencia/listarJurisprudencia.asp?s1=(90197.PROC.)&base=baseInformativo>. Acesso em: 10 ago. 2009.
[12] Brasil, Supremo Tribunal Federal, HC 97811/SP, da 2ª Turma, Brasília, DF, 9 jun. 2009. Disponível em: <www.stf.jus.br/portal/jurisprudencia/listarJurisprudencia.asp?s1=(97811. PROC.)&base=baseInformativo>. Acesso em: 10 ago. 2009.

de propriedade, no art. 5º, XI. Em 2000, a Emenda Constitucional nº 26 acresceu e protege também o direito de moradia.

Enquanto interpretação, as palavras podem ser ressignificadas, reescritas pelos cidadãos, mercados e juízes, sem que se mudem. Embora a Constituição norte-americana seja muito precisa, até hoje inexiste consenso capaz de dar um significado homogêneo à expressão "*cruel and unusual punishment*". E em nome dessa ambiguidade até hoje alguns estados proíbem e outros aceitam a pena de morte.

Em 2003, o Supremo Tribunal Federal acreditava que o art. 40, III, §5º queria dizer que o tempo de serviço prestado pelo professor fora da sala de aula não computaria para efeito de aposentadoria especial. Já em 2009 acredita que esse artigo quer dizer que o professor que exercer funções de direção, coordenação e assessoramento pedagógico terá esse tempo computado para efeito de aposentadoria especial.

São, pois, dois os principais caminhos da mudança constitucional: ou se muda o texto, a Constituição, o significante, a parte, ou se muda a interpretação, o significado de Constituição, todo país escolhe o seu método. Os Estados Unidos mudam, assim, prioritariamente a interpretação. E por isso, em 222 anos, só houve 27 emendas constitucionais. O Brasil muda fazendo emendas. Por isso, em 20 anos, já houve 63 emendas, contando com as seis de revisão. Ambas são mudanças constitucionais previsíveis, dentro das regras do jogo estabelecidas pela própria Constituição. Nenhum é melhor do que o outro.

Nesses casos, a Constituição já previu as regras de sua própria mudança, e assim se continua. Não, não vou citar Lampedusa. É muito óbvio. Prefiro Guimarães Rosa: ao se mudar a Constituição, se coleciona.

Existe, porém, outro caminho de mudança, mais dramático, quando os vácuos, por exemplo, as bolhas, os intervalos, os comandos do tráfico e das milícias, a ilegalidade de emprego, de moradia, se expandem. Quando a coerção legal legítima se torna crescentemente ineficaz. Nesses casos, as pressões externas tornam-se insuportáveis. O pacto fica mais frágil. A Constituição, cidadãos sem convicções e leão sem dentes. Começa o pacto a se desfazer e a se esgarçar na desobediência coletiva. Assim tem sido a história.

No primeiro caminho de mudança — quando ocorre emenda, revisão, ou reinterpretação —, a nação muda a Constituição. No segundo — quando ocorre nova Constituição ou atos institucionais —, a nação muda de Constituição. Em geral, na nossa história, tenta-se aquela, antes desta. Às vezes consegue-se e temos a normalidade e o reforço do pacto. Às vezes não.

Onde estamos hoje? Em que ponto da trajetória da Constituição de 1988 estamos? Temos sinais contraditórios sobre a eficácia do pacto e sua necessidade de mudança. Por um lado, temos um processo eleitoral de escolha de presidente da República cada dia mais consolidado. Cada dia mais cidadãos procuram a justiça, a lei maior, e o acesso é mais amplo? Mas também a cada dia cresce a violência urbana, a lei do mais forte, a vontade dos senhores e donos de milícias e tráficos? A cada dia crescem as invasões dos morros e mesmo de propriedades privadas? Onde estamos na busca da solidariedade e do respeito a nós mesmos?

Essa é a permanente tarefa de cada geração. Aperfeiçoar é preciso. Há tempo? Qualquer que seja a resposta, o importante é ter em mente a regra de Camões:

> Mudam-se os tempos, mudam-se as vontades,
> Muda-se o ser, muda a esperança,
> Tudo é feito de mudanças,
> Assumindo sempre novas qualidades.

Para saber mais, é preciso ler

BONAVIDES, Paulo; ANDRADE, Paes de. *História constitucional do Brasil.* São Paulo: Paz e Terra, 1988.

CARDOSO, Fernando Henrique; MOREIRA, Marcílio Marques (Coords.). *Cultura das transgressões no Brasil:* lições da história. 2. ed. São Paulo: Saraiva, 2008.

DAHL, Robert. Decision-making in a democracy: the Supreme Court as a national policy-maker. *Journal Public Law*, n. 6, p. 279-295, 1957.

FALCÃO NETO, Joaquim de Arruda. *Advogados:* ensino jurídico e mercado de trabalho. Recife: Massangana, Fundação Joaquim Nabuco, 1984.

FAORO, Raymundo. *Os donos do poder:* formação do patronato político do Brasil. 3. ed. Rio de Janeiro: Globo, 2001.

LOEWENSTEIN, Karl. *Teoría de la Constitución.* Trad. Alfredo Gallego Anabitarte. Barcelona: Ariel, 1964.

MOREL, Marco. *Frei Caneca:* entre Marília e a pátria. Rio de Janeiro: FGV, 2000.

RORTY, Richard; NYSTROM, Derek; PUCKETT, Kent. *Contra os patrões, contra as oligarquias:* uma conversa com Richard Rorty. Trad. Luiz Henrique de Araújo Dutra. São Paulo: Unesp, 2004.

2 O Estado e os três poderes

Juliana Gagliardi de Araujo

A República Federativa no Brasil foi implantada com a Constituição promulgada em 24 de fevereiro de 1891 — a primeira após a proclamação da República.

A separação ou divisão de poderes sempre foi um dos princípios fundamentais constitucionais brasileiros. Segundo Silva (2005:106), mesmo a Constituição do Império já adotava a separação, embora naquela época fossem admitidos quatro poderes — Moderador, Executivo, Legislativo e Judiciário —, enquanto as constituições subsequentes adotaram a formulação tripartite de Montesquieu. Atualmente, o exercício de poder está dividido entre os três poderes da União: o Legislativo, o Executivo e o Judiciário. Define-se ainda que esses poderes são independentes e harmônicos entre si, cada qual com suas funções específicas e suas esferas de atuação. A Constituição é a lei maior do Estado e deve ser obedecida por todos no Estado democrático. Para isso, há mecanismos previstos na estrutura de funcionamento dos três poderes que permitem o controle de um sobre o outro de forma a garantir que ajam de acordo com a lei.

Segundo Herescu (1982:41-42):

> juridicamente, o Estado pode ser entendido como um conjunto de três elementos materiais: um território geográfico, ocupado por um povo e regido por um governo, e um elemento abstrato: a soberania, que constitui, no plano interno, o monopólio de poder coercitivo exercido pelo Estado sobre as coisas e as pessoas, e, no plano externo, a representação e a defesa dos interesses do Estado em face das instituições congêneres. Esse poder é exercido pelo governo do Estado dentro de um quadro legal que o define e limita, e essa limitação do poder pela regra jurídica é que constitui o fundamento do Estado de direito. As regras básicas, fundamentais, que estabelecem a forma pela qual o Estado se organiza, manifesta sua vontade e exerce seu poder, consubstanciam-se na Lei Maior do Estado, que é a Constituição.

A sociedade civil é composta por grupos sociais muito diferentes. O Estado é responsável por coordenar essa coexistência de forma que os princípios da legislação vigente sejam respeitados e cumpridos. Daí a necessidade de impor regras e limites a esses grupos. Para realizar tal projeto, confere-se ao Estado o poder político, que se sobrepõe a outros poderes sociais.

Embora a separação dos três poderes não tenha sido absoluta em vários períodos da história, especialmente nos períodos ditatoriais, em que eram corriqueiros o desrespeito a direitos constitucionais fundamentais e a sobreposição do Executivo ao Legislativo e ao Judiciário, é prerrogativa necessária, herdada do liberalismo do século XVIII, que existam e que sejam independentes para que o Estado democrático seja possível.

O Legislativo

O Parlamento brasileiro remonta ao período imperial. Em 1822, ano da independência, o imperador d. Pedro I trouxe à luz, por decreto, instruções para que se elegessem deputados para a Assembleia Geral, Constituinte e Legislativa do Rio de Janeiro. Somente no ano seguinte, 1823, a assembleia se reuniu, sendo logo fechada por entrar em conflito com a soberania imperial.[1]

Em 1824, d. Pedro I outorgou a primeira Constituição brasileira, que foi chamada de Carta de Lei e definia os quatro poderes do Império: Poder Legislativo, Poder Moderador, Poder Executivo e Poder Judicial. Quanto ao Legislativo, passava então a ser adotado o sistema bicameral, sendo constituído pela Assembleia Geral, formada por sua vez pela Câmara dos Deputados e pelo Senado.[2]

Após a proclamação da República, foi instituída, em 1891, a nova Constituição da República dos Estados Unidos do Brasil, ocasião em que a antiga Assembleia Geral deu lugar ao Congresso Nacional, que permaneceu bicameral, ou seja, composto pela Câmara dos Deputados e pelo Senado.[3]

De acordo com Herescu (1982:43), a Constituição seguinte, de 1934, adotou o sistema unicameral, já que atribuía o exercício do Poder Legislativo à Câmara dos Deputados, com a colaboração do Senado Federal, tendo este outra destinação constitucional: promover a coordenação dos poderes federais entre si, manter a continuidade administrativa, velar pela Constituição, colaborar na feitura das leis.[4]

Em 1937, uma nova Carta Constitucional foi instituída, em que o Poder Legislativo permanecia bicameral, sendo exercido pelo Parlamento composto pela Câmara dos Deputados e pelo Conselho Federal — denominação então atribuída ao Senado. No entanto, no período autoritário do Estado Novo, o Legislativo não funcionou em qualquer grau.

As constituições de 1946 e de 1967 restabeleceram a expressão Congresso Nacional e definiram sua composição pela Câmara dos Deputados e pelo Senado Federal.[5] A mesma estrutura fundamental bicameral permaneceu na Constituição de 1988, em vigor até os dias atuais.

---

[1] Conforme histórico do Poder Legislativo disponível no portal da Câmara dos Deputados: <www2.camara.gov.br>. Acesso em: 5 maio 2009.
[2] A primeira Carta do Brasil independente, a Constituição Política do Império do Brasil, de 25 de março de 1824, pode ser consultada no portal da Presidência da República, disponível em: <www.planalto.gov.br/ccivil_03/constituicao/constitui%C3%A7ao24.htm>. Acesso em: 7 maio 2009.
[3] A primeira Constituição republicana (a segunda brasileira), de 24 de fevereiro de 1891, também pode ser consultada no portal da Presidência da República, estando disponível em: <www.planalto.gov.br/ccivil_03/Constituicao/ Constituiçao91.htm>. Acesso em: 7 maio 2009.
[4] A Constituição da República dos Estados Unidos do Brasil de 16 de julho de 1934 está disponível no portal da Presidência da República: <www.planalto.gov.br/ccivil_03/Constituicao/Constituiçao34.htm>. Acesso em: 7 maio 2009.
[5] As constituições republicanas de 1937 e 1946 estão disponíveis em: <www.planalto.gov.br/ccivil_03/Constituicao/Constituiçao37.htm> e <www.planalto.gov.br/ccivil_03/Constituicao/Constituiçao46.htm>. Acesso em 7 maio 2009.

O Poder Legislativo atual

O Poder Legislativo é exercido pelo Congresso Nacional, composto pela Câmara dos Deputados e pelo Senado Federal. No plano estadual, é representado por assembleias legislativas e, no plano municipal, pelas câmaras municipais. Está sediado no Palácio do Congresso Nacional, em Brasília, Distrito Federal.

A Câmara e o Senado reúnem-se em sessão conjunta para iniciar cada sessão legislativa, criar um regimento que seja comum às duas casas. Ordinariamente, os deputados da Câmara se reúnem para suas próprias sessões diárias, como os representantes do Senado também o fazem.

A Câmara dos Deputados é composta de representantes do povo, enquanto o Senado Federal é formado pelos representantes dos estados e do Distrito Federal. Por isso, nos casos em que o presidente da República e também o vice-presidente estiverem impedidos de realizar suas funções, é o presidente da Câmara dos Deputados o primeiro a ser chamado para assumir o cargo.

Organização da Câmara dos Deputados

Como a Câmara Federal é composta de representantes do povo de cada estado e do Distrito Federal, o número total de deputados e o número de representantes por estado não estão previamente definidos pela Constituição. Esses números devem ser informados por lei complementar, respeitando, no entanto, dois critérios: a proporcionalidade, o que significa que esses números devem variar proporcionalmente à população de cada estado e respeitar os números mínimo e máximo de oito e 70 representantes por unidade da federação, respectivamente. Portanto, antes de cada eleição, a Justiça Eleitoral tem a função de reajustar os números referentes à população, através de dados estatísticos fornecidos pela Fundação Instituto Brasileiro de Geografia e Estatística (IBGE), e de definir quantos deputados serão investidos no cargo para cada mandato de quatro anos, o que se chama de legislatura. Assim, conforme exemplo dado por Silva (2005:511), criticando o estabelecimento de um número mínimo e de um número máximo fixos e válidos para todas as unidades da federação, já que essa regra causaria, na verdade, uma representação desproporcional entre os estados:

> um Estado com quatrocentos mil habitantes terá oito representantes enquanto um de trinta milhões terá apenas setenta, o que significa um Deputado para cada cinquenta mil habitantes (1:50.000) para o primeiro e um para quatrocentos e vinte e oito mil e quinhentos e setenta e um habitantes para o segundo (1:428.571).

O estado de São Paulo é, atualmente, o que elege o maior número de deputados por eleição,[6] já que possui a população mais elevada, em torno de 39 milhões de habitantes.[7]

---

[6] O estado de São Paulo elegeu no último pleito 70 deputados. Informação disponível em: <www2.camara.gov.br/internet/conheca/numerodeputados.html>. Acesso em: 3 abr. 2009.

[7] Segundo contagem feita pelo IBGE em 2007, a população de São Paulo era de 39.827.570 habitantes. Informação disponível em: <www.ibge.gov.br/home/estatistica/populacao/contagem2007/defaulttab.shtm>. Acesso em: 3 abr. 2009. Para consultar o número atual de deputados eleitos por estado, basta acessar: <www2.camara.gov.br/internet/conheca/numerodeputados.html>.

Estrutura de funcionamento da Câmara dos Deputados

O funcionamento da Casa é regulado pelo Regimento Interno da Câmara dos Deputados, aprovado pela Resolução nº 17, de 1989. Cada legislatura que se passa na Câmara dos Deputados — cada mandato de quatro anos — é composta por quatro sessões legislativas, cada uma se estendendo de 2 de fevereiro a 22 de dezembro, com uma interrupção entre 17 de julho e 1º de agosto.

A administração da Câmara e seus trabalhos são dirigidos por uma Mesa Diretora, cujos membros — inclusive o presidente da Casa — são eleitos no dia 2 de fevereiro, na primeira sessão legislativa de cada legislatura, em eleição que ocorre sob a direção da Mesa da sessão anterior. Os candidatos aos cargos escolhidos pelos partidos devem ter sido registrados perante a Mesa, de acordo com os cargos distribuídos aos partidos pela representação proporcional. A eleição se dá por votação por escrutínio secreto e pelo sistema eletrônico, exigindo-se maioria absoluta de votos, em primeiro escrutínio, e maioria simples, em segundo escrutínio, conforme informa o regimento interno, devendo estar presente a maioria absoluta dos deputados.

A Mesa Diretora eleita pode propor que sejam feitas alterações ao regimento interno e assume ainda a responsabilidade de, juntamente com a Mesa do Senado Federal, promulgar as emendas à Constituição. Conta com a Secretaria-Geral da Mesa para auxiliá-la em suas atividades. O presidente — além de substituir o presidente da República quando este e seu vice estão impossibilitados de ocupar o cargo — é quem representa a instituição em pronunciamentos coletivos, supervisiona seu funcionamento e estipula a pauta de proposições a serem discutidas no plenário — espaço onde os deputados se reúnem para discutir as proposições.

A Câmara engloba diversas comissões, que existem para possibilitar uma análise mais profunda das propostas antes que estas cheguem ao plenário. Esses grupos podem ser permanentes, temporários ou mistos. As comissões permanentes são: Agricultura, Pecuária, Abastecimento e Desenvolvimento Rural (Capadr); Amazônia, Integração Nacional e de Desenvolvimento Regional (Caindr); Ciência e Tecnologia, Comunicação e Informática (CCTCI); Constituição e Justiça e de Cidadania (CCJC); Defesa do Consumidor (CDC); Desenvolvimento Econômico, Indústria e Comércio (Cdeic); Desenvolvimento Urbano (CDU); Direitos Humanos e Minorias (CDHM); Educação e Cultura (CEC); Finanças e Tributação (CFT); Fiscalização Financeira e Controle (CFFC); Legislação Participativa (CLP); Meio Ambiente e Desenvolvimento Sustentável (Cmads); Minas e Energia (CME); Relações Exteriores e de Defesa Nacional (Credn); Segurança Pública e Combate ao Crime Organizado (CSPCCO); Seguridade Social e Família (CSSF); Trabalho, Administração e Serviço Público (Ctasp); Turismo e Desporto (CTD); e Viação e Transportes (CVT). As comissões mistas são criadas no âmbito do Congresso Nacional, podendo ser permanentes ou temporárias. Atualmente, as comissões mistas em vigor são: Comissão Mista de Planos, Orçamentos Públicos e Fiscalização e Comissão Parlamentar Conjunta do Mercosul. As comissões temporárias são criadas para auxiliar em determinadas situações, sendo extintas ao fim de cada legislatura. Podem ser comissões especiais (auxiliam na apreciação de assuntos especiais), comissões externas (auxiliam no acompanhamento de questões que têm lugar fora da capital federal, cidade sede da Câmara) ou comissões parlamentares de inquérito (as CPIs podem se deslocar para qualquer ponto do território nacional e se destinam a investigar fatos específicos).

Do ponto de vista normativo, três órgãos da Câmara devem ser ressaltados: a Procuradoria, a Ouvidoria e o Conselho de Ética e Decoro Parlamentar. A Procuradoria Parlamentar se responsabiliza pela defesa judicial e extrajudicial da Câmara, por intermédio de advogado, do Ministério Público ou da Advocacia-Geral da União, quando a imagem da Casa for atingida. A cada dois anos o presidente da Câmara designa 11 membros para compor a Procuradoria. A Ouvidoria Parlamentar é um canal de relacionamento entre a Câmara e a sociedade. Entre outras funções, é o órgão que recebe, examina e encaminha aos órgãos competentes reclamações ou representações de pessoas físicas ou jurídicas sobre ilegalidades, ou críticas, e propõe a abertura de sindicâncias para investigação e meios de sanar os problemas. É composta por um ouvidor-geral e dois ouvidores substitutos, designados a cada dois anos pelo presidente da Câmara entre os membros da Casa. O Conselho de Ética e Decoro Parlamentar é o órgão que cuida dos processos disciplinares, quando necessários, para a aplicação de penalidades quando de desrespeito à dignidade, à ética parlamentar, como, por exemplo, abusar de prerrogativas constitucionais destinadas aos membros do Congresso, receber vantagens indevidas durante o exercício da função, infringir as regras de boa conduta na Casa, revelar conteúdo de deliberações julgadas pela Câmara como secretas.[8] O conselho é composto de 15 membros titulares e 15 suplentes indicados pelos partidos, com mandato de dois anos, atendendo-se, tanto quanto possível, o princípio da proporcionalidade partidária. O corregedor da Câmara participa das deliberações do conselho e tem direito a voz e voto.

A Mesa da Câmara deve escolher quatro de seus membros para assumirem as responsabilidades de corregedor e de corregedores substitutos. A função do corregedor é zelar pela ordem e pela dignidade da Casa. Assim, é ele que, quando necessário, preside os inquéritos em que algum deputado esteja envolvido.

Cabe ainda ressaltar o que se considera lideranças, maioria e minoria na Câmara. Os deputados são agrupados por representações partidárias ou por blocos parlamentares[9] — representações de número igual ou superior a dois partidos unidos, por desejo de suas bancadas, sob uma liderança comum, e que englobem pelo menos 3/100 dos membros da Câmara. Cabe a cada um desses grupos eleger líder e vice-líderes e comunicar o resultado dessa eleição à Mesa por meio de documento assinado pela maioria dos membros do bloco ou representação. O estabelecimento formal do líder só ocorre se o grupo em questão tiver número de representantes igual ou superior a 1/100 da composição da Casa. O líder, entre outras funções, faz comunicações de assuntos nacionalmente relevantes em quaisquer momentos das sessões da Câmara, indica representantes de seus grupos para fazer comunicações, participa dos trabalhos até mesmo de comissões de que não seja membro (nesse caso, sem direito a voto) e indica à Mesa membros da bancada para compor comissões.

Chama-se de *maioria*, na Câmara, aquele partido ou bloco parlamentar formado pela maioria absoluta dos membros da Câmara ou, quando não for atingida a maioria absoluta, o que tiver o maior número de representantes. Estabelece-se, portanto, como *minoria* a representação inferior em número de membros com posição diversa em relação ao governo.

---

[8] Outras definições de ética parlamentar podem ser encontradas no Código de Ética e Decoro Parlamentar da Câmara dos Deputados, disponível no site da Casa.
[9] O bloco parlamentar tem sua existência restrita à duração da legislatura.

Organização do Senado Federal

O Senado Federal compõe-se de representantes dos estados e do Distrito Federal, e não da população, como a Câmara, embora sejam, assim como os deputados, eleitos diretamente pelo povo. Por essa razão, todas as unidades da federação têm a mesma representatividade, o que atualmente significa três senadores, eleitos pelo princípio majoritário — aqueles que receberem mais votos em cada estado — para cada mandato, que dura oito anos. Como as eleições ocorrem a cada quatro anos, parte dos senadores se renova a cada processo eleitoral, sem que nenhum deles cumpra menos do que os oito anos de mandato para os quais foi eleito.[10]

Estrutura e funcionamento do Senado Federal

Assim como na Câmara, cada legislatura do Senado Federal é composta por quatro sessões legislativas, com início em 2 de fevereiro e encerramento em 22 de dezembro, e pausa entre os dias 17 de julho e 1º de agosto. Da mesma forma que na Câmara, até que a nova Mesa seja eleita, a da legislatura anterior dirige os trabalhos.

A Mesa do Senado é composta por um presidente, dois vice-presidentes e quatro secretários, eleitos para mandatos de dois anos, não sendo permitida a reeleição para o período imediatamente seguinte. Sua constituição busca atender à representação proporcional dos partidos e blocos parlamentares que fazem parte da instituição. A eleição dos membros é feita por voto secreto, sendo considerada, na apuração dos eleitos, a maioria de votos, tendo participado da votação a maioria dos representantes do Senado. São eleitos ainda quatro suplentes para, em caso de necessidade, substituir os secretários.

O presidente do Senado, entre outras atribuições, representa o Senado; convoca e preside as sessões da Casa e as sessões conjuntas do Congresso Nacional; propõe que uma sessão se torne secreta; propõe a prorrogação da sessão; comunica, a qualquer momento, assuntos de interesse do país; distribui as matérias das comissões; procede à impugnação de proposições que entrem em choque com a Constituição ou com o regimento do Senado e decide as questões de ordem. Em caso de necessidade, é substituído por um vice-presidente.

Aos secretários compete, em plenário, ler as correspondências oficiais recebidas pela Casa e os pareceres das comissões e outros documentos, receber as correspondências e tomar as providências necessárias, guardar as proposições em uso, ler as atas das sessões, contar os votos em verificação de votação, entre outras funções definidas pelo regimento interno do Senado.

Assim como na Câmara, podem se formar blocos parlamentares no Senado. Para tanto, esse grupo deve representar pelo menos 1/10 da composição da Casa. Os líderes e vice-líderes dos blocos, da maioria e da minoria, são indicados pelas lideranças das representações partidárias que os compõem. Também, como na Câmara, a maioria no Senado é constituída pelo bloco ou pela representação partidária que represente a maioria absoluta da Casa ou, em caso de a maioria absoluta

---

[10] O número atual de senadores eleitos por estado está disponível em: <www.senado.gov.br/sf/senadores/senadores-atual.asp?o=3&u=*&p=*>.

não ser atingida, pelo maior número de integrantes, enquanto a minoria será o maior bloco ou representação que se opuser a essa maioria.

No Senado há comissões permanentes e temporárias, que se reúnem periodicamente para discutir e auxiliar os trabalhos e a análise mais profunda das proposições. As comissões permanentes são: Comissão de Assuntos Econômicos (CAE); Comissão de Assuntos Sociais (CAS); Comissão de Constituição, Justiça e Cidadania (CCJ); Comissão de Educação (CE); Comissão de Meio Ambiente, Defesa do Consumidor e Fiscalização e Controle (CMA); Comissão de Direitos Humanos e Legislação Participativa (CDH); Comissão de Relações Exteriores e Defesa Nacional (CRE); Comissão de Serviços de Infraestrutura (CI); Comissão de Desenvolvimento Regional e Turismo (CDR) e Comissão de Agricultura e Reforma Agrária (CRA). Também, como na Câmara, as comissões temporárias podem ser internas (previstas pelo regimento), externas (destinadas a representar o Senado externamente) ou parlamentares de inquérito. Os membros das comissões são designados pelo presidente da Casa, após indicação dos líderes, tentando sempre respeitar a proporcionalidade das representações partidárias.

O Senado tem ainda os seguintes órgãos: Conselho de Ética e Decoro Parlamentar, Corregedoria Parlamentar, Procuradoria Parlamentar e Conselho de Diploma Mulher-Cidadã Bertha Lutz. O Conselho de Ética e Decoro Parlamentar, tal como o da Câmara dos Deputados, apura os casos de atentado à responsabilidade e à dignidade parlamentares, e a realização de ações vedadas aos senadores, como obter vantagens e proveitos pessoais de relações com empresas públicas ou de capital misto; dirigir empresas, órgãos e meios de comunicação, considerados pessoas jurídicas e que indiquem em sua razão social executar serviços de radiodifusão sonora ou de sons e imagens; abusar do poder econômico em processos eleitorais; abusar de prerrogativas constitucionais destinadas ao exercício de suas funções e cometer irregularidades no desempenho dos mandatos.[11] Os senadores, além disso, têm o dever de apresentar periodicamente ao conselho declaração de bens e fontes passivas, declaração de imposto de renda, declaração de atividades econômicas ou profissionais e declaração de interesse. O conselho procede à publicação das declarações no órgão de publicação oficial, em um jornal diário de grande circulação no estado pelo qual se elegeu o senador e no programa *Voz do Brasil*, como tentativas de assegurar a transparência do trabalho da Casa. O conselho se responsabiliza ainda por tomar as medidas disciplinares necessárias no caso de seus membros virem a cometer irregularidades. A composição do Conselho de Ética é de 15 titulares e 15 suplentes.

A Corregedoria Parlamentar é constituída por um corregedor e três substitutos. O corregedor tem como funções auxiliar a manutenção da ética e da ordem na Casa, cumprir as determinações referentes à segurança interna e externa da instituição, supervisionar a proibição do porte de armas e abrir sindicâncias quando há denúncia de irregularidades cometidas por senadores.[12]

A Procuradoria Parlamentar é constituída por cinco senadores, designados pelo presidente do Senado, para mandato de dois anos, que pode ser renovado por mais dois. As funções da procuradoria são empreender publicidade reparadora de matéria ofensiva aos representantes do Senado e promover e instalar, por intermédio do Ministério Público, da Advocacia-Geral da União, da

---

[11] Esses e outros casos de incompatibilidade com a ética e a dignidade parlamentares podem ser consultados no Código de Ética e Decoro Parlamentar do Senado, disponível em: <www.senado.gov.br/sf/atividade/conselho/atribuicoes.asp?s= CEDP>.
[12] Resolução nº 17, de 1993, que dispõe sobre a Corregedoria Parlamentar.

Advocacia do Senado ou de outros advogados, as medidas cabíveis para se obter a ampla reparação da imagem do Senado.[13]

O Conselho de Diploma Mulher-Cidadã Bertha Lutz, composto por 12 titulares, destina-se a homenagear mulheres que tenham exercido, no país, a defesa dos direitos da mulher.[14]

Além disso, o Senado, assim como a Câmara, dispõe de secretarias, em sua estrutura administrativa, para auxiliar o andamento de seus trabalhos, como a Secretaria de Recursos Humanos, a Secretaria de Arquivos e a Secretaria de Controle Interno. Há ainda a Polícia do Senado Federal, cujas competências, entre outras, são assegurar a integridade do presidente da instituição em qualquer parte do território nacional ou do exterior, bem como velar pela segurança dos senadores e outras autoridades brasileiras ou estrangeiras nas dependências do Senado.

Funções do Congresso Nacional

Tanto a Câmara dos Deputados quanto o Senado Federal são investidos de atribuições legislativas, constituintes, deliberativas, de fiscalização e de julgamento de crimes de responsabilidade.[15] Além de sua principal função de elaboração legislativa, de acordo com o disposto no art. 49 da Constituição, ambas as casas têm as atribuições de:

> resolver definitivamente sobre tratados, acordos ou atos internacionais que acarretem encargos ou compromissos gravosos ao patrimônio nacional; autorizar o Presidente da República a declarar guerra, a celebrar a paz, a permitir que forças estrangeiras transitem pelo território nacional ou nele permaneçam temporariamente, ressalvados os casos previstos em lei complementar; autorizar o Presidente e o Vice-Presidente da República a se ausentarem do País, quando a ausência exceder a quinze dias; aprovar o estado de defesa e a intervenção federal, autorizar o estado de sítio, ou suspender qualquer uma dessas medidas; sustar os atos normativos do Poder Executivo que exorbitem do poder regulamentar ou dos limites de delegação legislativa; mudar temporariamente sua sede; fixar idêntico subsídio para os Deputados Federais e os Senadores; fixar os subsídios do Presidente e do Vice-Presidente da República e dos Ministros de Estado; julgar anualmente as contas prestadas pelo Presidente da República e apreciar os relatórios sobre a execução dos planos de governo; fiscalizar e controlar, diretamente, ou por qualquer de suas Casas, os atos do Poder Executivo, incluídos os da administração indireta; zelar pela preservação de sua competência legislativa em face da atribuição normativa dos outros Poderes; apreciar os atos de concessão e renovação de concessão de emissoras de rádio e televisão; escolher dois terços dos membros do Tribunal de Contas da União; aprovar iniciativas do Poder Executivo referentes a atividades nucleares; autorizar referendo e convocar plebiscito; autorizar, em terras indígenas, a exploração e o aproveitamento de recursos hídricos e a pesquisa e lavra de

---

[13] Resolução nº 40, de 1995, que institui a Procuradoria Parlamentar.
[14] Resolução nº 2, de 2001, que institui o Diploma Mulher-Cidadã.
[15] A Lei nº 1.079, de 10 de abril de 1950, define o que são crimes de responsabilidade. Entre eles se encontram os atos do presidente da República que atentarem contra: a Constituição Federal; a existência da União; o livre exercício do Poder Legislativo, do Judiciário e dos poderes constitucionais dos estados; o exercício dos direitos políticos, individuais e sociais; a segurança interna do país; a probidade da administração; a lei orçamentária; a guarda legal e o emprego dos dinheiros públicos e contra o cumprimento das decisões judiciárias. Para saber quais são os crimes de responsabilidade no caso de outras autoridades brasileiras, como ministros de Estado, do STF etc., consultar o site da Presidência da República: <www.planalto.gov.br/CCIVIL/Leis/L1079.htm>.

riquezas minerais e aprovar, previamente, a alienação ou concessão de terras públicas com área superior a dois mil e quinhentos hectares.[16]

Atribuições privativas da Câmara dos Deputados

As casas que compõem o Congresso Nacional desempenham algumas funções comuns, como a elaboração de leis e os procedimentos de fiscalização e controle, mas cada órgão tem funções que desempenha com exclusividade. A Câmara dos Deputados pode, assim, sozinha, autorizar, mediante voto favorável de dois terços dos seus membros, a instauração de um processo contra o presidente da República, o vice-presidente ou ministros de Estado; eleger dois dos membros-cidadãos do Conselho da República; dispor sobre sua própria organização, funcionamento, criação e extinção de empregos de seus serviços e estabelecer as respectivas remunerações, respeitando a Lei de Diretrizes Orçamentárias; elaborar seu regimento interno e processar a tomada de contas do presidente da República, caso este não a apresente ao Congresso no prazo determinado de 60 dias após o início da sessão legislativa.

Atribuições privativas do Senado Federal

O Senado Federal tem definidas na Constituição as seguintes funções exclusivas: processar e julgar o presidente e o vice-presidente da República nos crimes de responsabilidade, bem como os ministros de Estado e os comandantes da Marinha, do Exército e da Aeronáutica nos crimes da mesma natureza conexos com aqueles; processar e julgar os ministros do Supremo Tribunal Federal, os membros do Conselho Nacional de Justiça e do Conselho Nacional do Ministério Público, o procurador-geral da República e o advogado-geral da União nos crimes de responsabilidade; aprovar previamente, por voto secreto, após arguição pública, a escolha de magistrados, nos casos estabelecidos na Constituição, ministros do Tribunal de Contas da União indicados pelo presidente da República, governadores de território, presidente e diretores do Banco Central, procurador-geral da República, e titulares de outros cargos que a lei determinar; aprovar previamente, por voto secreto, após arguição em sessão secreta, a escolha dos chefes de missão diplomática de caráter permanente; autorizar operações externas de natureza financeira, de interesse da União, dos estados, do Distrito Federal, dos territórios e dos municípios; fixar, por proposta do presidente da República, limites globais para o montante da dívida consolidada da União, dos estados, do Distrito Federal e dos municípios; dispor sobre limites globais e condições para as operações de crédito externo e interno da União, dos estados, do Distrito Federal e dos municípios, de suas autarquias e demais entidades controladas pelo poder público federal; dispor sobre limites e condições para a concessão de garantia da União em operações de crédito externo e interno; estabelecer limites globais e condições para o montante da dívida mobiliária dos estados, do Distrito Federal e dos municípios; suspender a execução, no todo ou em parte, de lei declarada inconstitucional por decisão definitiva do Supremo Tribunal Federal; aprovar, por maioria absoluta e por voto secreto, a exoneração, de ofício, do procurador-

---

[16] Constituição da República Federativa do Brasil de 1988, título IV, capítulo I, seção II, art. 49.

geral da República antes do término de seu mandato; elaborar seu regimento interno; dispor sobre sua organização, funcionamento, polícia, criação, transformação ou extinção dos cargos, empregos e funções de seus serviços, e a iniciativa de lei para fixação da respectiva remuneração, observados os parâmetros estabelecidos na Lei de Diretrizes Orçamentárias; eleger membros do Conselho da República nos termos do art. 89, VII; avaliar periodicamente a funcionalidade do sistema tributário nacional, em sua estrutura e em seus componentes, e o desempenho das administrações tributárias da União, dos estados, do Distrito Federal e dos municípios.

O Executivo

A primeira Constituição brasileira, de 1824, confirmava a existência de quatro poderes. Além dos três poderes clássicos — entre os quais já figurava o Poder Executivo, chefiado pelo imperador, que exercia seu poder através dos ministros de Estado —, havia o Poder Moderador, cujo exercício era atribuído privativamente ao imperador e definido como a "chave de toda a organização política".[17]

Com a promulgação da primeira Constituição republicana, em 1891, o Poder Moderador deixou de existir e o Império deu lugar a uma nova organização do Estado, a federação. O Poder Executivo passou então a ser presidencialista e eletivo, em oposição a até então vigente figura sagrada do imperador. Conforme a Carta, o presidente seria auxiliado pelos ministros de Estado no desempenho de suas funções, o que é mantido até os dias atuais. Durante alguns períodos da história brasileira, como o Império, o Estado Novo e o Regime Militar, houve tendências de o Executivo se sobrepor aos outros poderes do Estado.

O Poder Executivo atual

O Poder Executivo é exercido, no Brasil, pelo presidente da República, auxiliado no desempenho de suas atribuições pelos ministros de Estado, sendo composto dos seguintes órgãos:[18]

- Presidência da República;
- Vice-presidência da República;
- Casa Civil, que assessora diretamente o presidente da República em assuntos relacionados à coordenação e à integração das ações do governo. Dessa forma, a Casa Civil supervisiona as atividades administrativas e avalia previamente a constitucionalidade e a legalidade dos atos do governo;
- Secretaria-Geral, à qual compete assessorar diretamente o presidente no relacionamento com a sociedade civil, no estabelecimento da agenda e na elaboração de subsídios para discursos presidenciais;
- Secretaria de Relações Institucionais, que atua auxiliando as relações entre o governo, o Congresso Nacional e os partidos políticos; as relações do governo com os estados e municípios e a coordenação do Conselho de Desenvolvimento Econômico e Social;

---
[17] Constituição Política do Império do Brasil, de 1824.
[18] As informações sobre as funções dos órgãos do Poder Executivo foram retiradas de portais oficiais, disponíveis em: <www.brasil.gov.br/governo_federal/estrutura/>. Acesso em abr. 2009.

- Gabinete de Segurança Institucional, chamado até 1998 de Casa Militar, que assessora diretamente o presidente em assuntos militares e de segurança, na prevenção e no gerenciamento de crises em casos de ameaça à estabilidade institucional e na segurança do chefe de Estado, do vice-presidente e de seus familiares, bem como de outras autoridades, quando determinado pelo presidente da República;
- Secretaria Especial de Portos, criada em 2007 para auxiliar o governo na formulação de políticas e na execução de medidas para o fomento do setor portuário e para contribuir para a eficiência do transporte aquaviário de cargas e de passageiros no país;
- Advocacia-Geral da União, que presta consultoria e assessora juridicamente o Poder Executivo;
- Controladoria-Geral da União, que assessora diretamente o presidente em assuntos relacionados com a defesa do patrimônio público e da transparência da gestão, por meio de atividades de controle interno, por exemplo, auditorias públicas;
- Secretaria Especial de Aquicultura e Pesca, criada em 2003 para assessorar o presidente na formulação de políticas referentes à produção pesqueira e aquícola e para promover programas de incentivo à pesca artesanal e industrial;
- Secretaria Especial de Políticas de Promoção da Igualdade Racial, criada em 2003 para assessorar o presidente na formulação de iniciativas contra as desigualdades raciais;
- Secretaria Especial de Políticas para as Mulheres, criada em 2003 para assessorar o presidente na formulação e coordenação de políticas para as mulheres e promover a igualdade de gêneros;
- Secretaria Especial dos Direitos Humanos, que assessora o presidente na formulação e implementação de políticas públicas destinadas a promover e proteger os direitos humanos;
- Secretaria de Comunicação Social, responsável pela comunicação do governo federal, coordenando um sistema que interliga assessorias dos ministérios, empresas públicas e outras entidades do Poder Executivo;
- Comissão de Ética Pública, à qual compete revisar as normas sobre a conduta ética na administração pública federal;
- Conselho Nacional de Segurança Alimentar e Nutricional, criado em 2003 com o objetivo de assessorar o presidente na formulação de políticas e orientações nas áreas de alimentação e nutrição.

Como se pode perceber, esses órgãos são de assessoramento e consulta, o que significa que não podem, sozinhos, ser executores de projetos ou políticas. O comando do Poder Executivo Federal fica a cargo do presidente empossado.

O presidente da República é eleito diretamente e assume, automaticamente, o cargo com o candidato a vice-presidente que estiver registrado junto com ele. O mandato é de quatro anos, e os eleitos tomam posse no dia 1º de janeiro após a eleição. Tanto o presidente quanto o vice-presidente não podem se ausentar do país por período superior a 15 dias sem a prévia aprovação do Congresso Nacional. Em caso de impedimento do presidente e do seu vice, ou de vacância no cargo da presidência, são chamados, sucessivamente, para o exercício da função o presidente da Câmara dos Deputados, o do Senado Federal e o do Supremo Tribunal Federal.

Os ministérios auxiliam o presidente no exercício do Poder Executivo. Assumem as funções de elaborar normas, avaliar programas federais e formular e implementar políticas para os setores das áreas em que atuam.[19] Atualmente, compõem o governo federal 23 ministérios, a saber: Agricultura, Pecuária e Abastecimento; Cidades; Ciência e Tecnologia; Comunicações; Cultura; Defesa; Desenvolvimento Agrário; Desenvolvimento Social e Combate à Fome; Desenvolvimento, Indústria e Comércio Exterior; Educação; Esporte; Fazenda; Integração Nacional; Justiça; Meio Ambiente; Minas e Energia; Planejamento, Orçamento e Gestão; Previdência Social; Relações Exteriores; Saúde; Trabalho e Emprego; Transportes, e Turismo. O mais antigo é o da Justiça, criado ainda em 1822 pelo príncipe regente d. Pedro.

Os ministros de Estado são nomeados, e também exonerados, pelo presidente da República. A escolha dos ministros deve obedecer aos critérios de elegibilidade, sendo os escolhidos de nacionalidade brasileira, maiores de 21 anos e no gozo de seus direitos políticos.

O Judiciário

De acordo com a Constituição de 1824, o Poder Judicial independente seria composto por juízes e jurados, estes com a função de se pronunciar sobre o fato, aqueles, de aplicar a lei. Para julgar as causas em segunda (e última) instância previa-se a existência das relações (tribunais locais) nas províncias imperiais, conforme necessário. Na capital do Império deveria haver, além da relação, o Supremo Tribunal de Justiça, ao qual competiria conceder ou negar revisão das causas, verificar os delitos que porventura fossem cometidos por seus próprios ministros, os das relações, pelos empregados do corpo diplomático e pelos presidentes das províncias.[20]

Conforme ressalta Herescu (1982:54), a organização judiciária imperial era única para todo o território nacional. Após o estabelecimento da República, esse sistema foi modificado, passando a se caracterizar pela dualidade de jurisdição: a federal e a estadual, cada uma com sua esfera de atuação. Essa dualidade foi muito discutida nas primeiras décadas republicanas.

A Constituição seguinte, de 1934, definia como órgãos do Poder Judiciário a Corte Suprema — com sede na capital e jurisdição em todo o território nacional —, os juízes e tribunais federais, os juízes e tribunais militares e os juízes e tribunais eleitorais.

A Carta de 1937 estabeleceu a unidade da justiça em primeira instância[21] e a dualidade em segunda instância, sendo o Poder Judiciário organizado da seguinte maneira: Supremo Tribunal Federal, juízes e tribunais dos estados, do Distrito Federal e dos territórios, e juízes e tribunais militares.

A Constituição de 1946 previa, na composição do Judiciário, além do Supremo Tribunal Federal, o Tribunal Federal de Recursos, juízes e tribunais militares, juízes e tribunais eleitorais e juízes e tribunais do trabalho. Essa estrutura manteve-se de forma muito semelhante na Constituição de 1967, mas a Emenda Constitucional de 1969 deu ao Judiciário a seguinte composição: Supremo Tribunal Federal, Conselho Nacional da Magistratura, Tribunal Federal de Recursos e juízes federais, tribunais e juízes militares, tribunais e juízes eleitorais, tribunais e juízes do trabalho, e tribunais e juízes estaduais.

---

[19] Conforme o portal do governo brasileiro: <www.brasil.gov.br/governo_federal/estrutura/ministerios/>. Acesso em: 22 abr. 2009.
[20] Conforme parágrafo único do título 6º da Constituição Política do Império do Brasil, de 1824.
[21] As instâncias do Poder Judiciário serão explicadas mais adiante.

A Constituição de 1988 definiu a organização atual do Poder Judiciário, conforme descrito adiante.

O Poder Judiciário atual

O Poder Judiciário é responsável pela administração da justiça e pela guarda da Constituição e adquiriu, no estado democrático de direito contemporâneo, grande importância por sua atuação judicial ativa.[22] Sua principal função é solucionar conflitos de interesses com base em um conjunto de ordens abstratas, no caso, as leis dispostas na Constituição, aplicando esse código aos casos concretos. A essa ação chama-se jurisdição ou função jurisdicional.

As questões da justiça no Brasil podem dizer respeito a diferentes campos: civil, relativo a conflitos entre pessoas, instituições e empresas; penal, relativo à imposição de pena àqueles que cometem crimes; federal, relativo a casos que forem do interesse da União ou de empresas públicas; trabalhista; eleitoral ou militar. Os três últimos casos enquadram-se na justiça especializada, as questões civis e penais compõem a justiça comum, e a questão federal caracteriza a justiça federal. A existência de organismos distintos — cada um para atender a determinado tipo de causa — compondo o Judiciário, embora a justiça seja una, é uma estratégia para racionalizar a solução de conflitos.

Todo caso que passa pelo Judiciário brasileiro é submetido a uma hierarquia de três instâncias. Assim, um mesmo caso pode ser julgado três vezes, em diferentes instâncias, antes de ser solucionado. Depois do julgamento em 1ª instância, se uma das partes interessadas não ficar satisfeita com a decisão do juiz, pode apelar para que a decisão seja revista em 2ª instância. A 1ª instância é representada pelos juízes de cada campo da justiça (juízes de direito — justiça estadual —, juízes federais, juízes do trabalho, juízes e juntas eleitorais, juízes militares), a 2ª instância é representada pelos tribunais (TJ, TRF, TRE, TRT e TJM) e a 3ª instância é representada pelos ministros dos tribunais superiores (STJ, TST, TSE, STM).[23] Depois dos tribunais superiores, há o Supremo Tribunal Federal, que lida com casos de todas as áreas da justiça que representem lesões ao disposto na Constituição Federal.

Dessa forma, conforme disposto na Constituição de 1988, o Poder Judiciário é composto pelos seguintes órgãos: Supremo Tribunal Federal; Conselho Nacional de Justiça; Superior Tribunal de Justiça; tribunais regionais federais e juízes federais; tribunais e juízes do trabalho; tribunais e juízes eleitorais; tribunais e juízes militares; tribunais e juízes dos estados e do Distrito Federal e territórios.[24]

O Supremo Tribunal Federal (STF) é o órgão de cúpula do Poder Judiciário, composto por 11 ministros, brasileiros natos com idades entre 35 e 65 anos, nomeados pelo presidente da República após aprovação da escolha por maioria absoluta no Senado Federal.[25] De acordo com Silva (2005:560-561), é possível distinguir três modalidades na competência da instituição: jurisdição

---
[22] Jatahy e Silva, 2007.
[23] Para um organograma do Poder Judiciário brasileiro dividido em instâncias e justiças, acesse: <http://nev.incubadora.fapesp.br/portal/segurancajustica/judiciario>.
[24] Constituição da República Federativa do Brasil, de 1988, título IV, capítulo III, seção I. Disponível em: <www.planalto.gov.br/ccivil/Constituicao/Constituiçao.htm>. Acesso em: 22 abr. 2009.
[25] Conforme informações disponíveis em: <www.stf.jus.br>. Acesso em: 22 abr. 2009.

constitucional com controle de constitucionalidade, jurisdição constitucional da liberdade e jurisdição constitucional sem controle de constitucionalidade. A primeira modalidade tem relação com uma das principais competências do STF, conforme determinado pela Constituição, que é processar e julgar a ação de inconstitucionalidade e de constitucionalidade de lei ou ato normativo federal. A segunda modalidade relaciona-se com a competência de processar e julgar originariamente o *habeas corpus* quando o paciente for o presidente da República, o vice-presidente, os membros do Congresso Nacional, os próprios ministros do STF, o procurador-geral da República; e de processar e julgar o mandado de segurança e o *habeas data* contra atos do presidente da República, das mesas da Câmara dos Deputados e do Senado, do Tribunal de Contas da União, do procurador-geral da República e do próprio STF. A terceira modalidade, sugerida por Silva (2005:561), relaciona-se com a competência do STF para processar e julgar crimes atribuídos a membros dos outros poderes; segundo a Constituição, nas infrações penais comuns, o presidente da República, o vice-presidente, os membros do Congresso Nacional, seus próprios ministros e o procurador-geral da República; e nas infrações penais comuns e nos crimes de responsabilidade, os ministros de Estado e os comandantes da Marinha, do Exército e da Aeronáutica, os membros dos tribunais superiores, do Tribunal de Contas da União, e chefes de missões diplomáticas de caráter permanente.[26]

O Conselho Nacional de Justiça (CNJ) é composto por 15 membros, funcionários dos órgãos que compõem o Poder Judiciário e o Ministério Público, com idades entre 35 e 66 anos, nomeados pelo presidente da República depois de aprovadas as escolhas pela maioria absoluta do Senado. O CNJ tem a função de "controlar a atuação administrativa e financeira do Poder Judiciário e o cumprimento dos deveres funcionais dos juízes".[27]

O Superior Tribunal de Justiça (STJ) é composto por um número mínimo de 33 ministros, entre 35 e 65 anos, que são, assim como no caso do STF e do CNJ, nomeados pelo presidente da República após aprovação pela maioria absoluta do Senado Federal. Um terço desses ministros é escolhido entre os juízes dos tribunais regionais federais, um terço entre os desembargadores dos tribunais de justiça e um terço entre advogados membros do Ministério Público.[28] Entre as competências que lhe são atribuídas estão processar e julgar crimes comuns praticados por governadores dos estados e do Distrito Federal, crimes comuns e de responsabilidade de desembargadores dos tribunais de justiça e de conselheiros dos tribunais de contas estaduais, dos membros dos tribunais regionais federais, eleitorais e do trabalho. O STJ também julga *habeas corpus* que envolvam essas autoridades ou ministros de Estado, exceto em casos relativos à justiça eleitoral. Pode apreciar ainda recursos contra *habeas corpus* concedidos ou negados por tribunais regionais federais ou dos estados, bem como causas decididas nessas instâncias, sempre que envolverem lei federal.[29]

O Poder Judiciário brasileiro é dual, o que significa que um ramo é administrado e mantido pela União, enquanto outro ramo é organizado pelos estados da federação. O Supremo Tribunal Federal (STF) e o Superior Tribunal de Justiça (STJ) são tribunais da União e não pertencem especificamente à justiça comum ou à justiça especializada. A justiça comum, além do STJ, engloba a justiça estadual e a justiça federal. Os juízes federais (em 1ª instância) e os tribunais regionais federais

---

[26] Constituição da República Federativa do Brasil, de 1988, título IV, capítulo III, seção II, art. 102. Disponível em: <www.planalto.gov.br/ccivil/Constituicao/Constituiçao.htm>. Acesso em: 26 abr. 2009.
[27] Constituição da República Federativa do Brasil, de 1988, título IV, capítulo III, seção II, art. 103-B.
[28] Constituição da República Federativa do Brasil, de 1988, título IV, capítulo III, seção III, art. 104.
[29] Conforme informações disponíveis em: <www.stj.gov.br/portal_stj/>. Acesso em: 30 abr. 2009.

(em 2ª instância) compõem a justiça federal. Os juízes de direito (em 1ª instância) e os tribunais de justiça de cada estado e do Distrito Federal (em 2ª instância) compõem a justiça estadual. Já a justiça especializada, ou especial, é composta pelo Tribunal Superior do Trabalho (TST), pelo Tribunal Superior Eleitoral (TSE) e pelo Supremo Tribunal Militar (STM), em 3ª instância; pelos tribunais regionais do trabalho (TRTs) e pelos tribunais regionais eleitorais (TREs), em 2ª instância, e pelos juízes do trabalho, eleitorais e militares, em 1ª instância.

A justiça federal tem a competência de julgar causas em que a União seja uma das partes. Os tribunais regionais federais são compostos por juízes chamados de desembargadores federais. A Constituição de 1988 determinou a criação de cinco tribunais regionais federais, em cinco regiões, para cobrir todo o território nacional:

1. O TRF da primeira região, sediado em Brasília e com jurisdição sobre o Distrito Federal e os estados do Acre, Amapá, Amazonas, Bahia, Goiás, Maranhão, Mato Grosso, Minas Gerais, Pará, Piauí, Rondônia, Roraima e Tocantins.
2. O TRF da segunda região, sediado no Rio de Janeiro e com jurisdição sobre os estados do Rio de Janeiro e Espírito Santo.
3. O TRF da terceira região, sediado em São Paulo e com jurisdição sobre os estados de São Paulo e Mato Grosso do Sul.
4. O TRF da quarta região, sediado em Porto Alegre e com jurisdição sobre os estados do Rio Grande do Sul, Paraná e Santa Catarina.
5. O TRF da quinta região, sediado em Recife e com jurisdição sobre os estados de Pernambuco, Alagoas, Ceará, Paraíba, Rio Grande do Norte e Sergipe.

A justiça estadual é composta por juízes e tribunais dos estados e do Distrito Federal, aos quais compete apreciar as matérias que não sejam ligadas constitucionalmente à justiça especializada ou à justiça federal. Trata-se, então, de uma competência residual.[30]

Justiça especializada

O Supremo Tribunal Militar (STM) e os juízes militares configuram a justiça militar, à qual compete julgar crimes militares. O STM, que não abrange tribunais regionais, é composto por 15 ministros vitalícios escolhidos livremente pelo presidente da República após sua escolha ter sido aprovada por maioria do Senado Federal.[31]

O Tribunal Superior do Trabalho (TST), os tribunais regionais e os juízes do trabalho compõem a justiça do trabalho, à qual compete julgar questões oriundas das relações de trabalho, bem como o direito de greve, a representação sindical e outros assuntos. O TST é formado por 27 ministros, entre 35 e 65 anos de idade, nomeados pelo presidente da República após aprovação da maioria do Senado Federal. Os tribunais regionais do trabalho são compostos por, no mínimo, sete juízes recrutados, quando possível na própria região. São também nomeados pelo presidente

---

[30] Jatahy e Silva, 2007.
[31] Constituição da República Federativa do Brasil, de 1988, título IV, capítulo III, seção VII, art. 123. Disponível em: <www.planalto.gov.br/ccivil/Constituicao/Constituiçao.htm>. Acesso em: 5 maio 2009.

da República, entre brasileiros com idade entre 35 e 65 anos. Os tribunais instalam a justiça itinerante, com a realização de audiências dentro dos limites territoriais da respectiva jurisdição.[32]

A justiça eleitoral é formada pelo Tribunal Superior Eleitoral (TSE), pelos tribunais regionais eleitorais, pelos juízes e pelas juntas eleitorais. O TSE, órgão de cúpula da justiça eleitoral, é composto por, no mínimo, sete juízes, dos quais cinco são escolhidos mediante eleição com voto secreto e dois são nomeados pelo presidente da República após indicação do STF. Os tribunais regionais encarregam-se do gerenciamento do processo eleitoral em nível estadual. Há um Tribunal Regional Eleitoral em cada estado e no Distrito Federal. Quanto aos juízes eleitorais, a jurisdição de cada zona eleitoral cabe, por sua vez, a um juiz ou a seu substituto legal.[33] Às juntas eleitorais cabe apurar as eleições, resolver impugnações e incidentes durante a apuração dos votos, expedir boletins de urnas e o diploma dos candidatos eleitos (no caso de eleições municipais).[34]

Para saber mais, é preciso ler

ABRANCHES, Sérgio Henrique Hudson de; SOARES, Gláucio Ary Dillon. As funções do Legislativo. *Revista de Administração Pública*, Rio de Janeiro, FGV, v. 7, n. 1, 1973.

AVELAR, Lúcia; CINTRA, Antônio Octávio. *Sistema político brasileiro:* uma introdução. Rio de Janeiro: Fundação Konrad-Adenauer-Stiftung; São Paulo: Unesp, 2004.

HERESCU, Mariana. Instituições políticas brasileiras: adequação para a plena realização da democracia. *Revista de Ciência Política*, Rio de Janeiro, FGV, v. 15, n. 3, 1982.

JATAHY, Carlos Roberto de C.; SILVA, Anabelle Macedo. Organização da justiça e do Ministério Público. Rio de Janeiro: FGV, 2007. (Roteiro de Curso de Direito).

SILVA, José Afonso da. *Curso de direito constitucional positivo*. 24. ed. São Paulo: Malheiros, 2005.

Sites oficiais

Portal da Advocacia-Geral da União: <www.agu.gov.br/>.

Portal da Câmara dos Deputados: <www2.camara.gov.br/internet/conheca/papellegislativo.html>.

Portal da Controladoria-Geral da União: <www.cgu.gov.br/>.

Portal do governo brasileiro: <www.brasil.gov.br/pais/estrutura_uniao/apresentacao/>.

Portal do Instituto Brasileiro de Geografia e Estatística: <www.ibge.gov.br/>.

Portal da Presidência da República: <www.presidencia.gov.br>.

Portal da Secretaria Especial de Portos: <www.portosdobrasil.gov.br/>.

---

[32] Constituição da República Federativa do Brasil, de 1988, título IV, capítulo III, seção V, art. 115.
[33] Código Eleitoral, parte 2ª, título III, art. 32. Disponível em: <www.planalto.gov.br/ccivil/LEIS/L4737compilado.htm>. Acesso em: 5 maio 2009.
[34] Código Eleitoral, parte 2ª, título IV, arts. 40 e 41.

Portal do Senado Federal: <www.senado.gov.br>.

Portal do Superior Tribunal de Justiça: <www.stj.gov.br/portal_stj/>.

Portal do Supremo Tribunal Federal: <www.stf.jus.br>.

Portal do Tribunal Superior Eleitoral: <www.tse.gov.br>.

3 A federação brasileira — estados e municípios: estrutura e atribuições

Alzira Alves de Abreu
Juliana Gagliardi de Araujo

O termo "federal" deriva do latim *foedus*, que significa pacto, e *foederale*, relativo a federação. Federalismo pode significar um conjunto de ideias sobre como governar um Estado. O federalismo, tal como concebido pelos pais fundadores dos Estados Unidos, é "uma forma de organização política que centraliza, em parte, o poder num Estado resultante da união de unidades políticas preexistentes, que não 'aceitam ser dissolvidas num Estado Unitário'".[1] Hoje, concebe-se federalismo como uma forma descentralizada de poder. A federação permite uma aproximação maior entre os cidadãos e seus governantes, um pacto em que o poder dividido entre a União e os estados garante o espaço de atuação de ambos. A federação permite a descentralização político-administrativa. Na Confederação o poder central é fraco, não pode aplicar leis aos cidadãos sem o consentimento dos estados. A Confederação depende, para a sua existência, da aliança entre os estados, o que em última instância é a fonte da soberania.

No Brasil, a grande extensão territorial e o número elevado da população encontraram no federalismo um meio de equacionar as diversidades regionais. A estrutura federativa no Brasil se deu com a implantação da República, mais exatamente com a Constituição de 1891.

Com a República, os grupos políticos locais lutaram pela instituição da eleição para presidente dos estados, o que foi obtido na Constituição de 1891. No governo do presidente Campos Sales se consolidou o pacto federativo com a chamada "política dos governadores", que pode ser assim resumida, de acordo com Abrucio (2002:35-38): a) os governadores de estado eram os atores mais importantes do sistema político, tanto no âmbito nacional, quanto no estadual; b) o poder nacional dependia de acordo entre os governadores dos principais estados da federação — São Paulo e Minas Gerais. Os estados do Rio Grande do Sul, Rio de Janeiro e Bahia influenciavam a eleição presidencial na medida em que houvesse conflito entre os parceiros principais. Também o Legislativo federal passava pelo controle dos governadores. Os deputados federais, representantes dos estados, se elegiam com o acordo dos governadores; c) o presidente da República tinha a função de garantir a supremacia das oligarquias estaduais no Congresso Nacional, através da chamada "verificação dos

---

[1] Costa, 2007:211.

poderes" no processo de diplomação dos deputados. Cabia ao presidente da República definir a composição da comissão que iria diplomar ou impugnar, "degolar", os candidatos oposicionistas eleitos; d) a inexistência de partidos políticos nacionais fortalecia ainda mais o poder dos governadores.

Abrucio (2002:39) indica que o poder do governador se baseava em dois fortes instrumentos de persuasão política: o aparato policial e os empregos públicos. Pela Constituição de 1891 cabia aos estados da federação a organização do aparelho policial, que não sofria qualquer intervenção do poder central. A falta de perspectiva de trabalho em várias regiões do país estimulava os governadores a distribuírem empregos públicos, formando-se assim uma rede de lealdades que garantia votos nas eleições.

Esse sistema federativo estabeleceu um desequilíbrio entre os estados mais fortes, a União e os demais estados. Nesse modelo não havia um real pacto entre os estados e a União, pois predominavam as oligarquias. É nesse contexto que surge o coronelismo, o chefe político local. O "coronel" controlava os votos das pequenas localidades, votos indispensáveis para manter o poder dos chefes estaduais. Desse modo, para vencer eleições, os governadores necessitavam do apoio dos coronéis, que em troca lhes entregava o controle dos cargos políticos locais. A população rural dependia em grande parte da proteção do "coronel", que ministrava a justiça, prestava ajuda e dava emprego. Formou-se uma dependência do "coronel" que ia do governador ao presidente da República. Esse modelo começou a ser contestado a partir dos anos 1920, com o crescimento das classes médias urbanas e do proletariado. Surgiram movimentos em prol da moralização das eleições, em favor de maior poder para as classes emergentes. Em 1926, a reforma constitucional aumentou o poder de intervenção da União nos estados. Mas os movimentos políticos de reivindicação e, em especial, o movimento tenentista continuaram exigindo mudanças no sistema político federativo. O coronelismo, dominante durante a Primeira República, sobreviveu em muitas regiões, mesmo após a industrialização crescente do país. E ainda hoje o "coronel" subsiste em localidades rurais brasileiras isoladas do restante do país, com pouco acesso aos meios de comunicação e com grande dependência econômica dos estados e do governo federal.

A Revolução de 1930 significou um novo marco no federalismo brasileiro, com uma concentração maior de poder no governo central. Mas foi com o Estado Novo, em 1937, que o federalismo foi praticamente abolido. Por meio da nomeação de interventores para cada estado da federação, a União detinha o controle sobre o processo político nos estados. Os interventores eram escolhidos entre os políticos dos estados em geral desprovidos de tradição partidária importante, o que garantia ao poder central o controle sobre o sistema político estadual. Os interventores prestavam contas de suas ações ao presidente da República e, não, às elites locais. Isso aliado à modernização da administração pública, com a criação de órgãos em cada estado encarregados da administração e da legislação estadual, diretamente vinculados ao governo federal.

Com a queda do Estado Novo, em 1945, e a redemocratização, foi promulgada a Constituição de 1946, que restabeleceu eleições para os cargos do Executivo, do Legislativo e para os estados da federação. Houve um aumento considerável do número de eleitores, principalmente no sudeste do país. Os estados recuperaram sua autonomia e a União aumentou o seu poder. As relações entre as unidades da federação e a União passaram a ser mais equilibradas. Foi o período do chamado "federalismo cooperativo", caracterizado pela participação da União no desenvolvimento dos estados, particularmente dos mais pobres. Foram criados órgãos federais para investir no desenvolvimento do Nordeste (Sudene) e da Amazônia (Sudam). O modelo econômico então prevalecente foi o da substituição de importações. Nesse modelo, o setor exportador (o café) garantia as divisas necessárias para a substituição das importações e a instalação de um setor industrial baseado em alta tecnologia e equipamentos externos. O maior beneficiário desse modelo foi o sudeste do país.

A derrubada do governo constitucional, em 1964, e a instalação de um regime militar determinaram a centralização do poder político e das decisões econômicas e administrativas no governo central. Deu-se uma hipertrofia do Poder Executivo federal, o fortalecimento da presidência da República e a restrição do poder dos estados da federação. O controle do poder federativo foi obtido mediante a centralização das receitas tributárias no Executivo federal. Somente a União podia criar novos impostos, quando, pela Constituição de 1946, estados e municípios tinham a faculdade de decretar novos tributos. No novo regime, a União ficou com 10 impostos, e os estados e municípios com dois cada. Para compensar a perda de receita dos estados e municípios, foi criado o Fundo de Participação dos Estados e Municípios (FPEM), cujos recursos vinham de tributos da União. Também foram criados mecanismos de controle dos gastos dos governos estaduais. O modelo centralizador incluiu o controle sobre as eleições dos governadores. E as polícias militares dos estados passaram a ser controladas pelo governo federal. Durante o regime militar, o Congresso não foi fechado, e os governadores passaram a ser eleitos indiretamente pelas assembleias estaduais.

Na verdade, as elites estaduais, desde a Primeira República, sempre tiveram grande poder e independência em relação ao governo federal. Durante os períodos autoritários (1937-1945 e 1964-1985), o poder central buscou impor uma centralização maior aos estados e municípios, mas as elites estaduais nunca perderam poder e influência, embora cada um desses períodos tenha sua especificidade.

A Constituição de 1988 e a federação

Um longo caminho foi percorrido até a Constituição de 1988, quando os estados da federação adquiriram grande autonomia política em relação ao governo central, à União.

Pela Constituição de 1988, a União Federativa do Brasil é constituída de 26 estados, do Distrito Federal e de 5.565 municípios.[2] A Constituição permite a criação de estados e municípios, mediante plebiscito da população interessada e confirmação pelo Congresso Nacional, no caso dos estados, ou pelas assembleias legislativas, no caso dos municípios. Os estados e municípios gozam de autonomia legislativa e tributária (arts. 29 e 30), e os estados podem legislar sobre qualquer assunto que não seja da competência da União ou do município (art. 25).

A Constituição estabelece a atuação dos estados e as competências exclusivas da União e aquelas que devem ser exercidas em comum por estados e União. As competências comuns, que podem ser desenvolvidas juntamente pela União e pelos municípios, são principalmente: educação, saúde, assistência social e meio ambiente. Em caso de conflito entre leis federais e estaduais, devem prevalecer as leis federais.

Também pela Constituição de 1988 ficou estabelecido o funcionamento do sistema tributário, que impostos ficam nos estados e quais devem ser compartilhados. O imposto sobre circulação de mercadorias e serviços (ICMS) é uma arrecadação exclusiva dos estados. Os estados da federação mais

---

[2] Segundo dados do IBGE de 2008.

desenvolvidos, os do sul e do sudeste do país, podem se sustentar com seus impostos. As demais regiões dependem das transferências de receitas tributárias da União para financiar suas atividades.

Os estados da federação elegem suas assembleias legislativas, que são unicamerais. De acordo com o art. 27 da Constituição, "o número de Deputados à Assembleia Legislativa corresponderá ao triplo da representação do Estado na Câmara dos Deputados e, atingindo o número de trinta e seis, será acrescido de tantos quantos forem os Deputados Federais acima de doze". Esse dispositivo constitucional explica por que se chegou ao número mínimo de 24 deputados estaduais para o Acre, Amapá, Amazônia, Distrito Federal, Mato Grosso, Mato Grosso do Sul, Rio Grande do Norte, Rondônia, Sergipe e Tocantins, e ao número máximo de 94 deputados para São Paulo, 77 para Minas Gerais e 70 para o Rio de Janeiro. O mandato dos deputados estaduais e dos governadores é de quatro anos.

Para se candidatar a governador, vice-governador de estado ou do Distrito Federal, os requisitos exigidos são: ter nacionalidade brasileira; gozar dos direitos políticos, ou seja, ter título de eleitor; ter domicílio eleitoral no local onde concorrer; estar filiado a um partido político; ter idade mínima de 30 anos. Para deputado estadual, os requisitos são os mesmos, exceto no que diz respeito à idade mínima, que é de 21 anos.

Os municípios: sua organização e funções

A Constituição de 1988 deu aos municípios brasileiros ampla autonomia política, o que significou um marco na história da República, a instituição de um novo "pacto federativo". As constituições anteriores referiam-se sempre aos municípios como entidades autônomas (exceto em 1937), mas eles eram de fato subordinados aos estados. Um dos marcos dessa autonomia foi a plena capacidade de elaborar e promulgar leis orgânicas próprias. A Constituição definiu que as cidades com mais de 20 mil habitantes estão obrigadas a ter um plano diretor, que deve ser aprovado pela Câmara Municipal, plano onde se encontra definida a política de desenvolvimento do município. As funções atribuídas aos municípios dizem respeito a serviços urbanos, como transporte, habitação, equipamentos de saúde e educação, coleta de lixo, abastecimento de água, energia elétrica. A criação do Sistema Único de Saúde (SUS), no bojo da Constituição de 1988, municipalizou a saúde. Até então cabia aos governos federal e estadual a responsabilidade por esse setor. Agora, a União está obrigada a transferir aos municípios recursos financeiros para o atendimento médico das populações, e o município ficou responsável pelo atendimento direto dos usuários. A descentralização das políticas públicas permitiu a municipalização da saúde e da educação.

A descentralização política e fiscal dos municípios provocou um aumento considerável de unidades municipais. Em 1950 havia 1.889 municípios, em 1960, o número se elevou para 2.766, em 1970, para 3.952 e em 2009, chegou a 5.564. A distribuição por regiões brasileiras pode ser assim visualizada:

- Região Norte: 449 municípios;
- Região Nordeste: 1.793 municípios;
- Região Sudeste: 1.668 municípios;
- Região Sul: 1.188 municípios;
- Região Centro-Oeste: 466 municípios.

É nos períodos democráticos, quando ocorre uma descentralização política e fiscal, que há um grande estímulo à emancipação municipal. A regulamentação para a criação de novos municípios foi transferida pela Constituição de 1988 da União para os estados. Em reação ao grande aumento do número de municípios, o Congresso Nacional (por iniciativa do Executivo federal) impôs restrições aos estados para a criação de novas subunidades. O governo federal retomou a prerrogativa de regulamentar o período hábil para a realização das emancipações, exigiu um "estudo de viabilidade" do novo município, e a consulta ao eleitorado passou a ser feita em todos os municípios envolvidos na emancipação.[3] Quanto à extinção ou à criação de novos distritos no município, continua a prevalecer a autonomia do município e de seus governantes.

Os municípios gozam de autonomia, de acordo com a Constituição Federal e as constituições estaduais. Cada município é regido por uma lei orgânica aprovada por dois terços dos membros da Câmara Municipal. O Poder Executivo municipal é chefiado pelo prefeito, escolhido entre maiores de 21 anos para exercer um mandato de quatro anos, por meio de eleições diretas e simultâneas. O prefeito, como chefe do Executivo municipal, tem atribuições políticas e administrativas. Cabe a ele apresentar, sancionar, promulgar e vetar proposições e projetos de lei. Anualmente, o Executivo municipal elabora proposta orçamentária, que é submetida à Câmara de Vereadores.

O sistema eleitoral para a Câmara de Vereadores é o proporcional. Nesse sistema, o mais importante é saber quantos votos cada partido ou coligação eleitoral recebeu. Os votos de todos os candidatos que disputam a eleição para vereador por um partido ou coligação são somados, sendo a eles acrescentados os votos de legenda. Por esse sistema eleitoral, os votos anulados e em branco não contam na distribuição das cadeiras. O voto em um candidato é somado ao de outros candidatos do mesmo partido ou da coligação. O voto que não discrimina o nome do candidato e é dado apenas ao partido ou à coligação é somado aos votos dos candidatos do partido e/ou da coligação. Desse modo, se o eleitor votar em um candidato que recebeu muitos votos, mas não atingiu o quociente eleitoral, seu candidato não será eleito, e outro candidato com menos votos poderá ser eleito se seu partido ou coligação obtiver mais votos. Para se candidatar à Câmara de Vereadores é necessário que o candidato tenha idade mínima de 18 anos e goze de direitos políticos, tenha título de eleitor e domicílio eleitoral no local onde concorre, e esteja filiado a um partido político.

Segundo o art. 45 da Constituição, compete à Câmara Municipal legislar sobre matéria da competência do município, especialmente sobre:

- assuntos de interesse local, como: incentivos à indústria e ao comércio, incentivos à produção agropecuária e à organização do abastecimento alimentar, saúde, assistência pública, promoção do bem-estar da comunidade e outros;
- tributos municipais, autorização de isenções e anistias fiscais e remissão de dívidas;
- orçamento anual, plano plurianual e diretrizes orçamentárias, assim como abertura de créditos suplementares e especiais;
- obtenção e concessão de empréstimos e operações de crédito, observados a forma e os meios de pagamento;
- concessão de auxílios e subvenções;
- concessão de direito real de uso de bens do patrimônio municipal;
- alienação e concessão ou permissão de bens imóveis;

---

[3] Tomio, 2002:69.

- aquisição de bens imóveis, quando se tratar de doação;
- criação, alteração e extinção de cargos, empregos ou funções públicas, e fixação da respectiva remuneração da administração direta, indireta e funcional;
- plano diretor do município;
- alteração da denominação dos prédios do município, vias e logradouros públicos, tendo a participação direta da comunidade;

Ainda de acordo com o art. 46 da Constituição, compete à Câmara Municipal, entre outros:

- empossar o prefeito e o vice-prefeito;
- aprovar ou proibir, na forma da lei, iniciativas do Poder Executivo que repercutam desfavoravelmente sobre o meio ambiente;
- julgar anualmente as contas prestadas pelo prefeito e pela Mesa Diretora da Câmara Municipal;
- apreciar os relatórios anuais do prefeito sobre execução orçamentária, operações de crédito, dívida pública, aplicação das leis relativas ao planejamento urbano e outros, e apreciar ainda os relatórios da Mesa Diretora da Câmara;
- fiscalizar e controlar diretamente os atos do Poder Executivo, incluídos os de administração indireta, fundacional, empresas públicas e sociedades de economia mista;
- criar comissões de inquérito;
- julgar o prefeito, o vice-prefeito e os vereadores nos casos previstos em lei;
- conceder títulos honoríficos;
- fixar a remuneração do prefeito, do vice-prefeito e dos vereadores, observada a legislação federal pertinente.

Para saber mais, é preciso ler

ABRUCIO, Fernando Luiz. *Os barões da federação:* governadores e a redemocratização brasileira. 2. ed. São Paulo: Hucitec, 2002.

ANDRADE, Luis Aureliano Gama de. O município na política brasileira: revisitando *Coronelismo, enxada e voto.* In: AVELAR, Lúcia; CINTRA, Antônio Octávio (Orgs.). *Sistema político brasileiro:* uma introdução. 2. ed. Rio de Janeiro: Konrad-Adenauer-Stiftung; São Paulo: Unesp, 2007. p. 243-256.

AVELAR, Lúcia; CINTRA, Antônio Octávio (Orgs.). *Sistema político brasileiro:* uma introdução. 2. ed. Rio de Janeiro: Konrad-Adenauer-Stiftung; São Paulo: Unesp, 2007.

COSTA, Valeriano. Federalismo: as relações intergovernamentais. In: AVELAR, Lúcia; CINTRA, Antonio Octávio (Orgs.). *Sistema político brasileiro:* uma introdução. 2. ed. Rio de Janeiro: Konrad-Adenauer-Stiftung; São Paulo: Unesp, 2007.

LAFER, Celso. *O sistema político brasileiro:* estrutura e processo. São Paulo: Perspectiva, 1975.

NICOLAU, Jairo. *História do voto no Brasil.* Rio de Janeiro: Jorge Zahar, 2002.

SOUZA, Celina Maria de. Plano diretor e instrumentos de planejamento municipal: limites e possibilidades. *Revista Brasileira Municipal,* jan./mar. 1991.

TOMIO, Fabrício Ricardo de Lima. A criação de municípios após a Constituição de 1988. *Revista Brasileira de Ciências Sociais,* v. 17, n. 48, fev. 2002.

4 Atribuições do Ministério Público, ferramentas da cidadania

Carlos Roberto de C. Jatahy

Uma das instituições mais em evidência na sociedade brasileira contemporânea é o Ministério Público. A imprensa, os políticos, líderes comunitários e outros formadores de opinião invariavelmente se manifestam contra ou a favor dessa entidade, reinventada no Brasil após a Constituição de 1988. Com funções institucionais bem definidas no texto constitucional e tendo como maior desafio promover a aplicação da lei e defender o regime democrático no novo modelo de Estado brasileiro, o Ministério Público é fundamental para a defesa da sociedade, da legalidade e da lisura na administração pública. Seu papel na consolidação da cidadania e na concretização dos direitos fundamentais inscritos no Brasil redemocratizado é evidente. Sua atuação se faz visível no cotidiano, fortalecendo as características republicanas da condução dos interesses do povo. Nesse contexto, conhecer o Ministério Público, suas funções e sua organização são premissas indispensáveis a quem se propõe a analisar as instituições políticas do Brasil contemporâneo, como instrumentos de defesa da cidadania.

Breve histórico institucional

A origem

A compreensão do papel do Ministério Público na sociedade deve levar em conta as razões históricas que permearam sua formação, seu desenvolvimento e a adoção do atual perfil, observando as perspectivas futuras para seu aprimoramento. Mas a tarefa de precisar a gênese do Ministério Público é árdua. Sua origem é controvertida, divergindo a doutrina quanto à sua base remota, mas havendo relativo consenso quanto à sua origem próxima.

Os doutrinadores apontam como berço da instituição o antigo Egito, onde existia a figura do *magiaí*, funcionário real do faraó, que deveria ser "a língua e os olhos do rei". Suas funções incluíam castigar os criminosos, reprimir os violentos e proteger os cidadãos pacíficos. Cabia-lhe ainda acolher os pedidos do homem justo; sendo "o pai do órfão e o marido da viúva". Vislumbram-se nessas atividades, ainda que de maneira remota, funções que hoje são deferidas ao Ministério Público, tais como a persecução criminal (art. 129, I, da Constituição da República) e a proteção dos órfãos e da família (art. 82, I e II, do Código de Processo Civil).

Já as origens modernas da instituição remontam à França, especificamente à *ordonnance* de Felipe IV, em 1302, com a criação de agentes públicos denominados "procuradores do rei" (*les gens du roi*). Tinham a função de denunciar quem violasse a lei e também de dar cumprimento à sentença proferida pelo juiz, garantindo o proveito econômico da Coroa. Assim, na atividade de persecução penal e na tutela dos interesses do Estado — que na época também eram os do soberano — nasceu o Ministério Público.

As expressões *Parquet* e Ministério Público, que até hoje identificam a instituição, têm aí sua origem. "Ministério Público", em virtude da ideia adotada pelos próprios procuradores, que em correspondências trocadas entre si denominavam assim suas funções, um ofício ou ministério de natureza estatal, visando distingui-las do ofício privado dos advogados. Da mesma forma, o termo *Parquet*, utilizado até os dias atuais como sinônimo da instituição, deriva do estrado existente nas salas de audiência, onde os procuradores do rei podiam se sentar lado a lado com os magistrados, em espaço reservado, diverso das demais partes e advogados.

A evolução histórica no Brasil

Da França, o modelo instituído para o Ministério Público migrou para a península Ibérica e chegou ao Brasil-Colônia através das Ordenações Afonsinas, primeiro diploma legislativo a vigorar em *Terrae Brasilis*. Ali era prevista a figura do procurador da justiça, responsável pela proteção dos interesses "das viúvas, e dos órfãos, e miseráveis pessoas que à nossa Corte vierem". Da mesma forma, as Ordenações Manuelinas, em 1521, mencionavam o *promotor da justiça da Casa de Suplicação* e os *promotores da justiça da Casa Civil*. Finalmente, nas Ordenações Filipinas de 1603 é que se criou, de maneira mais sistemática, a figura de um promotor de justiça. Há diversos títulos e capítulos, naquele ordenamento jurídico, com referências a um "procurador dos Feitos da Coroa", ao "procurador dos Feitos da Fazenda", ao "promotor da justiça da Casa da Suplicação" e ao "promotor da justiça da Casa do Porto".

Com o surgimento do Império, nosso primeiro texto constitucional (1824) não fazia qualquer menção ao Ministério Público, mas o Código de Processo Criminal de 1832 continha uma seção reservada aos promotores de justiça, descrevendo os primeiros requisitos para sua nomeação e principais atribuições.

Proclamada a República, coube a Campos Sales, primeiro ministro da Justiça, editar os Decretos nº 848 e nº 1.030, que deliberavam sobre a organização da Justiça Federal e do Distrito Federal, reservando capítulos próprios ao Ministério Público. Por tal razão foi escolhido patrono da instituição.

A Carta Magna de 1934, por sua vez, foi a primeira a constitucionalizar o Ministério Público, absolutamente independente dos demais poderes do Estado, situando-o entre os "órgãos de cooperação nas atividades governamentais" (capítulo VI, seção I).

Instalado o Estado Novo de Vargas, tal estrutura foi suprimida do texto constitucional. Intuitivo concluir que, nos Estados onde a democracia não floresce e onde não se privilegiam os direitos fundamentais do homem — como o período ditatorial vivido naquela quadra da história —, o Ministério Público não tem contornos constitucionais fortes. Apesar disso, nessa época foram editados os códigos Penal e de Processo Penal, que conferiam ao Ministério Público o poder de requisição de inquérito policial bem como a titularidade da ação penal pública. Na área processual civil, o código editado em 1939 estabeleceu a obrigatoriedade da intervenção do Ministério Público em diversas hipóteses, especialmente na área do direito de família e na proteção dos incapazes. Com a promulgação da Constituição de 1946 e a redemocratização do Brasil, o Ministério Público retornou ao texto constitucional, prevendo-se sua organização tanto no âmbito federal quanto no estadual, e atuação nas justiças comum, militar, eleitoral e do trabalho.

A Constituição de 1967 inseriu o Ministério Público no âmbito do Poder Judiciário, sendo tal opção importante passo na conquista de autonomia e independência. Garantias e prerrogativas para o pleno exercício das funções institucionais, como a estabilidade e a inamovibilidade, foram conquistadas naquele momento. A proximidade com a magistratura foi importante para a consolidação de garantias institucionais.

A Emenda Constitucional nº 1, de 1969, fruto da ruptura da ordem constitucional então vigente, retornou o Ministério Público ao âmbito do Poder Executivo, topograficamente posicionado ao lado dos funcionários públicos e das Forças Armadas, mantendo, entretanto, a carreira conforme os preceitos do ordenamento anterior. O regime de exceção que se instaurara no Estado brasileiro, de cunho autoritário, não podia permitir que o Ministério Público estivesse afastado do Executivo, convivendo intimamente com o Judiciário, que possuía relativa autonomia.

Finalmente, a Constituição de 1988 conferiu ao Ministério Público um novo perfil, que será analisado a seguir.

O Ministério Público brasileiro e suas principais atribuições

A organização do Ministério Público brasileiro

A Constituição da República de 1988 dotou o Ministério Público de novo perfil, definido no art. 127 como "instituição permanente, essencial à função jurisdicional do Estado, incumbindo-lhe a defesa da ordem jurídica, do regime democrático e dos interesses sociais e individuais indisponíveis".

Essa mudança conceitual fez nascer um novo Ministério Público, voltado para a defesa da sociedade e do Estado democrático recém-instituído no Brasil. De procurador do rei a defensor da sociedade, um novo ator político surgia com a mudança paradigmática ocorrida em 1988.

É importante ressaltar que o novo texto afastou da instituição a ingerência absoluta oriunda do Executivo, conferindo-lhe prerrogativas que o assemelham aos demais poderes do Estado. Foi-lhe assegurada autonomia funcional e administrativa, com liberdade para se organizar administrativamente, estabelecendo sua própria estrutura orgânico/funcional, sem qualquer restrição. O Ministério Público pode, para tanto, propor diretamente ao Legislativo a criação e a extinção de seus cargos, provendo-os por concursos públicos próprios, fixando-lhes a remuneração e disciplinando suas atribuições administrativas. Por outro lado, passou a ter seu próprio orçamento, na forma estabelecida na legislação, o que o liberta dos entraves administrativos que a execução orçamentária geralmente acarreta aos entes públicos, com a excessiva vinculação ao fluxo do Tesouro. A ideia de autonomia é reforçada pela inovação trazida quanto ao mecanismo de escolha da chefia institucional. No passado, o procurador-geral era livremente nomeado e demitido pelo chefe do Poder Executivo, o que denotava dependência e subordinação da instituição — e, indiretamente, de seus membros — à vontade do governo e aos humores dos poderosos. Criou-se no novo texto constitucional a figura do mandato (de dois anos) para o procurador-geral, consolidando-se a autonomia institucional (art. 128, §1º e §3º). A vinculação ao Executivo ainda existe, como se verá a seguir, por ocasião da investidura e escolha do chefe da instituição, mas é consideravelmente reduzida em face da impossibilidade de exoneração deste pelo governante, durante o exercício funcional.

Nesse aspecto, apenas o Poder Legislativo pode destituir o procurador-geral, em hipóteses previamente definidas em lei (art. 128, §2º e §4º), o que faz com que o Ministério Público possa atuar com mais liberdade, inclusive em defesa da sociedade contra o governo. Tal circunstância, somada ao princípio da independência funcional, que impede qualquer ingerência político-administrativa na atuação dos membros do Ministério Público (que possuem absoluta liberdade para decidir como e contra quem atuar), contribuem decisivamente para o pleno exercício das funções institucionais confiadas ao Ministério Público pela Constituinte de 1988.

A instituição é dividida organicamente em duas grandes vertentes pelo art. 128 da Constituição: o *Ministério Público da União*, que se encontra disciplinado na LC nº 75/93, e que abrange o Ministério Público Federal, o Ministério Público do Trabalho, o Ministério Público Militar e o Ministério Público do Distrito Federal e Territórios. A outra vertente configura o *Ministério Público dos Estados*, regido por uma Lei Orgânica de cunho nacional (Lei nº 8.625/93 — LONMP), que estabelece parâmetros, balizas e preceitos a serem obrigatoriamente obedecidos pelos diversos ministérios públicos locais, respeitada, é claro, a autonomia decorrente do pacto federativo. Cada Ministério Público estadual tem ainda uma Lei Orgânica própria, cuja iniciativa é facultada aos respectivos procuradores-gerais de justiça (CF, art. 128, §5º).

A chefia dos dois braços institucionais possui características distintas. Enquanto o procurador-geral da República, que lidera o Ministério Público da União, é escolhido livremente pelo presidente da República entre os integrantes da carreira, contando ainda com a chancela do Senado Federal; os procuradores-gerais de justiça dos estados e do Distrito Federal são nomeados pelo respectivo governador, após eleição interna realizada pela classe, que compõe lista tríplice com os candidatos mais votados. A escolha, pelo Executivo, nessa hipótese, está restrita aos integrantes da lista. A possibilidade de recondução, obedecidos os mesmos critérios, também é diferenciada. O procurador-geral da República pode ser reconduzido diversas vezes. Já o procurador-geral de justiça apenas uma única vez.

O Ministério Público da União

O Ministério Público Federal. Talvez o ramo mais conhecido da instituição, o MPF é integrado pelos procuradores da República, que atuam perante a justiça federal, tanto na área penal quanto na área cível. São os titulares das ações penais que tramitam nas varas federais e que têm tido maior visibilidade na mídia nos últimos tempos. Crimes contra o sistema financeiro nacional, lavagem de dinheiro, ou cometidos por gestores públicos (em detrimento do Tesouro Federal) são hipóteses, entre outras, que autorizam os procuradores da República a atuar, visando regular a apuração dos fatos e a condenação dos envolvidos.

Por outro lado, cabe ao MPF exercer suas funções nas causas de competência do STF, do STJ, dos tribunais regionais federais e dos tribunais eleitorais. Deve ainda atuar nas causas de competência de quaisquer juízes e tribunais, para defender os direitos e interesses dos índios e das populações indígenas, do meio ambiente, de bens e direitos de valor artístico, estético, histórico, turístico e paisagístico, *integrantes do patrimônio nacional.*

O Ministério Público Militar. Integrante do Ministério Público da União, atua perante os órgãos da justiça militar da União e tem como atribuições principais promover ação penal pública nos crimes militares definidos em lei, promover a declaração de indignidade ou de incompatibilidade para o oficialato, além de manifestar-se em qualquer fase do processo, quando entender existente interesse público que justifique sua intervenção.

A Constituição Federal faculta ainda a criação da justiça militar estadual, com a competência de processar e julgar os militares dos estados (policiais e bombeiros) nos crimes militares definidos em lei. No entanto, os membros do Ministério Público que deverão atuar perante essa justiça não pertencem ao Ministério Público Militar, e sim ao Ministério Público estadual.

O Ministério Público do Trabalho. É o ramo do Ministério Público da União que atua perante a justiça do trabalho, competindo-lhe, entre outras funções institucionais, a promoção da ação civil pública para a defesa de interesses coletivos dos trabalhadores, quando desrespeitados direitos sociais constitucionalmente garantidos; de ações necessárias à defesa dos direitos e interesses dos menores, incapazes e índios, decorrentes das relações de trabalho; devendo intervir, obrigatoriamente, em todos os feitos da justiça do trabalho em que a parte for pessoa jurídica de direito público, Estado estrangeiro ou organismo internacional.

Também compete à instituição a promoção das demandas que lhe sejam atribuídas pela Carta Federal e pelas leis trabalhistas, podendo inclusive propor ações para a declaração de nulidade de cláusulas de contrato, acordo coletivo ou convenção coletiva que violem liberdades individuais ou coletivas dos trabalhadores. Deve também oficiar em qualquer fase do processo trabalhista, por iniciativa própria, do juiz ou das partes, quando entender existente interesse público que justifique sua intervenção.

O Ministério Público do Distrito Federal e Territórios. Exerce suas funções perante o Tribunal de Justiça e juízes do Distrito Federal e territórios. Pertencente ao ramo do Ministério Público da União, o MPDFT também é regido pela LC nº 75/93, possuindo as mesmas atribuições dos ministérios públicos dos estados.

O Ministério Público dos Estados

Trata-se da outra grande vertente do Ministério Público brasileiro. Regido pela Lei Orgânica Nacional (Lei nº 8.625/93 — LONMP), diploma legal que tem por objetivo estabelecer normas gerais e princípios que devem ser seguidos por todos os ministérios públicos estaduais de maneira uniforme, é o Ministério Público com maior gama de atribuições, oficiando perante a justiça comum estadual em todas as hipóteses residuais em que não houver atribuição das demais carreiras do Ministério Público, antes definidas.

Cabe ao Ministério Público estadual, entre outras funções, promover inquérito civil ou ação civil pública para proteção, prevenção e reparação dos danos causados ao meio ambiente, ao consumidor, aos bens e direitos de valor artístico, estético, histórico, turístico e paisagístico, e a outros interesses difusos, coletivos e individuais indisponíveis e homogêneos; promover ações de inconstitucionalidade de leis ou atos normativos estaduais ou municipais, em face da Constituição estadual, além da representação de inconstitucionalidade para efeito de intervenção do estado nos municípios.

Atua também perante as causas de direito de família; criminais não cometidas à justiça federal; empresariais, de órfãos e sucessões, além das relativas à infância e à juventude, idosos e deficientes físicos.

As atribuições constitucionais do Ministério Público

A Constituição da República arrolou, no art. 129, as principais funções institucionais do Ministério Público, que serão brevemente analisadas a seguir.

Promoção privativa da ação penal pública

A persecução penal é uma das mais importantes atribuições ministeriais, confundindo-se com a própria essência do Ministério Público. A Constituição Federal, ao deferir ao *Parquet* a promoção privativa da ação penal pública, baniu de nosso ordenamento os procedimentos penais *ex officio* e todas as leis especiais que permitiam a instauração da ação penal pública sem a apresentação da denúncia pelo *Parquet* ou queixa, nas hipóteses legais. A ação penal, em regra, é de iniciativa pública incondicionada, cabendo ao Ministério Público promovê-la, independentemente da manifestação da vontade de quem quer que seja. Há casos, expressamente previstos em lei (CPP, art. 24), em que a iniciativa do Ministério Público depende da representação do ofendido, ou da requisição do ministro da Justiça.

Tal representação não exige fórmulas ou termos sacramentais, bastando a manifestação da vítima ou de seu representante legal no sentido de que o processo penal seja instaurado, não havendo, entretanto, qualquer vinculação entre a manifestação do ofendido e a efetiva atuação do *Parquet*.

Há ainda a hipótese de a ação penal ser promovida pelo próprio ofendido ou por quem tenha qualidade para representá-lo. É a ação penal de iniciativa privada.

Ressalve-se que, mesmo no caso de a ação penal ser de iniciativa privada, é necessária a intervenção do Ministério Público em todos os atos processuais, sob pena de nulidade processual.

Finalmente, deve-se abordar a previsão do art. 5º, LIX, da Constituição da República, que trata da ação penal privada subsidiária da pública, cabível somente na hipótese de inércia do membro do Ministério Público. Tal inércia somente se caracteriza no prazo legal (CPP, art. 46), se o Ministério Público não oferecer a denúncia, requerer o arquivamento do inquérito policial ou requisitar diligências. Mesmo que instaurada a ação penal subsidiária da pública, pode o *Parquet* aceitá-la ou aditá-la para acrescentar circunstâncias não expressas, corrigir imperfeições, ou ainda repudiá-la, por inépcia da inicial, oferecendo assim denúncia substitutiva.

O Ministério Público ombudsman: o inquérito civil e a ação civil pública

Outra atribuição institucional relevante conferida ao Ministério Público pela Constituição Federal de 1988 foi a função de *ombudsman*. Essa função tem origem remota na Constituição sueca de 1809, que criou a figura do *justitieombudsman*, expressão traduzida como "comissário de justiça", com a atribuição de supervisionar a observância dos atos normativos por juízes e servidores públicos.

Verificando-se que o Ministério Público já estava estruturado em carreira e existia em todo o território nacional, foi-lhe deferida tal função, que consiste no controle das atividades atinentes aos três poderes (parlamentar ou político, administrativo e judiciário), sobretudo ao Poder Executivo. O *ombudsman* tem por objetivo remediar lacunas e omissões, bem como assegurar que os poderes respeitem as regras postas e não se imiscuam nos direitos e liberdades públicas dos cidadãos. Sendo assim, o art. 129, inciso II, da Constituição, de maneira inédita, estatuiu como função do Ministério Público: "zelar pelo efetivo respeito dos Poderes Públicos e dos serviços de relevância pública aos direitos assegurados nesta Constituição, promovendo as medidas necessárias a sua garantia".

Essa atividade de controle dos atos do poder público abriu um grande e importante campo de atuação institucional, na esteira de conferir mecanismos hábeis ao *Parquet* para promover os valores sociais constitucionais.

Dois instrumentos constitucionais são indispensáveis a essa atuação: o inquérito civil, procedimento preparatório presidido exclusivamente pelo Ministério Público, que se destina a fornecer provas e elementos para sua atuação em questão não penal (meio ambiente, consumidor, moralidade pública e outros); e a ação civil pública, que se destina a buscar, no Poder Judiciário, providências definitivas para a não implementação dos direitos prestacionais devidos à sociedade.

Defesa dos interesses dos silvícolas

A Carta Magna legitimou o Ministério Público para a defesa em juízo das populações indígenas (art. 129, V). Além da legitimidade ativa para tal tutela, o constituinte também deferiu ao *Parquet*, no art. 232 da Carta da República, a função de fiscal em todos os processos em que os interesses dos silvícolas estejam em questão. No que concerne a esta última função, deve-se ressaltar que o espírito legal visa proteger os interesses dos silvícolas, enquanto não integrados à sociedade nacional, hipótese em que a presença do *Parquet* é indispensável, sob pena de nulidade, *ex vi* do art. 82, I, c/c o art. 246, ambos do Código de Processo Civil.

A função institucional de defender judicialmente os direitos e interesses dos indígenas, em regra, é reservada ao Ministério Público Federal, pois compete à justiça federal conhecer os conflitos oriundos dos direitos e interesses indígenas (CF, art. 109, XI).

Assim, numa postulação coletiva referente aos direitos de uma comunidade indígena, competentes serão a justiça federal e o Ministério Público Federal para conhecer da questão. Também será do *Parquet* federal a legitimidade para deflagrar ação penal por crimes cometidos por ou contra silvícolas. Entretanto, nas hipóteses isoladas e individuais em que os indígenas estejam na relação processual, a competência caberá à justiça estadual, e, por conseguinte, ao Ministério Público estadual.

Controle externo da atividade policial

O controle externo da atividade policial pelo Ministério Público objetiva manter a regularidade e a adequação dos procedimentos empregados na realização da atividade de polícia judiciária, bem como a integração das funções do Ministério Público e da polícia judiciária, voltadas para a persecução penal e o interesse público. Permite, portanto, que o Ministério Público busque um trabalho policial dedicado e bem-conduzido, a fim de que sejam fornecidos subsídios capazes de gerar a justa causa necessária para o desencadeamento da ação penal pública.

É oportuno asseverar que tal controle possui índole técnica e pode ser exercido na forma de controle difuso, quando do exame dos procedimentos que forem atribuídos aos membros do Ministério Público com atribuição criminal; ou em sede de controle concentrado, através de membros com atribuições específicas para o controle externo da atividade policial, conforme disciplinado no âmbito de cada Ministério Público.

Nessa função, cabe ao *Parquet* atentar especialmente para o respeito aos direitos fundamentais assegurados na Constituição Federal e nas leis; a prevenção da criminalidade; a finalidade, a celeridade, o aperfeiçoamento e a indisponibilidade da persecução penal; a prevenção ou a correção de irregularidades, ilegalidades ou abuso de poder relacionados com a atividade de investigação criminal; além de buscar a superação de falhas na produção da prova, inclusive técnica, para fins de investigação criminal.

Conclusão

Em face do exposto, afere-se que o constituinte de 1988 inovou ao versar sobre o Ministério Público, dando-lhe tratamento peculiar na nova ordem jurídica brasileira. De conhecido persecutor criminal passou a deter nova identidade, como *agente de transformação social*, ou seja, promotor de mudanças tão esperadas na sociedade atual. Sua função é utilizar o direito como instrumento de transformação da realidade social, fazendo com que os fatores que ensejam e mantêm a injustiça social sejam eliminados.

Objetivamente, pode-se afirmar que, devido ao crescimento da instituição nessas duas décadas, tornou-se destinatária de inúmeras novas atribuições (tanto na tutela individual quanto na coletiva), decorrentes da edição de diplomas legislativos que aumentaram em muito suas funções institucionais — por exemplo, o Estatuto da Criança e do Adolescente, o Código de Defesa do Consumidor, o Estatuto das Cidades, do Idoso e do Torcedor.

Por outro lado, apesar do aumento de atribuições, não há mais possibilidade (em razão da Lei de Responsabilidade Fiscal) da majoração ilimitada de cargos na carreira do Ministério Público para atender às novas demandas sociais, devendo a instituição desempenhar a contento todas as atuais atribuições, bem como enfrentar novos deveres que eventualmente lhe sejam outorgados pela sociedade.

Esse é o desafio contemporâneo do novo Ministério Público. Atuar de maneira efetiva, para a plena consecução das atividades que lhe foram outorgadas no pacto constitucional, visando a plena defesa da sociedade, destinatária maior de suas funções institucionais.

Para saber mais, é preciso ler

ARANTES, Rogério Bastos. *Ministério Público e política no Brasil.* São Paulo: Educ, Sumaré, Fabesp, 2002.

GARCIA, Emerson. *Ministério Público:* organização, atribuições e regime jurídico. 3. ed. Rio de Janeiro: Lumen Juris, 2008.

JATAHY, Carlos Roberto de Castro. *O Ministério Público e o estado democrático de direito.* Rio de Janeiro: Lumen Juris, 2007.

―――. *Curso de princípios institucionais do Ministério Público.* 4. ed. Rio de Janeiro: Lumen Juris, 2009.

MAZZILLI, Hugo Nigro. *Introdução ao Ministério Público.* 5. ed. São Paulo: Saraiva, 2005.

―――. *Regime jurídico do Ministério Público.* 6. ed. São Paulo: Saraiva, 2007.

5 A Defensoria Pública

*José Augusto Garcia de Sousa**

Já faz um bom tempo, certamente mais de 10 anos. Era uma sexta à tardinha quando surgiu no prédio da Defensoria Pública, ao lado do Fórum da avenida Erasmo Braga, uma senhora muito aflita, prestes a ser despejada. A atribuição não era minha — para racionalizar o trabalho, cada defensor com atividade forense fica vinculado a determinado órgão judicial —, mas o colega a quem tocava o caso não estava mais presente. Tratando-se de situação emergencial, que não poderia esperar a passagem do final de semana, pus-me a atender a senhora. Verifiquei então que talvez nem fosse tão difícil sustar o despejo. Fiz uma petição rápida e fui ao Fórum despachá-la. Felizmente, o juiz responsável por aquele processo de despejo ainda se encontrava lá. Voltei ao prédio da Defensoria triunfante. O despejo estava sustado. A senhora, uma pessoa bastante humilde, ficou extremamente agradecida, como era de se esperar. Passou a dizer-me que iria rezar muito por mim e pela minha família. Mais ainda: em sinal de sua profunda gratidão, iria rezar fervorosamente para que um dia eu me tornasse juiz. De maneira delicada, tentei ponderar que a Defensoria me realizava plenamente e que jamais ambicionara a magistratura. Mas nada abalava o projeto judicante que a minha nova assistida se dispunha generosamente a viabilizar junto às forças celestiais. Já um pouco impaciente com as minhas esquivas, ela soltou, com magnífica espontaneidade: "Não, o senhor não vai ficar só nisso não, Deus não vai deixar!..."

Confesso que fiquei. Sim, fiquei só "nisso"... Fascinado pela grandeza de uma instituição voltada para os pequenos, fiquei. Seduzido pela nobreza que encerra a defesa dos marginais, fiquei. Irremediavelmente tocado pela segura implausibilidade da missão abraçada pela Defensoria — que haja igualdade na justiça brasileira —, fiquei.

Uma excelente constitucionalista do nosso estado, Ana Paula de Barcellos (2002:7), diz que não existe nada pior do que "a ignorância da própria ideologia e o engodo da própria neutralidade". Aqui, como já deve ter ficado claro, não há qualquer pretensão de neutralidade. Este texto sobre a Defensoria Pública é escrito por um defensor apaixonado pelo que faz, com mais de 20 anos na

---

* Agradeço a Cleber Francisco Alves, colega na Defensoria Pública e estudioso de renome internacional do tema da assistência jurídica, a leitura atenta do texto e as muito bem-vindas críticas e sugestões.

instituição. Qualquer proposta de neutralidade seria realmente um grande engodo. De resto, um defensor público que se queira neutro não passa de uma pobre contrafação. Nem por tudo isso, porém, o texto está condenado à irracionalidade ou a um vezo ainda muito persistente entre nós — o do corporativismo. Até porque muitas vezes ficamos ainda mais críticos diante do objeto do nosso afeto.

Feitas essas necessárias considerações, de índole introdutória, podemos prosseguir. Ao longo deste capítulo, procurarei demonstrar que a Defensoria Pública, instituição à qual incumbe a orientação jurídica e a defesa dos necessitados (Constituição da República, art. 134), já é um dos caminhos relevantes para a cidadania no Brasil, podendo tal caminho, entretanto, tornar-se bem mais iluminado e florido.

Uma referência básica: o acesso substancial à justiça

Não se pode falar de Defensoria Pública sem falar de acesso substancial à justiça. O objetivo fundamental da assistência jurídica aos carentes não é dar empregos ou propiciar treinamento para estagiários, mas sim ampliar e *substancializar* ao máximo o acesso à justiça, tornando menos desigual o sistema de justiça.

A questão do acesso substancial à justiça passou a merecer grande interesse da comunidade jurídica universal na segunda metade do século XX, quando desabrochou um verdadeiro movimento em favor do acesso. Como isso se deu? Após a II Guerra Mundial, como não poderia ser diferente, verificou-se uma grande ebulição da filosofia jurídica no mundo. Sentiu o direito que alguma responsabilidade tinha pelo horror acontecido. No mínimo, havia pecado por impotência, por não ter conseguido barrar tantas atrocidades. Natural, assim, que novos paradigmas e tendências tenham se firmado no campo jurídico. Nessa virada, uma direção específica mostrou-se capital: a da dignidade humana e dos direitos fundamentais. Se a II Guerra possibilitou atentados bárbaros à dignidade e aos direitos, apresentava-se como tarefa primacial o fortalecimento dos direitos humanos. Só que a simples eleição dessa prioridade não satisfazia. Ela bem poderia cair no vazio, restar letra morta. O melancólico destino da incensada Constituição de Weimar era um espectro bastante próximo. Precisava-se então lutar por algo mais. Era imperioso também lutar por *efetividade*. Esta tornou-se uma bandeira específica das correntes renovadoras. Doravante, as constituições deveriam ser efetivas, os princípios jurídicos também e os direitos humanos mais ainda. A efetividade das belas arquiteturas jurídicas não poderia continuar sendo um assunto secundário. Ao jurista caberia, dali em diante, colocar a mão na massa e pensar em mecanismos concretos de efetividade para as teorias que formulasse. Nada mais poderia ser pensado fora da perspectiva da efetividade. Esta se tornou essencial a qualquer teoria, a qualquer jurista. É a perspectiva da efetividade que assoma quando Norberto Bobbio (1992:24, grifo do autor) proclama: "O problema fundamental em relação aos direitos do homem, hoje, não é tanto o de *justificá-los,* mas o de *protegê-los*".

Pois bem, é exatamente aí que surge o movimento universal pelo acesso à justiça, empenhado ao máximo na remoção ou na mitigação das principais barreiras à efetivação da justiça, considerada esta de maneira ampla, não se tratando de simples acesso ao Judiciário. O nome maior desse movimento foi Mauro Cappelletti, jurista italiano já falecido. Na década de 1970, Cappelletti coordenou um formidável estudo sobre as condições práticas do acesso à justiça em todos os continentes. Vem dele também a formulação das três célebres "ondas" renovatórias do acesso, que se tornaram símbolo do movimento. As "ondas" consistem em uma seleção de problemas — os obstáculos econômico, organizacional e processual — a serem atacados e, na medida do possível, solucionados, seja através de inovações administrativas e legislativas, seja através da mudança de mentalidade dos juízes e dos profissionais jurídicos em geral. As "ondas" deixaram clara a preocupação do movimento do acesso à justiça com a efetividade, com a resolução de problemas concretos. Interessa ao acesso à justiça aquilo que é de carne e osso. É a substância que alimenta e anima a teoria do acesso.

E onde entra a assistência jurídica aos carentes? Ela consiste precisamente na primeira das "ondas" renovatórias do acesso,[1] o que mostra bem a sua importância. São os carentes que, em função da sua natural fragilidade — econômica, social, política, educacional, cultural —, mais têm direitos violados e, em consequência, mais precisam de um sistema de justiça eficaz.[2] Logo, é realmente vital propiciar uma assistência jurídica de qualidade, sob pena de recairmos na lógica formal — e amarga — do célebre dito "*Justice is open to all, like the Ritz Hotel*", muito usado pelos entusiastas do acesso à justiça. Como se percebe, é um dito sarcástico (de autoria incerta). Nele se sintetizou a crítica do movimento do acesso em relação aos sistemas processuais elitistas e formalistas, incapazes de satisfazerem minimamente os anseios das pessoas carentes.

Com o advento do movimento do acesso à justiça, puseram-se em discussão os modelos de prestação de assistência. Elucidativa a respeito é a seguinte passagem do português Boaventura de Sousa Santos (2006:171):

> No imediato pós-guerra, vigorava na maioria dos países um sistema de assistência judiciária gratuita organizada pela ordem dos advogados a título de *munus honorificum* (...). Os inconvenientes deste sistema eram muitos e foram rapidamente denunciados. A qualidade dos serviços jurídicos era baixíssima, uma vez que, ausente a motivação econômica, a distribuição acabava por recair em advogados sem experiência e por vezes ainda não plenamente profissionalizados, em geral sem qualquer dedicação à causa. Os critérios de elegibilidade eram em geral estritos e, muito importante, a assistência limitava-se aos atos em juízo, estando excluída a consulta jurídica, a informação sobre direitos. A denúncia das carências deste sistema privado e caritativo levou a que, na maioria dos países, ele fosse sendo substituído por um sistema público e assistencial organizado ou subsidiado pelo Estado.

No Brasil, como se verá logo a seguir, optou-se por um modelo predominantemente (mas não exclusivamente) estatal de assistência jurídica aos carentes, protagonizado pela Defensoria Pública. Não é o único modelo possível, mas é um modelo que tem sido cultivado pacientemente entre nós, já apresentando a essa altura uma razoável folha de serviços prestados, embora ainda deva melhorar

---

[1] Na síntese de Cappelletti e Garth (1988:31, grifo dos autores): "O recente despertar de interesse em torno do acesso efetivo à Justiça levou a três posições básicas, pelo menos nos países do mundo ocidental. Tendo início em 1965, estes posicionamentos emergiram mais ou menos em sequência cronológica. Podemos afirmar que a primeira solução para o acesso — a primeira 'onda' desse movimento novo — foi a *assistência judiciária*; a segunda dizia respeito às reformas tendentes a proporcionar *representação jurídica para os interesses 'difusos'*, especialmente nas áreas da proteção ambiental e do consumidor; e o terceiro — e mais recente — é o que nos propomos a chamar simplesmente de *enfoque de acesso à justiça* porque inclui os posicionamentos anteriores, mas vai muito além deles, representando, dessa forma, uma tentativa de atacar as barreiras ao acesso de modo mais articulado e compreensivo".

[2] Diz a respeito Freitas Filho (1997:118-119, grifo do autor), um experiente defensor público piauiense: "O primeiro e grande obstáculo que o pobre tem, decorrente de sua própria pobreza, ao acesso à Justiça é a *ignorância*. (...) A título de exemplo, rememoro caso em que num feito de natureza sucessória um dos herdeiros afirmava falsa a certidão que outro apresentara sobre o mesmo imóvel, por ter a original consigo; desconhecia a possibilidade de segunda via".

muito.³ A propósito, diga-se que a eficiência de todos os modelos depende de aportes de recursos orçamentários, e está aí a fraqueza maior da assistência jurídica, seja no Brasil, seja no mundo, mesmo no mundo desenvolvido. O acesso à justiça é um direito nitidamente social,⁴ que acaba por se ressentir das mesmas dificuldades dos direitos sociais em geral. Em outros termos, o acesso à justiça serve à efetividade dos direitos, mas o próprio acesso depara-se com problemas para se efetivar...

Um breve histórico da assistência jurídica no Brasil⁵

Foi nas décadas finais do século XIX que começou a tomar corpo no Brasil um movimento a favor da assistência judiciária⁶ aos pobres, patrocinado principalmente pela classe dos advogados. O movimento foi fortalecido também pelo apoio de abolicionistas, que viam a assistência judiciária como uma chance de justiça para os escravos a serem libertados.⁷ Sacramentado o fim da escravidão e proclamada a República, a assistência judiciária conseguiu avançar, criando-se no Rio de Janeiro (então Distrito Federal), em 1897, por força do Decreto nº 2.457, aquele que pode ser considerado o primeiro serviço público de assistência judiciária no Brasil.

Predominava naquele tempo uma abordagem eminentemente caritativa da questão da assistência judiciária aos pobres, inspirada por ideias religiosas.⁸ Projetadas tais ideias no círculo da advocacia, a praxe do patrocínio gratuito representava um dever moral, honorífico. Por sinal, era uma praxe bastante antiga, tendo sido observada em 1791 no célebre processo dos inconfidentes mineiros, entre eles Joaquim José da Silva Xavier, o Tiradentes, quando foi nomeado para a defesa dos inconfidentes — desenvolvida em condições extremamente adversas — o advogado da Santa Casa de Misericórdia do Rio de Janeiro, José de Oliveira Fagundes.⁹

A influência dessas ideias caritativas e honoríficas era positiva por um lado, pois servia para motivar espíritos. Por outro, contudo, contribuía para a desvalorização da assistência judiciária, que assumia a condição de um serviço de segunda classe, esvaziado de maior profissionalismo.¹⁰ Mesmo encampada pelo poder público, a assistência não era encarada como direito e, sim, como favor,

---

³ Com muita sensatez, concluiu Cleber Francisco Alves (2006:341): "não há propriamente um modelo perfeito de sistema de assistência jurídica estatal. Cada sociedade, de acordo com suas peculiaridades culturais, sociais, econômicas, históricas e jurídico-políticas, deve ir configurando e modelando suas instituições e, dentre elas, o sistema de assistência jurídica aos pobres".

⁴ Vale a ressalva de que não há consenso, em doutrina, quanto à natureza social do direito ao acesso à justiça. Bem representando o pensamento divergente, temos Cleber Francisco Alves (2006:38): "o direito de acesso à Justiça, incluída especialmente a assistência judiciária gratuita para os necessitados, se traduz num direito de caráter primordialmente civil — e não propriamente um direito social — indispensável mesmo ao exercício pleno da prerrogativa fundamental da liberdade humana e do respeito à igualdade jurídica de todos os cidadãos".

⁵ Os dados históricos que serão apresentados foram obtidos nas seguintes fontes: Messitte (1968a e 1968b), Moraes e Silva (1984), Moreira (1991 e 1994), Moraes (1999), Rocha (2004) e Alves (2006).

⁶ Na época, naturalmente, só se falava em assistência "judiciária". A ideia mais ampla de assistência "jurídica" só apareceu no final do século XX.

⁷ Confirmando o apoio dos abolicionistas, confira-se Messitte (1968a:401). Na mesma página, Messitte, citando obra de Perdigão Malheiros escrita em 1866, faz referência a uma antiga praxe de proporcionar advogado ao escravo quando sua liberdade estivesse em juízo, ressalvando ao mesmo tempo que muitas vezes era deficiente tal patrocínio.

⁸ Eloquente a respeito é a exigência que figurava no livro III, título 84, §10, das Ordenações Filipinas (diploma que continuou vigorando no Brasil após a independência, só perdendo vigência em 1916): para obter dispensa de custas judiciais, o postulante, além de jurar não ter bens móveis nem de raiz, deveria também dizer, na audiência, "uma vez o *Pater Noster* pela alma *del rey* Don Diniz".

⁹ Sobre o episódio, consultar o relato de Moraes (1999:93-94).

¹⁰ Passagem de Boaventura de Sousa Santos reproduzida mais acima ocupou-se desse mesmo assunto.

dádiva, mero "benefício" (expressão até hoje muito utilizada). É claro que, em uma perspectiva histórica, justificava-se sem maior dificuldade a visão caritativa. Estávamos engatinhando na questão da assistência judiciária, e o Estado social era apenas uma promessa. O problema é que até hoje, em pleno século XXI, o sentido caritativo continua na mente de muitos agentes políticos e profissionais jurídicos, impedindo não raro desenvolvimentos mais arrojados para o direito fundamental à assistência. Pode-se dizer, mesmo, que a história da assistência aos carentes no campo jurídico é a história dessa tensão entre a velha concepção caritativa e diletante — a assistência que serve como passaporte para o reino dos céus, em favor de quem a presta — e a visão nova, garantista e profissional, esta tentando superar definitivamente aquela.

Nesse duelo entre o velho e o novo, capítulos relevantes foram escritos, em nosso país, na década de 1930. Primeiro, tivemos a criação da Ordem dos Advogados do Brasil (OAB), em 1930, figurando expressamente em seu primeiro regulamento, de 1931, o dever honorífico dos advogados de prestar assistência aos necessitados. Pouco depois, a Constituição de 1934 previu, de forma pioneira no cenário mundial, não só o direito à assistência judiciária, mas também a criação de "órgãos especiais" pela União e pelos estados, para a concessão concreta da assistência judiciária, a par da "isenção de emolumentos, custas, taxas e selos" (art. 113, inciso XXXII). Como se sabe, foi efêmera a existência da Constituição de 1934, atropelada pelo golpe de 1937. Não obstante, sua norma relativa à assistência judiciária revelou-se extraordinária, até porque precedeu a garantia da inafastabilidade do controle jurisdicional, que só viria a figurar na Constituição de 1946.[11] E em 1939, fechando a década, nosso primeiro Código de Processo Civil nacional (Decreto-Lei nº 1.608/39) dedicou um capítulo específico ao "benefício da justiça gratuita", nele encartando a seguinte regra (art. 68, parágrafo único): "O advogado será escolhido pela parte; se esta não o fizer, será indicado pela assistência judiciária e, na falta desta, nomeado pelo juiz".

Outra década a ser ressaltada é a de 1950. Sob a égide da Constituição de 1946, que reafirmara o compromisso do poder público brasileiro em relação à assistência judiciária aos pobres (art. 141, §35), foi editada a Lei nº 1.060/50, consolidando as normas referentes ao tema. Nessa lei, a assistência aos necessitados aparece claramente como dever estatal, sem prejuízo da colaboração supletiva da corporação dos advogados brasileiros.[12] É certo, todavia, que precaríssima se mostrava a assistência pública naquela época — se hoje ainda temos graves deficiências, imagine-se há 60 anos... De toda sorte, um ou outro progresso se verificava. Exemplo disso foi o nascimento da Defensoria Pública fluminense (com a Lei nº 2.188, de 21 de julho de 1954), possivelmente a que maior projeção alcançou no território nacional até os dias atuais.[13]

---

[11] Nas palavras de José Carlos Barbosa Moreira (1994:49, grifo do autor): "Não deixa de ser curioso que se tenha cuidado de assegurar constitucionalmente o benefício *específico* antes mesmo de inscrever nesse plano a franquia *genérica*".

[12] Na sua versão original, rezava o art. 1º da Lei nº 1.060/50: "Os poderes públicos federal e estadual concederão assistência judiciária aos necessitados nos termos da presente Lei". Já o art. 5º, §2º, da mesma lei, dispunha (conservando até hoje a mesma redação): "Se no Estado não houver serviço de assistência judiciária, por ele mantido, caberá a indicação à Ordem dos Advogados, por suas Seções estaduais, ou Subseções municipais".

[13] Esclareça-se que o antigo Distrito Federal, atual município do Rio de Janeiro, já instituíra o cargo de defensor público em 1948, mas como degrau inicial da carreira do Ministério Público. Tal estrutura foi mantida no estado da Guanabara, criado em 1960 por conta da transferência do Distrito Federal para a recém-construída Brasília. Com a fusão, em 1975, adotou-se no novo estado o modelo do antigo Rio de Janeiro, permitindo que a instituição, que então levava o nome de Assistência Judiciária, pudesse trilhar um caminho de progressiva autonomia. Explica-se assim a importância da mencionada Lei nº 2.188/54, do antigo estado do Rio de Janeiro, pois ela foi, conforme o dizer abalizado de Cleber Francisco Alves (2006:246), "pioneira no contexto da legislação brasileira no sentido de lançar as bases do que futuramente viria a ser a atual instituição da Defensoria Pública".

Saltando muitos anos, como convém a esta breve crônica histórica, chegamos ao ano de 1988, quando já existiam vários serviços públicos de assistência no Brasil, alguns cumprindo razoavelmente o seu papel, outros nem tanto, e todos enfrentando condições materiais adversas, quadro que até hoje não se alterou significativamente. Com a promulgação da Constituição de 1988, a Constituição "cidadã", firmou-se o modelo predominantemente estatal de assistência aos necessitados. No art. 5º, LXXIV, previu-se o direito fundamental à "assistência jurídica integral e gratuita" — muito mais ampla do que a mera assistência judiciária — e, no art. 134, em complementação, foi atribuído o encargo respectivo à Defensoria Pública, que nunca estivera antes em qualquer texto constitucional brasileiro (o mais perto disso acontecera em 1934, com a previsão genérica, como já vimos, de "órgãos especiais" para o desempenho da assistência judiciária).

A partir daí, a Defensoria Pública, enquadrada pela Constituição como uma das funções essenciais à justiça, assumiu o protagonismo das ações na seara da assistência jurídica aos necessitados. Não era exatamente uma certidão de nascimento da instituição, que em alguns estados brasileiros já funcionava de maneira desembaraçada. Mas foi certamente a senha para a consolidação nacional da Defensoria, bem como o brevê para voos mais elevados. Representou ainda a vitória, pelo menos no plano normativo, da visão garantista e profissional da assistência aos carentes, direito fundamental "aparelhado", tendo o suporte de uma instituição constitucional escalada especialmente para garanti-lo.

A situação atual da Defensoria Pública no Brasil

A partir de 2004, passamos a ter uma interessante ferramenta para a avaliação periódica da evolução da Defensoria Pública no Brasil: os "diagnósticos" elaborados pela Secretaria de Reforma do Judiciário do Ministério da Justiça. O primeiro estudo data de 2004 e o segundo, de 2006, estando sendo preparado agora o terceiro. Para se ter uma ideia aproximada da situação da Defensoria no Brasil, vale reproduzir algumas das conclusões do II Diagnóstico, de 2006:[14]

- A média de idade das defensorias públicas brasileiras, em 2006, era de 11 anos (a mais antiga é a Defensoria do Rio de Janeiro, criada em 1954), tratando-se da mais nova das instituições jurídicas nacionais.
- As características da Defensoria Pública no país, como estrutura, distribuição das atribuições, aporte orçamentário e remuneração dos membros, ainda são muito heterogêneas.
- O serviço prestado pela Defensoria Pública ainda não atingiu o grau de universalidade desejável em relação ao seu público-alvo. A cobertura total do serviço no país abrange 39,7% das comarcas e seções judiciárias existentes, ou seja, mais da metade não dispõe dos serviços da Defensoria Pública.
- Em seis unidades da federação a Defensoria Pública atende a todas as comarcas e, em apenas três unidades, o alcance do serviço é inferior a 10% das comarcas.
- Em regra, os serviços da Defensoria Pública são menos abrangentes nas unidades da federação com os piores indicadores sociais.

Em outra passagem, reforça Alves (2006:346): "Dentre os Estados da Federação brasileira, considera-se que a Defensoria Pública do Estado do Rio de Janeiro é a de maior peso político, além de ser tida como uma das mais bem organizadas. É também reconhecidamente a mais antiga Defensoria do país, já que foi instalada há mais de 50 anos, em 1954, no antigo Estado do Rio de Janeiro, antes da fusão com a Guanabara".

[14] II Diagnóstico da Defensoria Pública no Brasil, Ministério da Justiça, 2006, p. 105-108.

- O Brasil conta com 1,48 defensor público para cada 100 mil habitantes, enquanto dispõe de 7,7 juízes para cada grupo de 100 mil habitantes, e 4,22 membros do Ministério Público para o mesmo grupo de habitantes.
- Os estados gastam, em média, R$ 85,80 por habitante com três instituições do sistema de justiça: 71,3% são destinados ao Poder Judiciário, 25,4% ao Ministério Público e 3,3% do total é gasto com a Defensoria Pública, valor claramente insuficiente diante da amplitude de seu público-alvo, que corresponde a 70,86% da população total do país.
- Em 2005, foram prestados 4.523.771 atendimentos pela Defensoria Pública do Brasil, o que representa um aumento de 19% em relação a 2003. Aproximadamente 80% dos atendimentos são prestados na área cível. (...) No ano de 2005, a Defensoria Pública propôs 1.077.598 ações judiciais e 1.034.886 audiências contaram com a presença de defensores públicos.
- Todas as defensorias públicas têm atuação nas áreas cível (em geral), criminal, incluindo tribunal do júri, e infância e juventude.
- A criação de núcleos especializados tem se mostrado uma tendência na organização da Defensoria Pública, com destaque para os núcleos de defesa do consumidor e da infância e juventude, que já existem na maioria das unidades da federação.

Saliente-se que o II Diagnóstico apontou vários avanços alcançados pela instituição em comparação com o estudo feito em 2004. O próximo diagnóstico certamente mostrará avanços ainda maiores. Mas é evidente que ainda estamos muito longe do ideal. Carências e mazelas graves continuam a existir.

Dois importantes estados da federação, Santa Catarina e Paraná, ainda não têm Defensoria Pública, o que representa um enorme insulto à Constituição de 1988, que exige peremptoriamente a instituição em todos os estados. Em Goiás, só agora, em 2009, é que está sendo providenciada a instalação da Defensoria. Além disso, há vários estados em que a respectiva Defensoria funciona de forma bastante precária, sem estrutura, com profissionais em número insuficiente e ainda por cima muito mal remunerados.

A própria jurisprudência de nossas cortes superiores serve para patentear as agruras vividas pela Defensoria Pública. Tome-se como exemplo o Recurso Especial nº 510.969/PR, julgado pelo Superior Tribunal de Justiça. Nele, corretamente, foi admitida a legitimação extraordinária do Ministério Público para defender pessoas economicamente pobres, sobretudo quando se verificar "precária ou inexistente assistência jurídica prestada pelas Defensorias Públicas",[15] o que infelizmente ainda sucede em alguns estados com bastante frequência (no caso do julgamento que acabou de ser mencionado, tratava-se de recurso oriundo exatamente de um dos estados onde a Defensoria não está presente, o estado do Paraná).

Evidentemente, não são desprovidos de causa política os problemas estruturais da instituição e o contumaz desrespeito às normas constitucionais que tratam da Defensoria Pública e da assistência jurídica integral aos necessitados. Por sinal, a trajetória da Defensoria no Brasil evoca, em muitos momentos, o sociologismo jurídico de Ferdinand Lassalle, para quem a Constituição pode ser reduzida a mera "folha de papel" se não houver boa vontade dos "fatores reais de poder".

---

[15] Recurso Especial nº 510.969, rel. min. Nancy Andrighi, Terceira Turma, julgamento unânime em 6-10-2005.

Pergunta-se então: por que os "fatores reais de poder", no Brasil, não parecem simpatizar muito com a Defensoria Pública? Por que ela recebe, como vimos logo acima (nas conclusões do II Diagnóstico), uma parcela incrivelmente inferior de recursos públicos em relação ao que recebem o Poder Judiciário e o Ministério Público? A resposta é muito simples. Cabe à Defensoria Pública ficar ao lado — quanto mais intensamente, melhor — do pobre, do desempregado, do aposentado, do favelado, do endividado, do acusado que não tem colarinho branco, dos marginais em geral (no sentido amplo do termo). É intuitivo que tal missão não facilita as coisas para a Defensoria no terreno político. A falta de prestígio político dos seus clientes preferenciais acaba lhe sendo transmitida, inevitavelmente. Tapete vermelho é um adereço que as trilhas da Defensoria não conhecem...

Dois episódios, um antigo e outro recente, podem ilustrar o que acabo de dizer. O episódio antigo diz respeito à Lei Complementar nº 80/94, a Lei Orgânica Nacional da Defensoria Pública. A duras penas, depois de várias contramarchas, conseguiu-se aprovar um belo projeto de lei nas duas Casas legislativas. Submetido o projeto ao presidente da República, na época Itamar Franco, a lei foi sancionada. Mas com nada menos do que 27 vetos, um número espantoso. Essa pletora de vetos apoiou-se fortemente em um parecer emitido, em caráter extraordinário, pelo então procurador-geral da República, Aristides Junqueira.

Quanto ao episódio recente, cuida-se da desocupação de prédio na cidade do Rio de Janeiro, ao lado do Fórum central, que era utilizado pela Defensoria Pública para abrigar cerca de 40 defensores, com atendimento diário de aproximadamente 700 pessoas. O prédio estava afetado à Defensoria Pública, ou seja, cedido pelo Estado para os serviços da Defensoria. Não obstante, em fevereiro de 2009, sem qualquer formalidade (tratou-se de mera comunicação verbal dirigida ao defensor público-geral do estado), determinou o presidente do Tribunal de Justiça fluminense, Luiz Zveiter, a desocupação do prédio em prazo exíguo (pouco mais de um mês), para que o mesmo fosse demolido e em seu lugar subisse um novo palácio judiciário. Diante do insólito da situação (não há qualquer vinculação hierárquica entre a Defensoria Pública, que faz parte do Poder Executivo, e a presidência do Tribunal de Justiça), e considerando-se ainda os enormes transtornos que a desocupação a toque de caixa traria para o atendimento à população, a Associação dos Defensores Públicos do Estado do Rio de Janeiro (Adperj), apresentou representação perante o Conselho Nacional de Justiça, dando origem ao Procedimento de Controle Administrativo nº 2009100000010520. Tal era a justeza da representação que o relator do feito no Conselho Nacional de Justiça, conselheiro Mairan Gonçalves Maia Júnior, concedeu, em 13 de março de 2009, a liminar requerida — coisa rara de acontecer em tais casos —, sustando a desocupação pretendida pelo Tribunal de Justiça. Só que a liminar, concedida em uma sexta-feira, apenas cinco dias depois já estava prejudicada: em 18 de março de 2009, o governador do estado, Sérgio Cabral, retirou o prédio da Defensoria e o entregou ao Poder Judiciário.[16] Tratando-se agora de ato do Executivo, o Conselho Nacional de Justiça nada mais poderia fazer. E a desocupação restou consumada. Registre-se que a Defensoria Pública do Rio de Janeiro, além de ser a mais antiga, é considerada a mais forte do país. Nada mais é preciso dizer acerca das dificuldades de ordem política vivenciadas pela Defensoria.

Mas não trago apenas notícias negativas. Apesar de todos os obstáculos e resistências que encontra em seu caminho, a Defensoria Pública, algo surpreendentemente, tem conseguido avançar,

---

[16] Decisão publicada no *Diário Oficial do Estado do Rio de Janeiro* de 19 de março de 2009 (p. 2), relativa ao Processo Administrativo nº E-14/4895/2009, procedimento que, naturalmente, teve um vertiginoso desenvolvimento.

prova viva de que visões fatalistas da história e da política tendem a ser irreais, ainda mais em um mundo dinâmico como o atual. Avança com dificuldade, mas avança, deslanchando suas potencialidades. Especialmente os últimos anos testemunharam conquistas institucionais muito relevantes. Com a Emenda Constitucional nº 45/04, foi assegurada grande autonomia às defensorias estaduais, incluindo-se iniciativa de proposta orçamentária. Em 2006, coroando forte mobilização social, foi criada — com 18 anos de atraso! — a Defensoria do maior estado brasileiro, São Paulo, que iniciou sua trajetória com atuações bastante arrojadas.[17] No ano seguinte, restou consagrada, em virtude da Lei Federal nº 11.448/07, a possibilidade de a Defensoria mover ações coletivas, hoje importantíssimas no âmbito da jurisdição brasileira.[18] Por último, mas não menos importante, deve ser frisado o paulatino crescimento, nos últimos anos, da Defensoria Pública da União, que foi instalada em 1994 e demorou bastante para ganhar alguma consistência, o que só agora vem ocorrendo.

É com um prudente otimismo, portanto, que fecho esta seção. As dificuldades que se apresentam à Defensoria são significativas e não podem ser menosprezadas. Por outro lado, porém, é preciso considerar que a instituição é muito jovem ainda e já conquistou, mesmo em solo secularmente avesso ao progresso da igualdade, tentos admiráveis. Por sinal, não se tem notícia de instituição congênere no mundo que, ao menos sob o aspecto do arcabouço normativo, esteja tão evoluída. Assim, em uma perspectiva menos imediatista e mais generosa historicamente, pode-se dizer que a história da Defensoria Pública, no Brasil, é uma história de inegável sucesso, a ser comemorada e incentivada.

As atribuições da Defensoria Pública

Depois de falarmos sobre a estrutura da Defensoria, importa tocar em outro ponto vital: as atribuições institucionais. Vamos cuidar agora, portanto, da atividade-fim da Defensoria Pública, o atendimento às pessoas carentes.

De acordo com o art. 134 da Constituição, cabe à Defensoria a orientação jurídica e a defesa dos necessitados. De pronto surge uma dúvida: de que necessitados se cuida? Só necessitados do ponto de vista econômico? Pessoas não necessitadas podem eventualmente ser atendidas? Em regra, a Defensoria Pública serve ao pobre, economicamente falando. Nesse mister, a instituição exerce as suas funções "típicas". Mas algumas funções "atípicas" também são admitidas. Aliás, percebe-se uma nítida tendência no sentido do incremento dessas funções institucionais atípicas.[19]

Vale esclarecer, a propósito, que a legislação não estabelece critérios rígidos, quanto à carência econômica, para a atuação da Defensoria Pública. Diz a Lei nº 1.060/50, no seu art. 2º, parágrafo único, que se considera necessitado, para os fins legais, "todo aquele cuja situação econômica não lhe permita pagar as custas do processo e os honorários de advogado, em prejuízo do sustento próprio ou da família". Como se vê, um critério bastante flexível. De toda sorte, a carência das pessoas atendidas pela Defensoria não costuma render dúvidas. Mas alguns casos pedem uma atenção maior. Há

---

[17] No universo da legislação que versa sobre Defensoria Pública, a Lei Orgânica da Defensoria de São Paulo, Lei Complementar Estadual nº 988/06, é sem dúvida a mais democrática, prevendo vários mecanismos de participação popular na vida da instituição.
[18] Sobre o tema, ver Sousa (2008).
[19] Ver Sousa, 2004.

algum tempo, por exemplo, atendemos a uma senhora que gastava cerca de R$ 3 mil, mensalmente, com o tratamento de um filho autista, não lhe sobrando numerário para o pagamento de custas processuais e honorários advocatícios. Seria uma pessoa necessitada? Não exatamente, pelo menos em termos nominais, pois exibia rendimentos bem superiores à grande maioria dos brasileiros. No entanto, era sem dúvida necessitada do ponto de vista jurídico, pois o dinheiro que recebia estava comprometido com uma despesa social muito relevante. Logo, era pessoa que merecia a gratuidade de justiça (isenção de despesas judiciais) e também o patrocínio da Defensoria Pública.

Além disso, a Defensoria pode atuar, como foi dito, em funções genuinamente atípicas, ou seja, aquelas atuações completamente dissociadas de qualquer tipo de carência econômica do beneficiário. Uma hipótese clássica se vê na área criminal. Como ninguém pode ficar sem defesa em processo criminal, a Defensoria frequentemente é chamada a funcionar em favor de acusados que não são pobres e mesmo assim não constituíram advogado particular (o que acontece muitas vezes em função de o acusado estar ausente), podendo o juiz, ao final do processo, fixar uma importância a ser paga ao Estado pelo beneficiado, a título de honorários. E muitas outras hipóteses de atribuições atípicas podem ser imaginadas. Vejamos um exemplo mais. Pense-se, por exemplo, em um órfão, quase adolescente, que não tenha lar e viva em internato oficial. A idade é avançada para uma eventual adoção e a figura da criança não atrai potenciais adotantes, comumente interessados em estampas que lembrem infantes dinamarqueses. Porém, chega um casal, movido pelas mais puras intenções, que se propõe a adotar a criança. Em virtude da relevância social do procedimento, não parece haver dúvida de que a Defensoria Pública pode atuar a favor do casal, sem que haja qualquer necessidade de indagar a sua fortuna (o casal pode ser abastado ou não, tanto faz). Aparentemente, a Defensoria estaria patrocinando o casal adotante; olhar mais atento, no entanto, revela que a beneficiada maior é a criança carente.

Outro campo muito fértil para o exercício de funções atípicas é o das ações coletivas, sobre o qual versarei à frente com mais vagar.

É de grande interesse também tecer alguns comentários sobre as áreas específicas em que a Defensoria Pública costuma atuar. Servirá como guia, para tanto, o art. 4º da Lei Complementar nº 80/94 (a Lei Orgânica Nacional da Defensoria), que traz um rol — não fechado — de funções institucionais. Vale destacar algumas.

Pois bem, nesse rol do art. 4º da Lei Complementar nº 80/94, a matéria civil é a que mais ocupa, seguramente, a Defensoria. Posse, locação, contratos, indenizações, direitos do consumidor, casos de família, ações de alimentos, inventários. O volume é muito grande. Alguns casos revelam-se dramáticos, e é muito difícil não se envolver emocionalmente. Agora mesmo, estou defendendo um senhor quase octogenário, viúvo e rejeitado pelos filhos, com sérios problemas de saúde, e que está na iminência de ser despejado, por falta de pagamento, de um velho sobrado em Botafogo, onde reside há quase 40 anos. Seus proventos de aposentadoria são irrisórios e ele os complementa fazendo pequenos serviços de eletrônica para pessoas da vizinhança, onde é muito conhecido. O que acontecerá com esse senhor se o despejo se consumar? Não é difícil imaginar.

Muitos casos de família também atingem, por motivos óbvios, alta voltagem emocional. Nesses, é frequente ver a Defensoria dos dois lados, um defensor pela parte autora e outro defensor pela parte ré. Curioso, a propósito, é o que ocorre nas ações de alimentos, que excepcionalmente permitem a prisão do devedor: nelas pode-se ter um defensor pedindo a prisão e, no lado oposto, outro defensor impetrando *habeas corpus* para obter a soltura.

Na área cível em sentido amplo correm também demandas envolvendo o poder público. Tem-se aí, aliás, uma característica importantíssima da Defensoria: sua independência em relação ao ente estatal de que faz parte. Bem por isso, a Lei Complementar nº 80/94, no §2º do art. 4º, assinala: "As funções institucionais da Defensoria Pública serão exercidas inclusive contra as Pessoas Jurídicas de Direito Público". E também aqui os casos são extremamente numerosos, tendo-se em vista o peso e as mazelas do Estado brasileiro. Na atualidade, por exemplo, os juízos fazendários estão caoticamente abarrotados de causas em que pessoas não só carentes financeiramente mas também debilitadas em termos de saúde, boa parte assistida pela Defensoria Pública, reclamam dos entes estatais o fornecimento de medicamentos essenciais e de outros produtos caros à saúde, como fraldas, leites especiais, medidores de glicose e cadeiras de roda. Nem é preciso frisar a óbvia transcendência desse tipo de atuação. Sem nenhum exagero, é o direito maior, o direito à vida, que muitas vezes está em jogo, dependendo de um provimento do juiz.

Em muitas outras causas assumidas pela Defensoria também se luta pela vida. Ainda no campo fazendário, vale citar outro processo sob os meus cuidados atualmente. Trata-se de mandado de segurança em que ex-policial militar, desligado da corporação em razão de três homicídios dolosos (que teriam sido cometidos numa única festa, em circunstâncias obscuras), luta desesperadamente para não ser transferido da prisão em que está, reservada a policiais, para uma penitenciária comum. Não tenho a menor simpatia por prisões especiais, mas no caso concreto não há dúvida de que as perspectivas desse ex-policial, caso seja realmente transferido, são as mais sombrias possíveis. Mesmo que seja colocado em local separado na penitenciária comum — o que pode exigir negociações delicadas, eventualmente pouco republicanas —, ele será o primeiro a perecer no caso de alguma rebelião, eventualidade que sempre espreita as nossas prisões.

Também há que ser sublinhada, entre as funções listadas no art. 4º da Lei Complementar nº 80/94, a defesa criminal. Trata-se de atribuição capital para qualquer Defensoria Pública, aqui ou em outras partes do mundo (vários são os países em que a respectiva Defensoria, ou órgão assemelhado, dedica-se exclusivamente a essa área). Atribuição capital e, acrescente-se, cercada habitualmente de preconceito. Fora do círculo profissional, às vezes até nele, a perplexidade é constante: "como você pode defender um estuprador?!". Na verdade, há inúmeras razões pelas quais qualquer pessoa merece ser defendida com o maior afinco possível, mesmo alguém acusado de estupro ou outro crime hediondo. A primeira razão: nas reais democracias, é só por meio de um processo regular, no qual a defesa consiste em parte essencial, que se pode certificar a culpa do acusado, presumidamente inocente até prova em contrário. Segundo, não se defende o crime, e sim a pessoa acusada do crime, o que representa uma sensível diferença, podendo ser invocada a máxima bíblica de que se deve odiar o pecado, mas amar o pecador. Terceiro, tem-se a questão da dignidade humana, uma questão fundamental. A humanidade caminhou milênios até perceber que todo homem, pelo simples fato de ser homem, tem o direito inalienável de ver respeitada a sua dignidade, em qualquer situação, independentemente da sua condição ou dos seus atos. Reside aí, precisamente, a enorme beleza da defesa criminal, a sua grande dose de humanismo. Respeitar a dignidade de benfeitores ou santos é fácil. O teste maior desse notável avanço civilizatório dá-se mesmo quando está em jogo a dignidade de alguém acusado de atos indignos. Com uma defesa penal de qualidade, preserva-se a dignidade humana — de um homem específico e ao mesmo tempo de todos os homens — e, acima de tudo, consegue-se fazer a civilização triunfar sobre a barbárie. Não é pouco.

Cabe insistir. Na área criminal, a Defensoria não faz a apologia da impunidade, que por sinal atinge no Brasil níveis intoleráveis (com a ressalva de que não são os assistidos da Defensoria, à evidência, que se beneficiam de tanta impunidade). Mas a defesa, definitivamente, é sagrada. Defensor não é juiz. Não é por ser agente estatal que o defensor pode suavizar de alguma forma a defesa que lhe incumbe, muito pelo contrário. Um ótimo filme de suspense de 1991, dirigido por Martin Scorsese e protagonizado por Robert De Niro, *O cabo do medo*, versa exatamente sobre a terrível vingança tramada por um réu (De Niro) contra o seu defensor no processo em que foi condenado — um defensor que atuou como se fosse juiz, inclusive deixando de usar provas que poderiam ter favorecido o réu (que era realmente um psicopata). Enfim, o melhor que o defensor tem a fazer pela justiça é defender de maneira intransigente o acusado. Do outro lado haverá um acusador igualmente persuasivo. E caberá ao juiz, sopesando as razões de um e outro, chegar à decisão justa.

Por último, cabe abordar uma função exercida fora do âmbito processual, por sinal a função que vem logo no inciso I do art. 4º da Lei Complementar nº 80/94: "promover, extrajudicialmente, a conciliação entre as partes em conflito de interesses". Consiste em atribuição relevante, na medida em que demonstra que a Defensoria Pública não deve atuar somente em juízo. Afinal, o que a Constituição garante, como já foi assinalado, é a assistência "jurídica" integral e gratuita, e não apenas a assistência judiciária. Além das conciliações extrajudiciais, várias são as possibilidades nesse campo mais vasto da assistência jurídica. A mais empolgante dessas possibilidades — embora ainda exercida com timidez, dada a complexidade que encerra — diz respeito à orientação jurídica de pessoas e comunidades. Quanto especificamente às conciliações, diga-se que faz parte há muito do cotidiano dos defensores. Conquanto sem maior ciência — o que de resto acontece também com outras instâncias conciliatórias no sistema brasileiro —, a tentativa de conciliação é praxe nos núcleos de primeiro atendimento da Defensoria, principalmente nos núcleos de família, buscando-se com a conciliação evitar o ajuizamento da demanda. No interior, por exemplo, várias vezes fui procurado por casais interessados em firmar o chamado "termo de bem viver", um singular compromisso de boas intenções, evidentemente sem nenhum valor jurídico, destinado a socorrer casais com dificuldades de relacionamento. Nem é preciso dizer que, antes de atuar no interior, jamais tinha ouvido falar do tal "termo de bem viver"...

Antes de passar adiante, faça-se mais uma comparação bastante lisonjeira à Defensoria brasileira: não se conhece instituição similar, no globo, que tenha atribuições mais extensas.

As atribuições ligadas a um novo perfil institucional

Na seção anterior, abordei as atribuições mais comuns da Defensoria Pública, tendo o cuidado de só fazer referência a atuações individuais. Durante muito tempo, essa foi a tônica do funcionamento da Defensoria: atenção quase exclusiva a casos individuais. Mais do que isso, a própria lógica institucional era individualista. Externa e também internamente, prevalecia de forma incontestada a ideia de que o direito subjetivo individual (do carente) era a razão de ser da Defensoria.

Em sua dissertação de mestrado, Brenno Mascarenhas da Cruz Filho (1992:108) — na época defensor, hoje magistrado — debruçou-se sobre o assunto, reconhecendo, quanto à filosofia que presidiu a atuação da Defensoria desde os seus primórdios, tratar-se de filosofia "marcadamente individualista e, como tal, com raízes no liberalismo". O grande mérito da dissertação foi perceber a aurora de um movimento de superação desse individualismo institucional. Tal movimento começou a ser sentido quando a Defensoria Pública, especificamente no estado do Rio de Janeiro, implantou, ao lado dos órgãos de atuação que Mascarenhas da Cruz Filho chamou de "tradicionais" — defensorias ligadas diretamente aos órgãos jurisdicionais e mais os núcleos de primeiro atendimento —, os órgãos "não tradicionais", a saber: o Núcleo de Terras e Habitação, o Núcleo de Defesa do Consumidor e o Núcleo de Regularização de Loteamentos. Foi exatamente nos órgãos "não tradicionais" que a dissertação se concentrou, concluindo Mascarenhas da Cruz Filho (1992:111) que "com esses espaços, pelo menos dentro dos seus limites, a Defensoria Pública supera o individualismo que tradicionalmente a caracteriza e, em seu campo específico de atuação, rompe com a conceituação clássica da processualística civil, que vedava, ou restringia a proteção aos direitos coletivos".

Quase 20 anos já se passaram desde que a dissertação foi escrita. Desde lá, o mundo mudou bastante, obviamente. A questão ambiental — uma questão eminentemente coletiva — tornou-se muito mais dramática. O direito brasileiro também se transformou. Tem agora uma ênfase mais objetiva e se volta crescentemente para causas e técnicas de índole coletiva (entre as quais a necessidade de "repercussão geral" para a admissão de recursos extraordinários). É lógico que essas vagas anti-individualistas não poderiam, mais cedo ou mais tarde, deixar de atingir a Defensoria.

Hoje, há um grande esforço por parte das defensorias públicas brasileiras, sobretudo as mais desenvolvidas, no sentido de uma atuação à altura dos anseios da sociedade contemporânea, uma sociedade de massa e cada vez mais imbuída de valores ecológicos. Esse esforço de renovação apoia-se principalmente em dois vetores, que podem trabalhar em conjunto: a) a ampliação dos núcleos temáticos especializados; b) a propositura de ações coletivas (quase sempre oriundas dos núcleos temáticos).

Quanto à ampliação dos núcleos temáticos especializados, trata-se de um aprofundamento do que já existia (pelo menos no que concerne à Defensoria do Rio de Janeiro) à época da dissertação de Mascarenhas da Cruz Filho. Tomando como referência mais uma vez a realidade da Defensoria fluminense, eis os núcleos existentes na atualidade: Núcleo do Sistema Penitenciário, Núcleo de Defesa dos Direitos da Criança e do Adolescente, Núcleo de Defesa do Consumidor, Núcleo de Fazenda Pública, Núcleo de Atendimento à Mulher Vítima de Violência, Núcleo de Atendimento à Pessoa Idosa, Núcleo de Atendimento ao Portador de Deficiência, Núcleo de Terras e Habitação, Núcleo de Loteamentos, Núcleo de Defesa dos Direitos Humanos.

É claro que essa ampliação dos núcleos especializados tem um impacto considerável na lógica de atuação da Defensoria, contribuindo para alterar, sem volta, aquele perfil individualista de outrora. Nos núcleos especializados, os problemas podem ser enfrentados de modo mais compreensivo, evitando-se a dispersão característica do modelo calcado puramente em atuações individuais. E os resultados do trabalho também se mostram, naturalmente, mais transcendentes. Tome-se por exemplo o Núcleo do Sistema Penitenciário (Nuspen), o especializado que mais congrega defensores no Rio de Janeiro. O bom funcionamento do órgão é de grande interesse para a sociedade fluminense, na medida em que minimiza tensões que, sem controle, podem contribuir para a eclosão de graves rebeliões.

Vale a ressalva de que não se quer, de maneira alguma, renegar as atuações individuais da Defensoria. Elas são o mínimo que se espera da instituição. Nos próprios núcleos especializados, a grande maioria dos atendimentos é de natureza individual. O que se quer, na verdade, é mudar a racionalidade institucional, privilegiando-se sempre que possível os efeitos coletivos do trabalho da

Defensoria. Aliás, mesmo fora dos núcleos especializados, não há dúvida de que tais efeitos podem ser buscados. Nesse sentido, temos um exemplo concreto muito interessante, advindo do interior do estado do Rio de Janeiro. No começo da década atual, a carceragem da 90ª Delegacia Policial, em Barra Mansa, estava em condições mais do que deploráveis, expondo os presos a enormes padecimentos. O que fez a Defensoria local? Intentou dezenas de ações de danos morais contra o estado, em prol das pessoas presas. Várias foram vitoriosas.[20] Ainda mais importante, porém, foi o fato de que repercutiu intensamente essa proposta em massa de ações em favor de presos, dando uma visibilidade bem maior ao sério problema da delegacia de Barra Mansa.

O segundo vetor que favorece muito a transformação do perfil da Defensoria Pública é a possibilidade do ajuizamento de ações coletivas. Tal possibilidade foi definitivamente consagrada pela Lei Federal nº 11.448/07, muito embora da tarefa já se desincumbisse a Defensoria — e com bastante êxito — antes mesmo dessa autorização legal expressa, notadamente na área do direito do consumidor. Importa esclarecer que, no atual estágio do direito brasileiro, grande é a relevância das ações coletivas. Elas tocam muitas vezes em questões vitais da sociedade, podendo envolver até mesmo o questionamento de políticas públicas. Além disso, são programadas para beneficiar grupos extensos, evitando a proliferação de ações individuais e propiciando maior racionalidade à atividade jurisdicional. Daí a importância da Lei nº 11.448/07, pondo nas mãos da Defensoria um instrumento formidável para a concretização das suas metas.

Para se ter uma ideia da potencialidade das ações coletivas, vale uma ilustração. Em 2008, ano eleitoral, o Exército brasileiro pôs-se a desenvolver determinadas atividades em uma favela da cidade do Rio de Janeiro, a favela do morro da Providência. As atividades eram manifestamente ilegítimas, como constataram de forma exaustiva os meios de comunicação. Da empreitada resultou um saldo trágico de três mortes entre os moradores da favela (jovens detidos por uma patrulha do Exército e entregues à sanha de uma facção criminosa de outra favela). À vista da situação, a Defensoria Pública da União ajuizou uma ação coletiva, na qual se pleiteou a imediata cessação das atividades do Exército no morro da Providência. A demanda teve êxito,[21] produzindo efeitos os mais transcendentes. Foi favorecida a comunidade local, formada majoritariamente por moradores carentes, e foi beneficiada também a nação brasileira, já que se coibiu ação não ortodoxa de relevante instituição nacional.

Acrescente-se que a Lei nº 11.448/07 deu legitimidade processual à Defensoria Pública para a propositura de ações coletivas e permitiu, ao mesmo tempo, que a instituição presida "compromissos de ajustamento de conduta", que são instrumentos notáveis de resolução extrajudicial de conflitos coletivos. Mais uma ilustração concreta se faz conveniente. É o termo de ajustamento de conduta

---

[20] Alguns dos processos chegaram ao Superior Tribunal de Justiça. Ver, por exemplo, a síntese do julgamento do Recurso Especial nº 1.051.023, rel. para acórdão min. Teori Albino Zavascki, Primeira Turma, julgamento por maioria em 11-11-2008: "Constitucional. Responsabilidade civil do Estado. Indenização. Detento. Encarceramento em condições tidas como caóticas. Danos morais. Princípio da reserva do possível. Inviabilidade da invocação nas situações previstas no art. 37, §6º, da Constituição Federal".

[21] A ação civil pública, subscrita pelo defensor André Ordacgy, foi intentada em 18-6-2008, tendo sido obtida medida liminar, deferida pela juíza Regina Coeli Medeiros de Carvalho Peixoto, da 18ª Vara Cível Federal do Rio de Janeiro (Proc. nº 2008.51.01.009581-8). A União ainda conseguiu, junto ao presidente do Tribunal Regional Federal da 2ª Região, uma suspensão parcial da decisão, mas tal suspensão apenas parcial serviu muito mais para reforçar a liminar. Tornada insustentável a permanência do Exército no morro da Providência, até pela ampla divulgação da demanda, a retirada completa aconteceu pouco tempo depois.

obtido pela Defensoria Pública do Mato Grosso, em julho de 2007, para garantir transporte público adequado até o presídio de Várzea Grande. Explique-se. Como o ponto final da linha de ônibus regular distava aproximadamente três quilômetros do presídio, restavam penalizados, nos dias de visita, os parentes das pessoas encarceradas, não raro idosos e crianças. Com o termo, comprometeu-se a concessionária local a fazer o transporte chegar até a porta do presídio nos dias de visita.[22] Como se vê, foi conseguido um compromisso singelo e engenhoso, dotado de largo alcance, beneficiando não só os parentes dos presos, atuais e futuros, mas também os próprios servidores penitenciários, além de visitantes eventuais (advogados, estagiários, jornalistas).

Como nenhuma conquista da Defensoria se firma sem muita luta derramada, até mesmo essa possibilidade de atuações coletivas, extraordinária socialmente, foi alvo de contestações. A Associação Nacional dos Membros do Ministério Público (Conamp) propôs, junto ao Supremo Tribunal Federal, ação direta de inconstitucionalidade relativa à Lei nº 11.448/07, na qual se alegou, apesar da letra do art. 129, §1º, da Constituição,[23] que "a norma impugnada (...) afeta diretamente atribuição do Ministério Público, pois ele é, entre outros, o legitimado para tal propositura. A inclusão da Defensoria Pública no rol dos legitimados impede, pois, o Ministério Público de exercer, plenamente, as suas atividades".[24] Em parecer referendando a constitucionalidade da Lei nº 11.448/07, uma das maiores juristas brasileiras, Ada Pellegrini Grinover (2008:306, grifo da autora), traduziu bem o espírito da ação da Conamp: "Fica claro, assim, que o verdadeiro intuito da requerente, ao propor a presente ADIn, é simplesmente o de *evitar a concorrência da Defensoria Pública*, como se no manejo de tão importante instrumento de acesso à justiça e de exercício da cidadania pudesse haver *reserva de mercado*".

Coisa mais estupenda ainda sucedeu no Rio Grande do Sul. A Defensoria Pública ajuizou ação coletiva para beneficiar os poupadores prejudicados pelos planos Bresser, Verão, Collor I e Collor II. Obteve êxito. A sentença foi de procedência, beneficiando um número incalculável de consumidores gaúchos. Aí o surreal aconteceu, algo que desafia um tratado sociológico: o Ministério Público local foi capaz de interpor uma apelação — felizmente rechaçada pelo Tribunal de Justiça gaúcho[25] — para pleitear, pasme-se, a extinção do processo sem julgamento do mérito (por suposta ilegitimidade ativa da Defensoria), em detrimento dos interesses de milhares e milhares de consumidores! Como esta obra não se dirige especificamente a um público de formação jurídica, é certo que muitos leitores não conseguirão compreender a lógica do recurso do Ministério Público gaúcho. Se serve de algum consolo, também nós, do meio jurídico, não conseguimos. Ou melhor, até há explicação, mas ela não se prende, decerto, à dogmática jurídica.[26]

---

[22] O compromisso foi firmado em Várzea Grande, MT, em 25-7-2007. De um lado, como compromitente, a Defensoria Pública do Estado de Mato Grosso, representada pelos defensores Marcos Rondon Silva e André Renato Robelo Rossignolo. Do outro, como compromissários, o ente municipal e a União Transportes e Turismo Ltda., concessionária do serviço público de transporte coletivo urbano de Várzea Grande. Informações disponíveis em: <www.dp.mt.gov.br>.
[23] Art. 129, §1º: "A legitimidade do Ministério Público para as ações civis previstas neste artigo não impede a de terceiros, nas mesmas hipóteses, segundo o disposto nesta Constituição e na lei".
[24] A ADIn nº 3.943-1 foi distribuída à min. Cármen Lúcia Antunes Rocha, não tendo havido julgamento até a elaboração do presente texto (julho de 2009).
[25] Apelação nº 70023232820, rel. des. José Conrado de Souza Junior, Segunda Câmara Especial Cível do TJ-RS, julgamento unânime em 6-5-2008. Tal julgado foi comentado, em sede doutrinária, por Carnaz, Ferreira e Gomes Júnior (2008).
[26] A propósito, leciona Joaquim Falcão (1996:275-277): "A prestação jurisdicional no Brasil está estruturada a partir da combinação de três monopólios: o do juiz de dizer a lei, do advogado de representar em juízo, e do Ministério Público de defender os interesses sociais individuais indisponíveis. Qualquer proposta de reforma do Judiciário, visando um maior e melhor acesso

Ainda sobre o perfil mais solidarista que a Defensoria Pública vem assumindo, não se deixe de registrar uma grande campanha realizada pela Defensoria fluminense a partir de 2008: "Cidadão tem nome e sobrenome". Trata-se de campanha dedicada a erradicar o sub-registro de nascimento e dar às pessoas carentes acesso à documentação básica.[27] Como se sabe, a falta de documentos essenciais consiste em sério obstáculo à cidadania. Sem documentos, inúmeros direitos — individuais, sociais, políticos — restam prejudicados, o que contribui fortemente para a perpetuação da miséria. Eu mesmo já atuei várias vezes em procedimentos judiciais urgentes, destinados a dotar de registro de nascimento menores recém-falecidos, para que não fossem enterrados como indigentes. Visando atacar de maneira coletiva esse quadro de denegação de cidadania, a campanha patrocinada pela Defensoria já atendeu a 62 mil pessoas no estado do Rio de Janeiro.[28]

As deficiências maiores dos serviços prestados pela Defensoria Pública

Depois de declinar, com justificado entusiasmo, o novo perfil da Defensoria Pública, não é possível guardar silêncio a respeito das mazelas dos serviços prestados pela instituição. Aponto agora algumas deficiências que me parecem expressivas. Tomarei como base, uma vez mais, a Defensoria do Rio de Janeiro, onde atuo há mais de 20 anos. Como se trata da mais antiga do país, além de ser provavelmente a mais bem-aparelhada, afigura-se uma base adequada. As mazelas constatadas na Defensoria fluminense tendem a existir também, na sua maior parte, em outras defensorias brasileiras.

Primeiramente, é preciso reconhecer que o atendimento às pessoas carentes deixa muito a desejar. Em relação aos núcleos de primeiro atendimento, filas continuam varando madrugadas. Ou seja, muitas vezes a pessoa busca a Defensoria para reparar alguma lesão a sua dignidade, mas, antes mesmo de ser atendida, nova lesão à dignidade lhe é impingida. Mas não é, obviamente, um problema fácil de resolver, muito pelo contrário. Reproduz-se na Defensoria um problema que assola o próprio Judiciário, causando drástica queda na qualidade dos serviços prestados: o excesso de demanda. Paradoxalmente, o fortalecimento e a maior visibilidade da Defensoria tendem a piorar o problema, pois mais gente a procurará. Não obstante, vislumbra-se alguma luz. Iniciativa promissora a esse respeito foi tomada pela Defensoria fluminense em 2007, quando criou a Central de Relacionamento com o Cidadão. Consiste em um serviço telefônico gratuito, destinado a prestar informações básicas sobre os serviços da instituição e, a par disso, agendar o atendimento (agendamento este, no entanto, que ainda funciona de maneira muito limitada, restrito a poucos

---

à Justiça, dificilmente deixará de atingir um desses monopólios. Ou todos. (...) Estes monopólios se fundamentam na especialização profissional, na garantia constitucional, mas vão mais além. Eles produzem também uma concepção corporativa das profissões jurídicas, do Poder Judiciário e da própria Justiça, que por sua vez os reforça. Produzem e implementam uma cultura jurídica, autorreversa, influenciada por padrões corporativos".

[27] A campanha representa a participação da Defensoria fluminense no "Compromisso Nacional pela Erradicação do Sub-registro Civil de Nascimento e Ampliação do Acesso à Documentação Básica", estabelecido pelo Decreto Federal nº 6.289, de 6 de dezembro de 2007.

[28] Dados fornecidos por Andrea Sena da Silveira, presidente da Comissão da Campanha Permanente "Cidadania, Eu Defendo", no âmbito da Defensoria Pública-Geral do Estado do Rio de Janeiro.

órgãos). A iniciativa foi homenageada em 2008 pelo V Prêmio Innovare[29] e está sendo estendida a outras defensorias brasileiras, ganhando para tanto subsídios do Programa das Nações Unidas para o Desenvolvimento (Pnud).

Depois do primeiro atendimento, a vida do assistido, de modo geral, não costuma experimentar melhora significativa. Havendo ação judicial, o atendimento acontece no órgão da Defensoria ligado ao juízo em que está o processo respectivo. Mas o excesso de demanda e as filas continuam presentes em vários órgãos, como por exemplo as defensorias de família e orfanológicas (relativas aos juízos de órfãos e sucessões), sempre lotadas. Também se afigura árduo, para o assistido, falar diretamente com o defensor do seu caso. Frequentemente, o estagiário significa uma barreira intransponível. Não é raro que o processo transcorra integralmente sem essa interlocução direta entre o defensor e o assistido, falha que evidentemente pode prejudicar a defesa exercida.

Para agravar a situação, ao longo do mesmo caso podem atuar vários defensores, pois cada defensor não segue casos específicos, como se fora um advogado particular, mas, sim, atua nos processos atinentes ao órgão onde estiver. Se desse órgão ele se afasta em um mês (por férias, licença, remoção ou qualquer outro motivo), os processos passam às mãos do novo defensor designado para o órgão. Não é possível, reconheça-se, evitar esse rodízio de defensores, que deriva de uma organização necessariamente timbrada pelo princípio da impessoalidade — um dos princípios maiores da administração pública, conforme art. 37 da Constituição — e que busca, a todo custo, a racionalização do trabalho no contexto de um atendimento de massa. Idêntico rodízio, em um mesmo processo, acontece com juízes e promotores. No entanto, os prejuízos decorrentes desse mal inevitável poderiam ser atenuados se houvesse mecanismos institucionais que impusessem e também propiciassem a transmissão de informações entre os defensores. Infelizmente, ainda não se vê quase nada nesse sentido.

A qualidade jurídica das atuações institucionais é outro ponto a ser abordado. Não a garante a reconhecida capacidade técnica dos defensores, selecionados em rigorosos concursos públicos. O excesso de trabalho conspira contra a qualidade, mas não só o excesso. Preserva-se em demasia a autonomia funcional dos defensores, mesmo que tal autonomia sirva como escudo para atuações descomprometidas e desidiosas. Estamos afinal no serviço público brasileiro, e da cultura não se consegue fugir. Comparece na Defensoria a mesma mentalidade corporativista de outras instituições. Ao final das contas, caracteriza-se a Defensoria, nesse ponto, pela heterogeneidade: atuações primorosas, dignas dos melhores escritórios de advocacia, convivem com desempenhos sofríveis.

Acrescente-se que não há esquemas institucionais voltados para a identificação e o tratamento diferenciado de casos especialmente relevantes e difíceis, como por exemplo um grave conflito de família envolvendo vários processos em vários órgãos judiciais. Também se sente falta, como já foi dito, de um espaço institucional destinado à troca permanente de informações e experiências entre os defensores. Alguns encontros setoriais têm sido realizados pela Defensoria fluminense, mas é muito pouco ainda. O desenvolvimento desse espaço seria excelente para lapidar teses jurídicas inovadoras em favor dos interesses das pessoas carentes assistidas.

No que tange às atuações institucionais de feição mais coletiva, que vêm sendo incrementadas nos últimos anos (conforme vimos na seção anterior), estranhe-se a pouca atenção que ainda se dá à questão ambiental. Nem é preciso falar da centralidade dessa questão nos dias atuais. Estando em

---

[29] O Prêmio Innovare é concedido anualmente, tratando-se de uma realização do Instituto Innovare, com o apoio do Ministério da Justiça e várias entidades do mundo jurídico, entre elas a Associação Nacional dos Defensores Públicos (Anadep).

risco a própria continuação da espécie, como jamais aconteceu, o problema ambiental tornou-se absolutamente central para o planeta, influenciando de forma intensa todos os setores da atividade e do conhecimento humanos, inclusive o ramo jurídico, como não poderia ser diferente. Assim como o individualismo marcou profundamente o direito moderno, chegou a vez de a ecologia transformar o direito do século XXI. Não se entende, portanto, por que o assunto continua sem maior prestígio no âmbito da Defensoria. Repare-se a propósito que, entre os vários núcleos temáticos da Defensoria fluminense, não há nenhum especializado em matéria ambiental. Em outras defensorias brasileiras, o panorama se repete.

Sem embargo do que foi dito, abra-se parêntese para fazer uma menção honrosa, no tocante à matéria ambiental, à Defensoria paulista. Em ação coletiva ambiental que atingiu grande repercussão, ela obteve liminar para suspender novos plantios e replantios de eucalipto no município de São Luiz do Paraitinga, interior de São Paulo, até que seja feito, naquela área, estudo de impacto ambiental e elaboração do respectivo relatório.[30] A belíssima ação coletiva foi proposta após um ano de estudo em conjunto com ambientalistas. A monocultura de eucaliptos geneticamente modificados, segundo mostrou o estudo realizado, já causou graves danos ambientais: rios e nascentes da região secaram, pessoas carentes foram contaminadas por agrotóxicos e diversos trabalhadores rurais ficaram desempregados, gerando êxodo. A ação mostra claramente que a Defensoria, em prol do bem-estar dos seus clientes, não pode deixar de ter uma atuação bastante forte na área ambiental.

Por fim, nesta seção, diga-se que projeto de alteração da Lei Orgânica da Defensoria Pública (Lei Complementar nº 80/94), já aprovado pela Câmara dos Deputados, cria para todas as defensorias estaduais a obrigatoriedade de ouvidoria externa, visando expressamente à "promoção da qualidade dos serviços prestados pela Instituição". Sendo aprovado definitivamente o projeto, o ouvidor-geral será escolhido, pelo conselho superior da respectiva defensoria (formado por membros da administração institucional e membros escolhidos pela classe), "dentre cidadãos de reputação ilibada, não integrantes da carreira, indicados em lista tríplice formada pela sociedade civil, para mandato de dois anos, permitida uma recondução". É uma esperança de maior transparência dos serviços da Defensoria Pública e também maior comunicação com a sociedade civil, propiciando o efetivo aperfeiçoamento da atuação institucional.

Desafios e horizontes para a Defensoria Pública no Brasil

A realidade atual da Defensoria Pública, inclusive carências e deficiências, já foi bastante visitada por este capítulo. Também forneci alguns dados históricos. Agora, quase encerrando, vale abrir breve reflexão de caráter prospectivo: quais os principais desafios e horizontes que esperam a Defensoria Pública no Brasil?

À vista do já exposto, algumas prioridades restam manifestas. A consolidação nacional é uma delas. A Defensoria não pode ter força apenas em alguns estados. E mesmo nas defensorias mais favorecidas podem ser constatados sérios problemas de estrutura. Nenhuma defensoria do Brasil, hoje, trabalha em condições materiais razoáveis. A própria Defensoria do Estado do Rio de Janeiro ainda apresenta claras fragilidades.

---

[30] Agravo de Instrumento nº 7591705300, relator des. Samuel Júnior, Primeira Câmara Especial de Meio Ambiente do Tribunal de Justiça de São Paulo, julgamento em 28-8-2008.

No bojo desse processo de fortalecimento estrutural, não é menos evidente que um colossal esforço deve acontecer no sentido da melhoria da qualidade dos serviços prestados pela instituição, sobretudo para tornar menos penoso o acesso dos carentes à Defensoria. Mas esses desafios, conquanto extremamente árduos, são desafios básicos, elementares. O que se pode vislumbrar, para o crescimento da Defensoria, em termos de um projeto estratégico de horizontes frondosos?

Parece-me que qualquer projeto estratégico minimamente realista e consistente, mirando o fortalecimento da Defensoria, deve observar a questão do pluralismo. Como se sabe, consiste o pluralismo em uma das forças mais avassaladoras da sociedade humana nos tempos atuais. Unido a avanços tecnológicos igualmente vertiginosos, o pluralismo opera prodígios, para o bem ou para o mal. Nada, ou quase nada, parece escapar do seu raio de ação. Até mesmo o processo biológico de concepção do ser humano mostra-se hoje pluralizado — e dessacralizado. Cuida-se, em suma, de um dos maiores signos do nosso tempo, talvez o maior de todos. Dessa forma, não é possível imaginar qualquer plano de maior envergadura para uma instituição relevante como a Defensoria Pública sem levar em consideração a questão do pluralismo.

Uma primeira reverência ao pluralismo é abandonar a ideia de que o atendimento prestado pela Defensoria possa tender à universalidade, assumindo a instituição um quase monopólio da assistência jurídica às pessoas carentes. Tal veleidade vai ficando mais inviável a cada dia que passa. A época, positivamente, não é amiga de monopólios ou universalidades. A assistência prestada pela Defensoria nunca teve caráter de exclusividade, e a tendência, também nessa seara, é de aumento do pluralismo, mesmo com o risco de algum retrocesso.[31] Cada vez mais, a Defensoria há de encarnar a figura de uma "instituição de competição",[32] sempre pressionada pela concorrência de outros modelos de assistência jurídica. Nesse quadro, então, qual o papel reservado à Defensoria?

Penso que a Defensoria Pública, descartadas quaisquer ambições monopolísticas, deve lutar para liderar, construtivamente, as iniciativas no campo da assistência jurídica aos necessitados. Deve ser conhecida como uma grande agência nacional de promoção da cidadania, do acesso à justiça e dos direitos humanos. Identificada e marcada, em qualquer ponto do país, como entidade campeã na luta intransigente pelos direitos fundamentais dos pobres. Tudo isso já começa a acontecer. Mas é desejável que ganhe redobrado vigor.

Para tanto, cumpre à Defensoria Pública, em primeiro lugar, perseverar na transição para um perfil mais solidarista, encarecendo os impactos coletivos da sua atuação. Especialmente fecundo aí, como já foi frisado anteriormente, é o campo das demandas coletivas. Por sinal, a presença da Defensoria nesse campo é mais uma homenagem que se faz ao pluralismo. De fato, postulando a bem dos mais fracos, os defensores ganham especial sensibilidade em relação a interesses que se veem frequentemente ignorados em outras esferas decisórias. Dessa forma, a legitimidade da Defensoria para a condução de processos coletivos, tendo-se em vista a força e a abrangência desses processos, pode tomar a forma de um importante mecanismo de *contrapoder*, essencial à democracia pluralista.

---

[31] A propósito, a Resolução nº 62/09, do Conselho Nacional de Justiça, disciplinou, no âmbito do Poder Judiciário, os serviços de assistência jurídica voluntária (*pro bono*). Apesar da ressalva feita no art. 10 ("O exercício da advocacia voluntária, nos termos desta Resolução, dar-se-á na ausência de atuação de órgão da Defensoria Pública"), não se pode deixar de registrar que a resolução causou estranheza. Afinal, a assistência jurídica voluntária carrega aquele viés caritativo que tanto atrasou a evolução do direito fundamental à assistência jurídica. É certo que a advocacia *pro bono* não deve ser descartada, consistindo em mais uma opção que se oferece ao cidadão. Mas também não seria o caso, em absoluto, de merecer tal assistência caritativa o regramento e o incentivo de um relevante órgão pertencente ao Estado brasileiro.

[32] A expressão é de José Fontenelle Teixeira da Silva (2001:75).

É claro que essa atuação da Defensoria mais preocupada com a esfera coletiva não pode tornar-se voluntarista. Mais uma tarefa se impõe, então: o estreitamento do diálogo entre a instituição e a sociedade civil organizada. Para bem exercer a defesa de interesses coletivos, é preciso que a Defensoria se ponha a auscultar permanentemente os anseios das coletividades a serem beneficiadas.

Tornemos ao pluralismo. Uma das suas facetas, na ordem brasileira contemporânea — que tem seu marco inicial na Constituição de 1988 —, é a multiplicação das trilhas e procedimentos para a defesa de direitos. Por um lado, a trilha jurisdicional enriqueceu-se bastante, incorporando novidades como a ação de descumprimento de preceito fundamental e a intervenção do *amicus curiae* (amigo da corte). Por outro, vias alternativas à jurisdição tradicional estão sendo cada vez mais exploradas, inclusive com o aparecimento de instâncias inéditas entre nós, como é o caso do Conselho Nacional de Justiça. Convém dar um exemplo muito engenhoso de atuação alternativa: em abril de 2008, o Conselho Nacional de Autorregulamentação Publicitária (Conar), acolhendo representação de várias entidades governamentais e não governamentais — entre estas últimas o Instituto Brasileiro de Defesa do Consumidor e o Instituto Brasileiro de Advocacia Pública —, suspendeu a veiculação de dois anúncios publicitários da Petrobras, nos quais se divulgava a ideia, que pareceu falsa ao Conar, de que a Petrobras contribuía para a qualidade ambiental e o desenvolvimento sustentável do país. O que tivemos no caso? A defesa do meio ambiente através de uma via não convencional.

Pois bem, uma Defensoria que queira realmente ter papel de destaque na promoção do acesso à justiça no Brasil deve estar preparada para diversificar ao máximo sua atuação, aproveitando em favor dos carentes o pluralismo de ordem procedimental oferecido pelo nosso ordenamento. Mais. Insta avançar na missão, expressamente contemplada pela Constituição, de prestar orientação jurídica aos necessitados, a ser realizada independentemente da existência de qualquer conflito. Sem informação, não se pode falar em autêntica cidadania. É mais uma função, vale ressaltar, que deve ser desenvolvida de forma preferencial em ambiente coletivo.

Também se espera, dessa Defensoria Pública grande, que trabalhe como verdadeira empresa em prol dos direitos dos seus assistidos, dentro ou fora dos tribunais. Dentro dos tribunais, faz-se necessário não só produzir teses jurídicas, mas também as tornar vitoriosas. Fora, importa pugnar por medidas administrativas e reformas legislativas que venham ao encontro dos interesses das pessoas necessitadas.

Quanto mais pujante for, aliás, mais a Defensoria contribuirá para a evolução da nossa ordem jurídica. O compromisso maior da instituição, esclareça-se, não é exatamente com a lei formal, mas com os direitos e interesses das pessoas carentes, que são muitas vezes interesses marginais, no sentido de que ainda não foram oficialmente reconhecidos pelo ordenamento nacional — um ordenamento que respirou séculos de práticas as mais excludentes, inclusive a pior de todas, a escravidão (que aqui no Brasil teve vida dolorosamente longa). Como a defesa de interesses não reconhecidos formalmente exige teses jurídicas inovadoras, o labor criativo da Defensoria pode servir efetivamente à descoberta de trilhas muito ricas para o direito brasileiro.

Da mesma forma, a atuação enérgica da Defensoria pode colaborar para o controle da qualidade dos serviços públicos básicos, cuja clientela é formada predominantemente pelos pobres. O controle dos atos do poder público, ainda mais quando se trata de um poder público extremamente falível como o nosso, é mais uma frente em que a Defensoria deve investir de maneira intensa.

Uma última proposta. Compete ainda aos defensores, por meio sobretudo das suas entidades de classe, lutar pela valorização e pelo reconhecimento da essencialidade da instituição. Ótima medida nesse sentido seria a criação do Conselho Nacional da Defensoria Pública, nos moldes do Conselho Nacional de Justiça e do Conselho Nacional do Ministério Público. Especialmente o Conselho Nacional de Justiça tem proferido decisões arrojadas visando ao salutar — leia-se não corporativista — aprimoramento da jurisdição brasileira. Idênticos benefícios, no que tange à Defensoria, poderiam ser trazidos pelo seu respectivo conselho, caso ele fosse criado.

Depois dessa alentada lista de propostas — ainda não exaustiva —, algumas indagações soam óbvias: as propostas são minimamente viáveis em um horizonte próximo? As atuações inovadoras podem coexistir com o aprimoramento das atuações tradicionais? Uma instituição com tantas carências materiais como a Defensoria pode pensar tão alto?

Muito sinteticamente, responda-se. É evidente que a efetivação das propostas feitas acima não se apresenta nada tranquila, principalmente nas defensorias em estágio menos adiantado. Mas não pretendi aqui formular previsões com rigor científico ou exercitar o dom da adivinhação. Quis, sim, indicar rumos para a Defensoria em uma quadra pluralista, sendo frisada a necessidade da coexistência entre atuações tradicionais (ligadas a uma concepção institucional individualista) e atuações inovadoras (ligadas a uma concepção mais solidarista). Tal coexistência, a propósito, mostra-se perfeitamente possível. Mencionem-se mais uma vez as ações coletivas. Elas se alimentam de subsídios colhidos em atendimentos individuais e, além disso, poupam energias e recursos — algo de grande valia para uma instituição com problemas materiais —, na medida em que podem resolver os problemas de centenas ou milhares de pessoas através de um único processo. Assim, não procede de forma alguma o argumento, repetido com alguma insistência, de que a Defensoria só poderia entregar-se a atuações mais ousadas depois que estivesse desempenhando a contento suas tarefas tradicionais (coisa que eventualmente jamais acontecerá de modo pleno).

Acima de tudo, é preciso lembrar que a Defensoria, em sua relativamente curta história no Brasil, já alcançou vitórias surpreendentes, inimagináveis. Ela constitui hoje, apesar de todas as dificuldades, uma instituição modelar no plano global. Para uma instituição assim, pecado mesmo é não sonhar, o mais alto que puder...

Conclusão

Já que se falou de sonho ao final da seção anterior, diga-se que talvez esteja aí, precisamente, um traço crucial para distinguir a Defensoria Pública de outros veículos de assistência jurídica: a capacidade de sonhar e perseguir utopias.

Em uma crônica antológica, de 1955, em homenagem a um time não menos excepcional, Nelson Rodrigues (1993:9-10) referiu-se com saudosismo ao período inicial do século XX: "Naquele tempo tudo era diferente. (...) em 1911, ninguém bebia um copo d'água sem paixão".[33]

A mesma água se bebe na Defensoria. Pois não existe sede mais voluptuosa do que a sede de proporcionar justiça a quem desta mais necessita.

---

[33] Foi no ano de 1911, objeto da crônica, que nasceu a seção terrestre do Flamengo, que já existia como clube de regatas desde 1895.

Para saber mais, é preciso ler

ALVES, Cleber Francisco. *Justiça para todos! Assistência jurídica gratuita nos Estados Unidos, na França e no Brasil.* Rio de Janeiro: Lumen Juris, 2006.

BARCELLOS, Ana Paula de. *A eficácia jurídica dos princípios constitucionais:* o princípio da dignidade da pessoa humana. Rio de Janeiro: Renovar, 2002.

BOBBIO, Norberto. Sobre os fundamentos dos direitos do homem. [1964] In: *A era dos direitos.* Trad. Carlos Nelson Coutinho. Rio de Janeiro: Campus, 1992.

CAPPELLETTI, Mauro; GARTH, Bryant. *Acesso à justiça.* Trad. Ellen Gracie Northfleet. Porto Alegre: Fabris, 1988.

CARNAZ, Daniele Regina Marchi Nagai; FERREIRA, Jussara Suzi Assis Borges Nasser; GOMES JÚNIOR, Luiz Manoel. Legitimidade da Defensoria Pública para propositura de ações civis públicas. *Revista de Processo,* n. 163, set. 2008.

CRUZ FILHO, Brenno Mascarenhas da. *A dinâmica do individualismo na Defensoria Pública do Rio de Janeiro.* 1992. Dissertação (Mestrado em Teoria do Estado e Direito Constitucional) — Departamento de Ciências Jurídicas da PUC-Rio, Rio de Janeiro, 1992.

FALCÃO, Joaquim. Acesso à justiça: diagnóstico e tratamento. In: ASSOCIAÇÃO DOS MAGISTRADOS BRASILEIROS (Org.). *Justiça:* promessa e realidade: o acesso à justiça em países ibero-americanos. Rio de Janeiro: Nova Fronteira, 1996.

FREITAS FILHO, Roberto Gonçalves de. Obstáculos institucionais: a defesa dos pobres. *Revista de Direito da Defensoria Pública,* Rio de Janeiro, n. 11, 1997.

GRINOVER, Ada Pellegrini. Legitimidade da Defensoria Pública para ação civil pública. *Revista de Processo,* n. 165, nov. 2008.

MESSITTE, Peter. Assistência judiciária no Brasil: uma pequena história. *Revista dos Tribunais,* n. 392, jun. 1968a.

———. Assistência judiciária: novos rumos mundiais. *Justitia,* n. 62, jul./set. 1968b.

MORAES, Guilherme Peña de. *Instituições da Defensoria Pública.* São Paulo: Malheiros, 1999.

MORAES, Humberto Peña de; SILVA, José Fontenelle Teixeira da. *Assistência judiciária:* sua gênese, sua história e a função protetiva do Estado. 2. ed. Rio de Janeiro: Liber Juris, 1984.

MOREIRA, José Carlos Barbosa. O direito à assistência jurídica. *Revista de Direito da Defensoria Pública,* Rio de Janeiro, n. 5, 1991.

———. O direito à assistência jurídica: evolução no ordenamento brasileiro de nosso tempo. In: *Temas de direito processual:* quinta série. São Paulo: Saraiva, 1994.

ROCHA, Jorge Luís da. *História da Defensoria Pública e da Associação dos Defensores Públicos do Estado do Rio de Janeiro.* Rio de Janeiro: Lumen Juris, 2004.

RODRIGUES, Nelson. Flamengo sessentão. *Manchete Esportiva,* 26 nov. 1955; e In: *À sombra das chuteiras imortais:* crônicas de futebol. Seleção e notas de Ruy de Castro. São Paulo: Companhia das Letras, 1993.

SANTOS, Boaventura de Sousa. A sociologia dos tribunais e a democratização da justiça. *Pela mão de Alice:* o social e o político na pós-modernidade. 11. ed. São Paulo: Cortez, 2006.

SILVA, José Fontenelle Teixeira da. Defensoria Pública e a política institucional — a falta de uma doutrina. *Revista de Direito da Defensoria Pública*, Rio de Janeiro, n. 17, 2001.

SOUSA, José Augusto Garcia de. Solidarismo jurídico, acesso à justiça e funções atípicas da Defensoria Pública: a aplicação do método instrumentalista na busca de um perfil institucional adequado. In: SOARES, Fábio Costa (Org.). *Acesso à justiça:* segunda série. Rio de Janeiro: Lumen Juris, 2004.

——— (Coord.). A Defensoria Pública e os processos coletivos: comemorando a Lei Federal 11.448, de 15 de janeiro de 2007. Rio de Janeiro: Lumen Juris, 2008.

6 Mudanças e permanências no sindicalismo brasileiro

Adalberto Cardoso

Nos países latino-americanos, a industrialização por substituição de importações comandada pelos Estados nacionais teve como elemento central o estímulo à entrada de novos concorrentes nos mercados internos fechados à produção extraterritorial. O protecionismo deu origem a um parque industrial pujante em muitos países, Brasil inclusive, que foi capaz de acompanhar em parte os desenvolvimentos tecnológicos dos países centrais por meio da ampliação, quase sempre crescente, de sua capacidade de produção. O fordismo produtivo, secundado por regime fabril despótico, foi a marca desse processo de industrialização, que teve nos sistemas nacionais de relações industriais um dos pilares mais importantes de sustentação:

> Formas paternalistas de relações de emprego e regulação do mercado de trabalho foram utilizadas pelo Estado como meios para assegurar apoio social e econômico às suas estratégias desenvolvimentistas. Elas definiram padrões mínimos para relações individuais de emprego e, ao menos em alguns períodos, requereram a institucionalização de sindicatos e da negociação coletiva, ainda que sob limites legais rigidamente demarcados e sob controle administrativo autoritário. Como resultado, a *political bargaining* ganhou muito mais peso do que a *collective bargaining*.[1]

Essa conexão entre desenvolvimentismo e controle estatal das relações capital-trabalho marca também o capitalismo brasileiro. Tal como no México ou na Argentina, a consolidação do capitalismo entre nós tem sua história marcada por um Executivo centralizador, que, a partir de meados do século XX, geriu e financiou a acumulação, tornando-se ele também um de seus principais investidores e empreendedores. Nossa história política é também lavrada por grande poder relativo do Executivo e da burocracia estatal *vis-à-vis* as outras forças sociais, poder que fragilizou os partidos políticos e incorporou os conflitos de classe ao aparelho de Estado, com pequenos períodos de exceção desde Getúlio Vargas. Este capítulo revê, em largas pinceladas, esse processo de consolidação das relações de trabalho no Brasil, em que o Estado sempre desempenhou papel central.

---

[1] Dombois e Pries, 1995:38.

Vargas e o corporativismo

O papel da ditadura Vargas na estruturação do movimento sindical para seu controle é tema fartamente estudado na literatura clássica sobre o sindicalismo no país.[2] Abordarei aqui apenas alguns aspectos que me parecem essenciais para a compreensão da configuração de relações de trabalho que serviu de sustentáculo ao Estado desenvolvimentista, já que esta, em anos mais recentes, tem sido objeto de projetos reformadores de capital, trabalho e Estado.

Vargas montou seu projeto desenvolvimentista a partir de uma ideia de Estado forte, centralizador e empreendedor, capaz de patrocinar a industrialização acelerada, ao mesmo tempo em que, no plano social, tentava controlar as demandas do operariado industrial emergente. Dois expedientes regulatórios foram usados com este último intuito: de um lado, aperfeiçoou-se progressivamente a legislação trabalhista por meio de atos de cúpula, baseados na legislação social e trabalhista dos países capitalistas ocidentais; de outro, regulou-se à minúcia o associacionismo operário e capitalista, tornando-os fortemente dependentes da burocracia estatal, ao mesmo tempo em que os livrava da necessidade de vínculos entre sindicatos e bases como condição para a sobrevivência da estrutura sindical. Tudo isso emoldurado pela ideologia da paz social, isto é, do imperativo da convivência pacífica entre capital e trabalho como base do desenvolvimento. Nas palavras do próprio Vargas:

> Considerado em seu conjunto e alcance, o programa desenvolvido pelo Governo Provisório, em matéria de trabalho e organização social, orienta-se no sentido construtor e fugindo a experiências perigosas. Resultaria absurdo concluir que o inspira a intenção de hostilizar as atividades do capital, que, pelo contrário, precisa ser atraído e garantido pelo poder público. O melhor meio de garanti-lo está, justamente, em transformar o proletariado em força orgânica, capaz de cooperar com o Estado e não o deixar, pelo abandono da Lei, entregue à ação dissolvente de elementos perturbadores.[3]

O corporativismo varguista, com base nessas premissas, transferiu o conflito originário entre capital e trabalho para as estruturas estatais. O Estado foi erigido no *tertius* capaz de assegurar a paz entre aqueles dois agentes, primeiro por meio da coerção e da repressão ao movimento sindical. Depois, por sua anulação, via incorporação do conflito ao aparelho de Estado, através de mecanismos de grande eficácia, como a justiça do trabalho.

Isso conferiu, na letra da lei, caráter público aos conflitos localizados entre capital e trabalho, ao mesmo tempo em que se reafirmava uma autoridade pública capaz de incorporar em sua matriz regulatória as mínimas manifestações autônomas de interesse.[4] Na verdade, o termo "interesse" perdeu seu caráter privado. Todo interesse privado era passível de ser incorporado na equação trivariada em que o Estado comparecia como aquele capaz de conferir-lhe *status* público, chamando para si o direito de arbitrar as diferenças em nome de uma coletividade abstrata que ele corporificava.

Entre 1931 e 1943, o Estado criou um sem-número de regulamentos destinados a arbitrar as formas de uso do trabalho na indústria emergente. A legislação trabalhista definiu jornada de

---

[2] Visões bastante divergentes desses processos podem ser encontradas em Rodrigues (1974), Gomes (1988), Simão (1961 e 1966), Moraes Filho (1952), Rodrigues (1977), Weffort (1969 e 1978), Vianna (1999), Martins (1989), Cardoso (2003) e French (2004), entre outros.
[3] Apud Martins, 1989:31.
[4] Ver Vianna, 1991.

trabalho de 48 horas semanais; proibição do trabalho de menores de 14 anos; regras para o trabalho insalubre e da mulher, especialmente quando gestante; normas para dispensa de empregados e um mecanismo bastante avançado de estabilidade no emprego, entre os mais importantes. Em muitos aspectos, era uma legislação trabalhista algo inadequada para a época, baseada principalmente nas experiências inglesa e francesa. Avançada e anacrônica, num país que ainda tentava consolidar um capitalismo urbano digno do nome. Isso quer dizer que a legislação trabalhista no Brasil antecede a massificação do trabalho assalariado, algo que só se daria de maneira extensiva nos anos 1960. Quer dizer também que muitas das regras estavam destinadas a permanecer no papel por muitos anos. Poucas empresas conseguiram fazer cumprir normas que, na verdade, eram compatíveis com um capitalismo consolidado.

Tal legislação tinha por objetivo reduzir o potencial de conflito de uma industrialização acelerada. A incorporação dos trabalhadores egressos do campo na economia industrial ocorreria sob os cuidados de um Estado (na letra da lei) benfeitor de feição paternalista, e a contraparte essencial da legislação trabalhista foi a legislação sindical. Se o capitalismo emergente não podia arcar com muitos dos custos da legislação social, o associacionismo operário foi devidamente controlado para que ali, onde as empresas fossem mais frágeis, não emergisse contestação operária relevante. Com o Decreto-Lei nº 1.402, de 1939, a chamada Lei Sindical, de inspiração fascista, Vargas consolidou uma estrutura legal de controle dos sindicatos altamente eficaz e extensiva.

Em termos gerais, o desenho desse sindicalismo de Estado era o seguinte: os sindicatos eram definidos, predominantemente, por categoria profissional e tendo como referência geográfica o município. Por exemplo, todos os trabalhadores metalúrgicos de uma mesma cidade eram membros compulsórios de um único sindicato. Havia a possibilidade de constituição de sindicatos por ofícios (torneiros mecânicos, por exemplo), mas estes foram a exceção por quase todo o período de vigência da lei. Para constituir-se, o sindicato tinha de receber a anuência do Ministério do Trabalho, o que obedecia a mecanismos bastante controlados. Um estatuto único, definido pelo Estado, regia a vida associativa. As eleições eram controladas pelo poder público. As funções que o sindicato deveria desempenhar eram claramente estabelecidas, inclusive em termos de que percentuais da receita sindical deveriam ser destinados a que atividades sindicais. A sobrevivência financeira dos sindicatos estava também determinada pelo Estado da seguinte maneira: cada trabalhador era (e ainda é) membro compulsório do sindicato municipal, e um dia de seu salário por ano era compulsoriamente destinado à sustentação não apenas do sindicato, como também do restante da estrutura corporativa. Isto é, o sindicato existia independentemente da vontade ou da mobilização dos trabalhadores (ou empresários) que representava.

Apenas esse sindicato assim constituído tinha o direito de representar os trabalhadores perante os patrões e o Estado. Essa era a base da pirâmide sindical. A instância secundária compunha-se das federações, que congregavam pelo menos dois sindicatos municipais e eram também únicas por ramo da economia. Uma vez constituída e reconhecida pelo Ministério do Trabalho, a federação teria, pelo menos formalmente, o monopólio da representação dos trabalhadores do ramo no estado sempre que as negociações salariais excedessem os limites de um município. Finalmente, tinha-se uma instância centralizada, a confederação, que também compulsoriamente agrupava as federações de uma mesma categoria profissional. Em suma, uma estrutura vertical compulsória, tendo como base de representação os trabalhadores de determinado ramo da economia. A legislação proibia (até 1988) a existência de entidades intercategorias, isto é, centrais sindicais.

É importante notar que as federações e confederações raramente funcionaram como instâncias hierárquicas de grau superior. Na verdade, o poder de firmar contratos coletivos esteve quase sempre com os sindicatos, e a ação destes não estava subordinada a requisitos ou limites impostos por aquelas. Desse ponto de vista, a tradicional imagem da pirâmide é pouco adequada para descrever a estrutura sindical corporativa que se constituiu entre nós. O poder real, na estrutura de relações de classe varguista, estava com os sindicatos, e as instâncias superiores eram (e continuam sendo) órgãos eminentemente burocráticos, sem poder sindical relevante.

Toda essa estrutura era financiada pelo imposto sindical descontado do trabalhador. O sindicato ficava com 55% da arrecadação, as federações, com 15%, e as confederações, com 5%. Regulando e normatizando toda essa estrutura estava o Ministério do Trabalho, que se financiava com os 25% restantes do imposto sindical. O ministério não apenas concedia cartas sindicais, reconhecendo a representação de base (o que se denominava "investidura sindical"), como era o responsável pela solução de conflitos quando as negociações entre capital e trabalho não produzissem acordo. Para isso foi criada a justiça do trabalho, órgão normativo máximo de todo o sistema.

Vale mencionar que os sindicatos, além do imposto sindical, podiam (e podem) contar com contribuições voluntárias de associados — mensais e definidas em assembleia dos representados —, e que apenas os sócios tinham acesso aos serviços assistenciais prestados pelos sindicatos, serviços a que voltarei mais tarde. Essa característica é importante porque a associação voluntária estava relacionada não com a sustentação financeira da capacidade de mobilização dos sindicatos, mas com sua burocracia assistencial. Como argumentarei, isso limitaria estruturalmente as possibilidades de ampliação da afiliação sindical.

As negociações entre capital e trabalho só se davam anualmente, na chamada "data base" da categoria. A data base também era definida pelo Ministério do Trabalho no ato da concessão da carta sindical, e o ministério cuidou para que não houvesse coincidência entre as datas de negociação das categorias mais importantes, evitando assim potenciais coalizões intercategorias. Todas as relações de trabalho só podiam ser renegociadas a cada ano por esses sindicatos fortemente controlados e que não dependiam das cotizações de sua *constituency* para sobreviver. Das "negociações" podiam emergir três tipos de solução:

❑ o *acordo coletivo* — resultado de negociações em que as partes chegam a termo sem conflitos ou impasse. Vige por um ano ou dois e é celebrado entre uma única empresa e o sindicato de trabalhadores da categoria, ou pela empresa e qualquer espécie de representação interna de empregados, como as comissões de fábrica ou os delegados sindicais;

❑ a *convenção coletiva* — igualmente resultado de negociações "não conflituosas", mas celebrada entre o sindicato patronal e o sindicato dos trabalhadores de determinado setor numa mesma base territorial. Tais convenções regulam as relações de trabalho em várias empresas. Os acordos firmados por federações e confederações, embora raros, se enquadram nessa rubrica;

❑ o *dissídio coletivo* — iniciadas as negociações nas datas bases, no caso de impasse ou ausência de acordo, qualquer das partes podia recorrer à justiça do trabalho para a solução do conflito trabalhista, tanto no âmbito da empresa individual, quanto no da categoria profissional como um todo.[5] Com base em argumentos das partes e com pretensão de isenção, a justiça do trabalho arbitrava sentença normativa que tinha de ser acatada por todos. Essa sentença era abrangente

---

[5] A partir de 2000, a Emenda Constitucional nº 45 determinou que o recurso à justiça deve ser de ambas as partes. Ver Cardoso e Lage, 2007.

em relação a todas as reivindicações dos trabalhadores. Arbitrada a sentença, a greve ou o *lockout* estariam proibidos.[6]

Finalmente, a greve só podia se dar se obedecidos os seguintes passos: a convocação deveria ser feita em assembleia da categoria em que estivessem presentes dois terços dos trabalhadores, e deveria ser aprovada por maioria absoluta. Um fiscal da justiça do trabalho deveria estar presente para constatar os números. Aprovada a greve, o sindicato deveria avisar o sindicato patronal (ou a empresa) com uma semana de antecedência da paralisação, do contrário, a greve podia ser declarada ilegal. Nesse caso, os direitos sindicais eram suspensos, os trabalhadores podiam ser demitidos por justa causa, sem indenizações compensatórias, e eram convocadas novas eleições sindicais ou nomeado um interventor federal.

Como se pode ver, o conflito trabalhista estava regulado minuciosamente e, na prática, a greve estava proscrita. Tal sistema vigorou com todo o rigor entre 1937 e 1945, período ditatorial do primeiro governo Vargas, e entre 1964 e 1982, durante a ditadura militar. Ainda assim, a ordem legal foi sempre contestada pelos trabalhadores, e sua instituição não queria dizer, necessariamente, que tivesse vigência real no ambiente que tentava regular.

Liberalização democrática e participação política

De fato, o arranjo legal de repressão e restrição da ação sindical teve longa vida, mas não foi utilizado igualmente todo o tempo por todos os governos. No interregno democrático pós-Estado Novo (1946-1964) houve mudanças importantes no padrão de intervenção estatal, e uma ampliação da atuação política dos trabalhadores, que, representados em sindicatos, se associaram num crescendo a partidos políticos em disputa pelo poder de Estado. Deixando de comportar-se unicamente como "apêndice institucional" (ou como parte do aparelho de Estado), o movimento sindical afirmaria sua autonomia em relação ao Estado ao se apresentar como *alter*, capaz de disputar o acesso às outras estruturas estatais de poder (que lhes eram vedadas) por meio da participação em eleições democráticas e da ação direta no mercado de trabalho. Mas, ao mesmo tempo, os sindicatos não negaram a dependência organizacional em relação à legislação corporativa varguista. Ao contrário, utilizaram-na seja para ampliar seu raio de ação, seja para constituir uma burocracia sindical profissionalizada, ou ainda para instrumentar sua relação com os partidos políticos, principalmente o PTB, que o próprio Vargas criara no intuito (fracassado) de permanecer no poder a partir de 1946, e o PCB, que esteve quase sempre na clandestinidade.

A afirmação da autonomia no campo da participação política deu-se, paradoxalmente, no âmbito mesmo da ordem sindical regulada pelo Estado. Contudo, e esse aspecto é essencial, uma vez que o "reconhecimento do poder político dos sindicatos (...) consistia na sua integração ao sistema como um instrumento do desenvolvimento econômico do país",[7] sua instrumentalização política tornou mais que legítimas as investidas do movimento sindical no campo das políticas mais gerais do Estado. É esse, precisamente, o sentido da *political bargaining* como estratégia dominante dos sindicatos, por oposição à *collective bargaining* característica de modelos contratualistas ou nego-

---

[6] Os dissídios coletivos estão em desuso e não representam mais do que 1% dos resultados das negociações coletivas atualmente. Ver Cardoso e Lage, 2007.
[7] Martins, 1989:79-80.

ciados de relações de trabalho. Como o mercado de trabalho tinha sua regulação mais importante plasmada em legislação federal, a ação dos sindicatos visou sobretudo a alteração das leis, o que requeria ação política mais ampla, para além dos limites do mercado de trabalho.

Nesse sentido, o período João Goulart (1961-1964) pode ser entendido também como aquele em que os sindicatos, associados a partidos, levaram ao extremo a ambiguidade referida antes (negar a relação com o Estado por meio de uma ação política que extrapolava as estruturas estatais e era possibilitada pela forma de inserção no aparelho de Estado), na esperança de fundar um poder político em que os interesses dos trabalhadores tivessem prevalência sobre os interesses do capital. O sindicalismo até 1964, nesses termos, foi essencialmente político, mas essa politização deu-se quase sempre nos limites estreitos da "cidadania regulada",[8] já que se adequou e fez uso da estrutura sindical prevalecente para ampliar suas margens de ação.

Assim, entre 1945 e 1964, o sistema legal de regulação das relações de classe foi mantido, mesmo estando o país numa democracia formal. Entretanto, a legislação antigreves deixou crescentemente de ser utilizada, e o conflito trabalhista ampliou-se consideravelmente, sobretudo depois de 1950. Utilizando-se de sua condição de parte do aparelho de Estado, o número de sindicatos cresceu ano a ano e, principalmente nos centros urbanos emergentes, o poder sindical passou a demandar cada vez mais participação na vida pública. A atividade grevista nos grandes centros urbanos foi intensa, sobretudo depois de 1955,[9] e o sindicalismo consolidou-se como um dos principais atores da cena pública nacional.

Se isso é verdade, a estrutura sindical consolidou-se como um arranjo fragmentário e descentralizado. Nenhuma investida na direção de constituição de centrais sindicais intercategorias teve êxito até pelo menos 1983, embora algumas tentativas tenham ocorrido durante todo o período pós-1945.[10] Ademais, e não menos importante, todo esse arcabouço normativo serviu de poderoso desestímulo à constituição de representação sindical por locais de trabalho. Afora alguns grandes sindicatos industriais (em várias partes do país), poucos lograram organizar-se horizontalmente.[11]

A ditadura militar iniciada em 1964 aprofundou esse quadro, em especial a fragmentação, o distanciamento dos chãos de fábrica e o assistencialismo, ao proibir novamente as greves, cassar as lideranças sindicais do período anterior e nomear interventores federais em todos os sindicatos mais importantes. Fê-lo como o fizera com os governos estaduais e com as prefeituras das capitais dos estados e das cidades consideradas "áreas de segurança nacional" (como as litorâneas e fronteiriças), levando ao paroxismo o preceito de que os sindicatos eram parte do Estado. Com isso, as greves cessaram por completo até 1968, quando os movimentos estudantil e operário mundiais repercutiram internamente provocando uma onda de levantes contra o autoritarismo. O Ato Institucional nº 5, daquele mesmo ano, lançou tais movimentos à clandestinidade, às prisões, ao degredo e à morte. Até 1978, com poucas exceções,[12] não se teve notícia de atividade sindical relevante no país.

O regime militar levou ao paroxismo a máxima "desenvolvimento econômico com paz social". O Estado desenvolvimentista teve no autoritarismo brasileiro um exemplo sem paralelo na América

---

[8] Ver Santos, 1979.
[9] Sandoval, 1994.
[10] Costa, 1981; e Maranhão, 1979.
[11] A historiografia recente mostra o vigor da organização operária no pós-Vargas. Trabalhos de referência são Negro (2004) e Fortes (2004).
[12] Como algumas greves de metalúrgicos em 1973, e movimentos isolados em fábricas do setor moderno da economia. Ver, entre outros, Sader (1988) e Maroni (1982).

Latina. Para isso, a legislação sindical foi novamente funcional e o regime autoritário reativou mecanismos de controle e repressão que haviam permanecido nas sombras desde 1950. As relações de trabalho no Brasil passaram a se caracterizar pela ausência de greves e pela exploração bruta da força de trabalho, com sindicatos mudos. As relações de trabalho evoluíram de forma sem precedentes para um regime fabril despótico com uso predatório da força de trabalho, padrão ao qual voltarei.

Novo sindicalismo: renovação e persistência

Em 1978, teve início um longo processo de renovação do sindicalismo brasileiro. Os metalúrgicos da região do ABC paulista realizaram uma série de greves por reposição salarial, greves que se espalharam por boa parte do setor metalúrgico da metrópole paulistana e, no ano seguinte, por vários setores operários nacionais. Essas greves deram o pontapé inicial para a entrada de cada vez mais setores sociais na contestação ao regime militar, para o qual se tornou cada vez mais custoso lançar mão de medidas repressivas contra a sociedade civil em movimento.

Estudos minuciosos realizados durante e após essas greves mostraram que o sindicalismo no país, apesar de tudo, não estava morto como se imaginava. Haviam sido criadas inúmeras formas não explícitas e extrassindicais de organização por local de trabalho, e um número nada desprezível de militantes de esquerda havia conseguido sobreviver ao regime, militando principalmente em movimentos mantidos pela Igreja Católica ou em partidos comunistas e socialistas clandestinos (de inspiração leninista e/ou trotskista). A redução dos custos de participação a partir de 1978 lançou na arena pública uma infinidade de movimentos que se haviam mantido submersos pela repressão política e social do regime autoritário, e a estrutura sindical corporativa mostrou-se, paradoxalmente, altamente adequada à rápida reestruturação sindical que o país observou entre 1978 e 1983, principalmente.

O "novo sindicalismo" brasileiro nasceu das entranhas do sindicalismo corporativo, o que contribui para explicar o alto grau de continuidade dessa estrutura legal, apesar do ímpeto reformador das novas lideranças. Esse ímpeto ganhou formulação conhecida pela literatura que primeiro buscou caracterizá-lo. Segundo essa leitura, sua ação era "nova" porque, primeiro, voltou-se para dentro das fábricas, tentando organizar os trabalhadores a partir das plantas. Essa reorientação da ação sindical teria produzido, em segundo lugar, a ampliação das pautas de reivindicações nas negociações coletivas, que passaram a incluir demandas de organização por locais de trabalho, assim como demandas antes proscritas sobre condições de trabalho que visavam mitigar a exploração bruta da força de trabalho que vigeu durante o autoritarismo. Em suma, demandas por novos direitos. Em terceiro lugar, os novos sindicalistas teriam dado as costas à política partidária, pelo menos a princípio, numa negação da relação sindicatos/partidos característica do populismo. Em resumo, autonomia sindical ante o Estado e os partidos, organização por locais de trabalho, demanda por novos direitos sindicais e trabalhistas, essa a fórmula sucinta que fez dessa forma de organização sindical, segundo essa leitura, uma novidade importante no cenário das relações industriais no Brasil, apesar de ela estar assentada na estrutura sindical oficial.[13]

---

[13] Esse fato reduz o ímpeto renovador do novo sindicalismo. Por outro lado, como mostrou Santana (2001), o sindicalismo pré-1964 também tinha elementos de forte mobilização de base, questionava a estrutura sindical e alimentou greves importantes por direitos não previstos na CLT. Com isso, a novidade do novo sindicalismo deve ser mitigada e compreendida como parte do processo de construção da identidade do próprio movimento.

A ampliação da abertura política a partir de 1979 não incluiu os sindicatos. Pelo contrário, o regime militar reprimiu violentamente as primeiras manifestações do novo sindicalismo: cassou mandatos sindicais das lideranças emergentes mais importantes, enquadrou sindicalistas na Lei de Segurança Nacional, reagiu violentamente às greves de massa, em especial as do ABC e da capital paulista. Isso contribui para explicar o caráter fortemente politizado assumido rapidamente pelo sindicalismo nacional. A sociedade civil emergente tomou o ressurgimento do conflito operário como o carro guia da contestação ao regime militar, e as greves por reposição salarial que se seguiram às de 1978 ganharam um caráter de contraposição político-social ao regime. O suporte aos sindicalistas veio de todas as partes e a principal liderança operária nascida no ABC, Lula, ganhou projeção nacional e internacional como o baluarte da resistência democrática ao autoritarismo. Não se pode entender os desdobramentos posteriores do novo sindicalismo sem levar em conta que a conjuntura de sua emergência não apenas politizou-o imediatamente, como ainda encaminhou-o rumo à ideologia socialista que o embalou por alguns anos.

A face política e de esquerda explica em grande medida o padrão de relações industriais inaugurado pelo novo sindicalismo. Combinando luta política pela democratização com representação sindical *stricto sensu*, os novos sindicalistas assumiram uma postura bastante agressiva nas negociações com os empresários. A greve foi encarada como instrumento de pressão e ao mesmo tempo de conscientização dos trabalhadores. Criar consciência de classe por meio da ação coletiva eficiente, esse o lema desse sindicalismo. Os anos 1979-1981 foram de grandes assembleias em estádios de futebol, congregando mais de 100 mil trabalhadores, assembleias quase sempre reprimidas pelo Exército nacional; foram anos de longas greves industriais levadas a cabo por uma classe operária que lutava por ver reconhecido o seu direito à existência enquanto tal, isto é, enquanto classe que demanda o reconhecimento da legitimidade do direito de formular projetos autônomos de sociedade e de lutar por sua implantação.

Desse ponto de vista, a combinação de regime militar, uso predatório da força de trabalho, regime fabril despótico, de um lado, e uma disposição bem clara dos sindicalistas na direção da superação desses limites à cidadania democrática, dentro e fora das fábricas, deu origem ao sindicalismo hegemônico no país nos anos 1980 e 90, cujo papel foi decisivo na renovação (ainda que parcial) da estrutura sindical e na modernização das relações de trabalho, que passo a discutir rapidamente.

Em 1983, em meio a uma recessão sem igual na história brasileira, o sindicalismo nacional realizou a primeira greve geral desde 1963, conseguindo parar todos os grandes centros urbanos, inclusive São Paulo. A pauta de reivindicações: contra o FMI, pela reforma agrária, por uma assembleia nacional constituinte soberana, contra o arrocho salarial, contra a recessão. Uma pauta política. Em agosto do mesmo ano nascia a Central Única dos Trabalhadores (CUT), fruto da conjunção das mesmas forças que organizaram a greve geral. Nascia também o segundo eixo de força do sindicalismo dos anos 1980, a CGT (naquele momento com o nome de Coordenação Nacional da Classe Trabalhadora — Conclat), instituindo a clivagem fundamental que continua a marcar a estrutura representativa sindical centralizada entre nós.

Não cabe historiar a divisão ocorrida.[14] Vale marcar que a CGT congregava as lideranças mais importantes do sindicalismo corporativo, isto é, representava a sobrevivência e o ímpeto de conservação de uma estrutura sindical que a CUT, segundo seu discurso de entrada, nascera para combater.

---

[14] Ver, entre outros, Rodrigues (1974).

Vale lembrar também que a legislação sindical vigente proibia a constituição de centrais sindicais, de modo que às centrais criadas não foi reconhecido o direito de representação dos trabalhadores. Diante dessa restrição, a CUT passou a financiar oposições sindicais que lutariam pela direção dos sindicatos oficiais. Uma vez no poder, deveriam procurar ampliar a consciência de classe. Isso se faria principalmente por meio de greves, de organização por locais de trabalho e da ampliação das pautas de reivindicações. A crise econômica dos anos 1980 serviu de grande estímulo a esse padrão altamente conflitivo de relações industriais, e o Brasil foi o campeão mundial de greves nos anos 1984-1987.[15] Neste último ano, foram computadas nada menos do que 80 milhões de jornadas perdidas (homens/dia) por motivo de greve.

Entretanto, o sindicalismo brasileiro permanecia altamente fragmentado. A CUT, embora hegemônica, não conseguiu penetrar em todos os setores. A CGT manteve uma base sindical importante, fundada principalmente no Sindicato dos Metalúrgicos da Cidade de São Paulo, sindicato então com mais de 100 mil filiados e 350 mil trabalhadores na base geográfica. De tendência conservadora não só em relação à estrutura sindical corporativa, como ainda em termos da política partidária, a CGT foi capaz de reter alguma representatividade no meio sindical nacional e foi interlocutora importante dos governos pós-autoritários estabelecidos no país a partir de 1985.[16]

Por outro lado, o projeto do novo sindicalismo era corroer por dentro o sindicalismo corporativo, constituindo uma estrutura sindical paralela, desatrelada do Estado, e rompendo com o preceito da base geográfica definida como o município, isto é, criando sindicatos cada vez mais unificados por ramos de atividade, e não por região. Além disso, alguns sindicatos ligados à CUT, passaram a devolver o imposto sindical obrigatório, estimulando a filiação sindical e a contribuição mensal voluntárias. Esse processo prosseguiu nos anos seguintes, e a CUT logrou constituir sua estrutura paralela de federações e confederações para competir com aquelas do sindicalismo oficial, tema ao qual voltarei.

Entre 1987 e 1988, a Assembleia Nacional Constituinte mudou em parte a estrutura sindical herdada de Vargas, apesar do pouco empenho da CUT nessa mudança, por surpreendente que isso possa parecer. A CGT conseguiu seu intento de manter o imposto sindical obrigatório e a unicidade sindical (um sindicato de categoria ou ofício por município), mas as prerrogativas do Ministério do Trabalho foram eliminadas. O Estado perdeu a prerrogativa de intervir na vida associativa, e a liberdade de constituição de sindicatos tornou-se quase completa, desde que municipais e por categoria (ou ofício). Por outro lado, o poder normativo da justiça do trabalho foi mantido, isto é, ela ainda podia ser convocada por uma das partes para arbitrar uma sentença quanto às negociações coletivas. Como afirmado, porém, esse instrumento está hoje em desuso.

Entretanto, a manutenção do imposto sindical introduziu uma contradição na legislação que criou muitos problemas legais para os novos sindicatos. Uma vez que apenas um sindicato podia reivindicar o direito de cobrar imposto sindical de uma categoria municipal, e que a Constituinte não legislou sobre a base territorial, os sindicatos existentes conseguiram contestar na justiça, com base na antiga CLT, os novos sindicatos criados em um mesmo município. Para dirimir esses conflitos, em 2003, o Supremo Tribunal Federal determinou que cabia ao Ministério do Trabalho "zelar pelo princípio da unicidade", garantido pela Constituição, e que aquela autoridade adminis-

---

[15] Noronha, 1992.
[16] Ver Cardoso, 1999.

trativa devia decidir que sindicato representaria os trabalhadores de uma base territorial específica. O STF reinstituiu, na prática, a investidura sindical derrogada pela Constituição de 1988, e o Ministério do Trabalho recuperou suas prerrogativas como agente de controle do processo de constituição de sindicatos.

Quadro recente

De um ponto de vista institucional, o sindicalismo e as relações de trabalho no Brasil mantêm muito de seu desenho anterior, a despeito de ânimos mais ou menos intensos na direção de sua transformação. Essa persistência revelou-se um limite importante nos anos 1990, quando a reestruturação produtiva, o desemprego industrial dela decorrente, a mudança nas bases sociais de sustentação dos sindicatos e o aumento da competição no "mercado sindical" lançaram o sindicalismo em sua mais profunda crise de representatividade. Uma crise que, surpreendentemente, não se refletiu nas taxas de filiação da população assalariada, que demonstraram espantosa estabilidade, variando pouco ao redor dos 20% nos últimos 20 anos.[17] Sua expressão mais saliente foi a perda de poder nas negociações coletivas e a queda na atividade grevista,[18] que afetaram a maioria dos sindicatos brasileiros, mesmo os mais poderosos. Um exemplo ajudará a pôr o problema em perspectiva.

Em 1997, a Volkswagen ameaçou demitir 10 mil trabalhadores de sua planta na região do ABC paulista, a menos que conseguisse reduzir em 2,3% seus custos de produção. Depois de duras negociações, o Sindicato dos Metalúrgicos do ABC, um dos mais importantes e poderosos do país, cedeu benefícios e outros direitos fiduciários conseguidos através de acordos coletivos nos anos 1980, cujo valor totalizava os 2,3% exigidos pela companhia. Os trabalhadores não foram demitidos, mas a companhia iniciou um plano de "demissão voluntária" e quase 2 mil funcionários aderiram. Em 1998, a empresa ameaçou fechar a planta do ABC, a menos que pudesse demitir 7,5 mil trabalhadores. O sindicato dos trabalhadores negociou uma redução de 15% dos salários e horas de trabalho em troca de estabilidade no emprego por 12 meses. Mas, nos anos seguintes, a companhia não substituiu trabalhadores aposentados e aumentou suas tradicionalmente baixas taxas de rotatividade de mão de obra. Essas medidas resultaram na redução de mais de 2 mil empregos nos quatro anos seguintes. E isso apesar da introdução de nova linha de montagem, que, segundo a empresa, criaria novos empregos, o que não aconteceu.[19]

Nos anos mais recentes, os sindicatos vêm recuperando sua capacidade de ação, por razões variadas. Em termos políticos mais gerais, o movimento sindical foi alçado novamente à condição de interlocutor privilegiado do governo federal, tal como o fora antes de 1964. O governo Lula instituiu um sem-número de mecanismos tripartites de tomada de decisão, entre eles o Conselho Nacional de Desenvolvimento Social e o Fórum Nacional do Trabalho, este último responsável pela formulação de projeto de reforma da estrutura sindical e da legislação trabalhista, projeto enviado ao Congresso Nacional em 2005 mas até aqui (2009) não apreciado pelos congressistas. Uma das consequências desse novo cenário foi a aprovação de lei pelo Congresso reconhecendo as centrais sindicais como parte da estrutura sindical oficial e carreando a elas uma parcela (10%) do imposto

---

[17] A taxa era de 21,4% em 1988 e de 21% em 2006, segundo a Pesquisa Nacional por Amostra de Domicílios (Pnad).
[18] Entre 1986 e 1994 ocorreram, em média, 1.770 greves no Brasil por ano. Entre 1995 e 2002, a taxa média anual caiu para 654, segundo dados do Dieese, que mantém um sistema de acompanhamento de greves.
[19] Ver Cardoso (2003, cap. 1) para detalhes e outros casos semelhantes.

sindical.[20] A lei provê ainda que as centrais são os representantes legais dos trabalhadores nos fóruns tripartites oficiais. Com isso, a estrutura sindical ganhou novo desenho, já que, apesar de as centrais não poderem firmar contratos coletivos de trabalho elas mesmas, a lei assevera que representam os trabalhadores por intermédio de suas entidades filiadas. Logo, elas podem, legalmente e pela primeira vez na história pós-Vargas, coordenar as ações de seus filiados ante os patrões e o Estado, o que representa uma mudança substantiva apreciável.

O segundo elemento de relevo tem a ver com o fato de que, entre 2003 e 2008, foram criados cerca de 10 milhões de empregos formais em todo o país. Como o sindicalismo oficial representa principalmente os assalariados com carteira e funcionários públicos (são poucos os sindicatos de autônomos e profissionais liberais), a criação de empregos tem impacto imediato sobre as bases de sustentação dos sindicatos e sobre suas finanças, já que o imposto sindical continua sendo compulsoriamente cobrado de todo assalariado formal.

Esses dois movimentos (um governo pró-sindicatos e um mercado formal de trabalho mais aquecido), em conjunto, contribuíram para a retomada do poder de barganha do sindicalismo no novo milênio. Segundo dados do Dieese (2007), a partir de 2005, 72% ou mais das categorias analisadas por seu sistema de acompanhamento de negociações coletivas conseguiram aumentos salariais acima do INPC. Entre 1996 e 2003, com exceção apenas do primeiro ano do período e de 2000, em todos os demais a proporção de negociações que superaram o INPC fora sempre inferior a 50%, com mínimo de 19% em 2003. Logo, o governo Lula representou uma efetiva reversão da tendência de enfraquecimento sindical dos anos 1990.

Em 2009, o Brasil conta com pouco mais de 8.200 sindicatos de trabalhadores registrados no Sistema de Informações Sociais (SIS) do Ministério do Trabalho.[21] Há ainda 316 federações e 24 confederações, além de 17 entidades que se autodenominam centrais sindicais.[22] Contudo, apenas cinco cumprem os requisitos legais de representação definidos pela lei de 2008,[23] qualificando-se para acesso ao imposto sindical. É de se esperar, portanto, um processo de fusão das centrais menores, caso desejem se financiar por essa fonte oficial.

Em 2009, entre os sindicatos, federações e confederações que se declaram filiados a alguma central, 36,5% são filiados à Central Única dos Trabalhadores (CUT), 21,1% à Força Sindical, 15% à Nova Central Sindical dos Trabalhadores (NCST) e 12% à União Geral dos Trabalhadores (UGT). A NCST congrega a maioria das confederações e federações do sindicalismo tradicional, enquanto a UGT resulta da fusão de três centrais menores, duas delas dissidências da Força Sindical. Isso quer dizer que o cenário da disputa entre as centrais ainda separa a CUT, que constituiu estrutura sindical paralela de federações e confederações, depois reconhecidas pelo Ministério do Trabalho para efeitos do imposto sindical, e as outras centrais, todas elas de um modo ou de outro caudatárias da estrutura sindical herdada do período anterior. Não quero dizer com isso que o sindicalismo nacional se divide entre o "novo" e o "velho" sindicalismo. A CUT

---

[20] Trata-se da Lei nº 11.648-08.
[21] Visando a efetividade da decisão judicial de 2003, que lhe conferiu o poder de reconhecer o sindicato com direito ao imposto sindical, o Ministério do Trabalho criou esse sistema de acompanhamento da estrutura sindical. Os dados apresentados aqui estão disponíveis em: <http://sis.dieese.org.br>.
[22] Os sindicatos patronais eram 3,9 mil, para 143 federações e 10 confederações.
[23] A central candidata deve ter representação nas cinco regiões do país, com um mínimo de 100 sindicatos filiados, e de 20 sindicatos em três regiões. Exige-se ainda a filiação de sindicatos de no mínimo cinco setores da economia, e os sindicatos filiados devem representar pelo menos 7% dos sindicalizados em âmbito nacional.

cuidou de adequar sua estrutura paralela aos requisitos da legislação oficial e tem hoje características semelhantes às do sindicalismo tradicional. Sugiro apenas que essa central conseguiu manter-se relativamente coesa ao longo do tempo, malgrado dissidências menores em anos recentes,[24] enquanto o campo antes unido em torno da Central Geral dos Trabalhadores, criada em 1988, fragmentou-se em uma miríade de entidades que, com exceção da Força Sindical, têm pouca ou nenhuma representatividade.

A longevidade da estrutura sindical brasileira decorre do fato de que, excluindo os sindicatos da fábrica e agrupando os trabalhadores por categorias profissionais em um único sindicato numa mesma base geográfica, o sindicalismo brasileiro adaptou-se à heterogeneidade produtiva e regional, inibindo relações industriais mais modernas nas grandes fábricas e permitindo alguma modernização nas empresas mais atrasadas. Tal longevidade decorre também do interesse da maioria dos sindicalistas em sua manutenção, principalmente em função do imposto sindical e da inércia organizacional. Unificar bases territoriais diferentes de uma mesma categoria, por exemplo, significa realizar difícil engenharia política, em que as direções existentes, legitimamente eleitas por suas categorias, devem abrir mão de poder. Foi esse o caso dos sindicatos de metalúrgicos de São Bernardo do Campo, de Santo André e de Diadema, três sindicatos poderosos da CUT unificados em 1994 depois de mais de cinco anos de tentativas frustradas, e novamente desmembrados dois anos mais tarde por conflitos entre as direções concorrentes (o Sindicato de Santo André aderiu, posteriormente, à Força Sindical). Por fim, a perene perspectiva de reforma na legislação, renovada a cada nova legislatura e a cada novo governo, cria um ambiente de incerteza quanto ao futuro que a maioria das direções atuais prefere evitar, mesmo que isso lhes seja prejudicial no médio prazo, em razão da crescente fragmentação e do enfraquecimento da representação sindical no país.

Para saber mais, é preciso ler

CARDOSO, Adalberto. *A trama da modernidade:* pragmatismo sindical e democratização no Brasil. Rio de Janeiro: Revan, 1999.

———. *A década neoliberal e a crise dos sindicatos no Brasil.* São Paulo: Boitempo, 2003.

———; LAGE, Telma. *As normas e os fatos:* desenho e efetividade das instituições de regulação do mercado de trabalho no Brasil. Rio de Janeiro: FGV, 2007.

COSTA, Sergio A. *O CGT e as lutas sindicais brasileiras.* São Paulo: Grêmio Politécnico, 1981.

DIEESE. *Balanço das negociações dos reajustes salariais em 2007.* São Paulo: Dieese, 2007.

DOMBOIS, Rainer; PRIES, Ludger. Structural change and trends in the evolution of industrial relations in Latin America. *Transformación Económica y Trabajo en América Latina — Avances de Investigación,* n. 1, p. 37-77, Feb. 1995.

---

[24] Refiro-me, entre outras coisas, à saída de alguns sindicatos de servidores públicos, no início do governo Lula, para constituir a Associação Coordenação Nacional de Lutas (Conlutas). Essa coordenação, porém, não conseguiu atrair um número expressivo de adeptos e, em 2009, conta com 39 filiados, segundo o SIS.

FORTES, Alexandre. *Nós do Quarto Distrito:* a classe trabalhadora porto-alegrense e a era Vargas. Caxias do Sul: Educs; Rio de Janeiro: Garamond, 2004.

FRENCH, John. *Drowning in laws;* labor law and Brazilian political culture. Chapel Hill, London: University of North Carolina Press, 2004.

GOMES, Angela de Castro. *A invenção do trabalhismo.* Rio de Janeiro: Revan, Iuperj, 1988.

MARANHÃO, Ricardo. *Sindicatos e democratização.* São Paulo: Brasiliense, 1979.

MARONI, Amneris. *A estratégia da recusa.* São Paulo: Brasiliense, 1982.

MARTINS, Heloísa H. S. *O Estado e a burocratização do sindicato no Brasil.* 2. ed. São Paulo: Hucitec, 1989.

MORAES FILHO, Evaristo de. *O sindicato único no Brasil.* Rio de Janeiro: A Noite, 1952.

NEGRO, Antonio. L. *Linhas de montagem:* o industrialismo nacional-desenvolvimentista e a sindicalização dos trabalhadores. São Paulo: Boitempo, Fapesp, 2004.

NORONHA, Eduardo G. *As greves na transição brasileira.* 1992. Tese (Mestrado) — Unicamp, Campinas, 1992. ms.

RODRIGUES, José A. *Sindicatos e desenvolvimento.* São Paulo: Símbolo, 1977.

RODRIGUES, Leôncio Martins. *Trabalhadores, sindicatos e industrialização.* São Paulo: Brasiliense, 1974.

SADER, Eder S. *Quando novos personagens entram em cena:* experiências e lutas dos trabalhadores da Grande São Paulo — 1970-1980. São Paulo: Paz e Terra, 1988.

SANDOVAL, Salvador. *Os trabalhadores param:* greves e mudança social no Brasil, 1945-1990. São Paulo: Ática, 1994.

SANTANA, Marco A. *Homens partidos:* comunistas e sindicatos no Brasil. Rio de Janeiro: UniRio; São Paulo: Boitempo, 2001.

SANTOS, Wanderley Guilherme dos. *Cidadania e justiça* — a política social na ordem brasileira. Rio de Janeiro: Campus, 1979.

SIMÃO, Azis. Industrialization et syndicalisme au Brésil. *Sociologie du Travail*, n. 3, out./dec. 1961.

———. *Sindicato e Estado.* São Paulo: Dominus, 1966.

VIANNA, Luiz J. Werneck. Problemas de representação do novo sindicalismo. In: *Tendências recentes do sindicalismo brasileiro.* Rio de Janeiro: Iuperj, jul. 1991. (Grupo de Conjuntura, 42).

———. *Liberalismo e sindicato no Brasil.* 4. ed. rev. Belo Horizonte: UFMG, 1999.

WEFFORT, Francisco C. *Sindicatos e política.* 1969. Tese (Livre Docência) — USP, São Paulo, 1969.

———. *O populismo na política brasileira.* São Paulo: Paz e Terra, 1978.

7 Tendências do sistema partidário brasileiro

Fabiano Santos
Márcio Grijó Vilarouca

Luiz Inácio Lula da Silva, operário, líder sindical e principal líder do PT, maior partido à esquerda do espectro ideológico, é eleito presidente em 2002, governa e é reeleito em 2006. O início do novo século traz consigo, portanto, o grande teste que toda democracia deve enfrentar — a alternância de poder. Ao mesmo tempo, no âmbito legislativo, desde 1994, os mesmos quatro partidos continuam a dar as cartas, *revelando um sistema partidário com surpreendente estabilidade*, tendo em vista a visão catastrófica e pessimista típica de meados da década de 1990 e as regras altamente liberais para a formação e o funcionamento dos partidos políticos. Se, observado o processo político em perspectiva de mais longo curso, não é impertinente falar de estabilização e consolidação da democracia, onde, então, residiria o erro das análises pessimistas?

Este capítulo está organizado da seguinte maneira: na próxima seção, dividiremos a análise da evolução do sistema partidário em três partes. Na primeira, descreveremos o processo de transição do sistema político do bipartidarismo para uma situação que denominamos multipartidarismo "descentrado", período que iria mais ou menos até 1993. A partir de 1994, voltamos nossa análise para a natureza centrípeta da competição partidária nas eleições presidenciais, estruturadas em torno da disputa bipolar entre PSDB/PFL e PT. Na subseção seguinte, retornamos o foco para a Câmara dos Deputados, a fim de defender que o sistema partidário vem se estabilizando em torno de quatro partidos relevantes, devido aos efeitos da competição centrípeta mencionada. Para dar força ao argumento, adicionamos a análise da competição em diversos pleitos proporcionais e majoritários. Na segunda seção, usamos dados comparados referentes a fragmentação partidária e volatilidade eleitoral para mostrar que o caso brasileiro não representa qualquer anomalia. Na última seção, analisamos dados sobre as preferências do eleitorado para verificar se os cidadãos se identificam com os partidos políticos e para avalizar se a identificação partidária auxilia no processo de decisão de voto.

A evolução do sistema partidário brasileiro

Do bipartidarismo ao multipartidarismo descentrado

No período posterior ao golpe de 1964, apenas dois partidos obtiveram permissão — restrita aos cargos legislativos — para competir eleitoralmente: a Aliança Renovadora Nacional (Arena), partido majoritário de suporte ao regime militar, e o Movimento Democrático Brasileiro (MDB), na oposição. O bipartidarismo artificial criado pelo regime militar entre 1966 e 1979 começou a ser desmontado a partir de duas leis: a Emenda Constitucional nº 11, de 1978, que abriu uma brecha importante na rígida Lei de Fidelidade Partidária ao permitir que deputados saíssem de seus partidos para fundar outros novos, desde que respeitados os limites mínimos de representação de 10% na Câmara e no Senado; e a Lei nº 6.767/79, que reformulou dispositivos da antiga Lei Orgânica dos Partidos.

Assim, em 1980, seis partidos obtiveram representação na Câmara dos Deputados, apesar de o Partido Democrático Social (PDS, sucessor da Arena) e o PMDB ainda controlarem 77% das cadeiras legislativas. A seguir, em ordem de importância, vinha o Partido Popular (PP), formado por políticos moderados do antigo MDB, com cerca de 16% dos assentos. Por fim, entre os pequenos partidos de esquerda, dois deles reivindicavam a antiga tradição da política trabalhista ancorada na figura de Getúlio Vargas, o Partido Democrático Trabalhista (PDT) e o Partido Trabalhista Brasileiro (PTB), este último com uma inclinação mais conservadora, liderado por Ivete Vargas. O Partido dos Trabalhadores (PT), por sua vez, nasceu da conjunção de setores independentes do movimento sindical, de movimentos sociopolíticos católicos e de círculos de intelectuais de esquerda.

O pleito de 1982, afetado por um dos vários casuísmos dos militares, obrigou, de um lado, que os partidos apresentassem candidatos para todos os cargos em disputa (o que prejudicou os pequenos partidos em formação) e, de outro, que o eleitor vinculasse o voto em candidatos de um mesmo partido em todos os níveis, de vereador a governador.[1] Um dos efeitos mais visíveis no quadro partidário foi a fusão do PP com o PMDB. A Emenda Constitucional nº 22, de 1982, no entanto, evitou a aplicação da cláusula de desempenho anteriormente definida na Lei Orgânica (5% dos votos válidos na Câmara, com pelo menos 3% em nove unidades da federação), permitindo o funcionamento do PT, do PDT e do PTB e, consequentemente, evitando a volta ao bipartidarismo.[2] De fato, o sistema permanecia como tal em virtude da dominância do PDS e do PMDB, que se assentavam em máquinas políticas organizadas nacionalmente e herdadas do período autoritário, calcadas na polarização em torno do regime. Os pequenos partidos, restritos a alguns estados da federação (região Sudeste e Rio Grande do Sul), à exceção do PT, criaram outro eixo de disputa — o dos partidos de oposição.[3]

Um ano antes da eleição do Congresso Constituinte em 1986, um grupo de parlamentares saiu do principal partido de apoio ao regime militar para formar o Partido da Frente Liberal (PFL) com o intuito de apoiar a candidatura presidencial (eleição indireta) da chapa Tancredo Neves-José Sarney.[4] O sucesso do plano econômico, que conseguiu estabilizar temporariamente a economia,

---

[1] As eleições para presidente só foram restabelecidas pela Emenda Constitucional nº 25, de 1985.
[2] Schmitt, 2000.
[3] Lima Jr., 1993.
[4] Com a doença (e posterior falecimento) de Tancredo, Sarney assumiu a presidência em março de 1985.

foi fundamental para o resultado das eleições em 1986. O PMDB elegeu todos os governadores de estado, à exceção de um, e ocupou 77,6% das cadeiras no Senado. Na Câmara, passou a ser o maior partido, seguido pelo PFL, com quase a metade das cadeiras. O posicionamento do PDS em oposição ao plano tornou-o o grande perdedor das eleições de 1986. Segundo Lima Jr. (1993:55), essa eleição "pode ser ainda vista como parte do ciclo bipartidário — como ato final —, uma vez que é nessa eleição que se configura, finalmente, a derrota do binômio Arena-PDS, com a transferência eleitoral do poder institucionalizado ao PMDB".

Tabela 1
REPRESENTAÇÃO PARTIDÁRIA NA CÂMARA DOS DEPUTADOS*

	Porte do partido				NPE***
	Fortes	Intermediários	Pequenos	Nanicos	
% de representação total nas UFs	mais de 2/3	de 1/3 a 2/3	de 20% a 1/3	até 20%	
% de cadeiras na Câmara	10% ou mais	de 5 a 10%	de 1 a 5%	até 1%	
1982	PDS (49,1%) PMDB (41,8%)		PDT (4,8%) PTB (2,7%) PT (1,7%)		
1986	PMDB (53,4%) PFL (24,2%)	PDS (6,8%)	PDT (4,9%) PTB (3,5%) PT (3,3%)	6 partidos (3,8%)	2,8
1990	PMDB (21,5%) PFL (16,5%)	PDT (9,1%) PDS (8,3%) PRN (8%) PTB e PSDB (7,6%) PT (7%)	PDC (4,4%) PL (3,2%) PSB (2,2%)	8 partidos (4,8%)	8,7
1994	PMDB (20,9%) PFL (17,3%) PSDB (12,1%) PPR (10,1%)	PT (9,6%) PP (7%) PDT (6,6%) PTB (6%)	PSB (2,9%) PL (2,5%) PCdoB (1,9%)	7 partidos (3%)	8,1
1998	PFL (20,5%) PSDB (19,3%) PMDB (16,2%) PPB (11,7%) PT (11,3%)	PTB (6%) PDT (4,9%)	PSB (3,7%) PL (2,3%) PCdoB (1,4%)	8 partidos (2,8%)	7,1
2002	PT (17,7%) PFL (16,4%) PMDB (14,4%) PSDB (13,8%) PPB** (9,6%)	PL (5,1%) PTB (5,1%)	PSB** (4,3%) PDT** (4,1%) PPS** (2,9%) PCdoB** (2,3%)	8 partidos (4,4%)	8,5
2006	PMDB (17,3%) PT (16,2%) PSDB (12,9%) PFL (12,7%) PP (8%)	PSB (5,3%)	PDT (4,7%) PL (4,5%) PTB (4,3%) PPS (4,3%) PV (2,5%) PCdoB (2,5%) PSC (1,8%)	8 partidos (3,1%)	9,3

Fonte: Adaptado de dados obtidos em Nicolau (2004).
Nota: Partidos de centro: PSDB e PMDB; partidos de esquerda: PT, PCdoB, PSB, PDT, PPS, PV e PMN; partidos de direita: PDS, PFL, PPB, PL, PP, Prona, PDC, PSC e PTB.
* Atualmente, para a obtenção do registro de partido político de caráter nacional, é necessário 0,5% dos votos válidos na última eleição para a Câmara dos Deputados, distribuído por um terço dos estados da federação, com no mínimo 0,1% do eleitorado em cada um deles.
** Em 2002, PSB, PDT, PPS e PCdoB alcançaram representação em nove, 12, 10 e 10 UFs, respectivamente.
*** NPE = número efetivo de partidos.

Por outro lado, com a aprovação da Emenda Constitucional nº 25, que liberou a formação de novos partidos, parlamentares mais a esquerda puderam sair do PMDB e fundar siglas comunistas — o PCB e o PCdoB e, adicionalmente, o PSB. Do PDS foram formados ainda duas pequenas siglas de direita, o PDC e o PL.[5] Como resultado, 12 agremiações passaram a ter representação na Câmara dos Deputados em 1986. Todavia, PDT, PTB e PT não ultrapassaram o limiar de 5% da representação e continuaram confinados à região Sudeste; e os outros seis partidos nanicos obtiveram juntos apenas 3,8% das cadeiras, conforme a tabela 1.[6] Outra peculiaridade dessa eleição foi a permissão da formação de alianças eleitorais nas eleições proporcionais. Segundo Lima Jr. (1993), cerca de 62% dos votos foram dados a partidos que concorreram coligados. Em um momento importante de formação das identidades partidárias, as alianças em eleições proporcionais atuaram de forma negativa, porque subsumiram a estratégia de fortalecimento das siglas à tática de maximização de votos.

Em 1988, outro processo de cisão — a fundação do Partido da Social Democracia Brasileira (PSDB) — ajudou a reconfigurar o sistema partidário (o partido nasceu com 7,6% dos parlamentares da Câmara). Entre vários fatores, a saída do PMDB teria sido ocasionada pela discordância quanto ao posicionamento do partido frente a alguns *issues* na Assembleia Nacional Constituinte; especificamente, o aumento de mandato do presidente Sarney e a disputa em torno do sistema de governo.

Em fevereiro de 1989, Fernando Collor, um político com perfil nitidamente antipartidário, funda o PRN com o objetivo de concorrer à primeira eleição direta para presidente[7] desde o golpe de 1964. O segundo lugar na corrida ficou com Luiz Inácio Lula da Silva, também representante de um partido pequeno. As eleições parlamentares do ano seguinte evidenciaram um vertiginoso aumento da fragmentação partidária — ao todo, 19 partidos se fizeram representar na Câmara dos Deputados. Destes, seis conseguiram mais de 5% das cadeiras na Câmara e elegeram representantes em mais de um terço das unidades da federação (categoria intermediários). No final de 1992, após o processo de *impeachment* movido contra Collor devido a acusações de corrupção, assume o governo o vice Itamar Franco.

A percepção da presença de elevado número de partidos com representação parlamentar ensejou, no debate político, a necessidade da adoção de novas regulamentações, como a proibição de coligações e a introdução de uma cláusula de exclusão para as eleições proporcionais, que, no entanto, não foram à frente. Essa expectativa teve como efeito a fusão, em 1993, do PDS com o PDC, dando origem ao Partido Progressista Renovador (PPR). Dois anos depois, o partido fundiu-se com o Partido Populista (PP), originando o Partido Progressista Brasileiro (PPB).[8] Importante frisar que, apesar das várias especificações legais para o registro definitivo, a legislação que prevaleceu até 1995 atuou de forma liberal no que se refere ao acesso dos partidos com registro provisório ao Parlamento e aos recursos políticos.[9]

---

[5] PCB — Partido Comunista Brasileiro, PCdoB — Partido Comunista do Brasil, PSB — Partido Socialista Brasileiro, PDC — Partido Democrata Cristão e PL — Partido Liberal. Ver Fleischer, 2007.

[6] Para simplificar as tendências de evolução do quadro partidário, apresentamos na tabela 1 uma classificação baseada no tamanho relativo dos partidos na Câmara dos Deputados e de sua representatividade nas unidades da federação. Esses critérios foram estabelecidos em Tafner (1997:15). Foram necessários alguns enquadramentos e alterações classificatórias.

[7] A eleição foi "solteira", isto é, isolada de qualquer outra. A partir de 1994, o calendário eleitoral passou a fazer coincidir as eleições para presidente, governadores de estado, deputados federais e estaduais, todos para um mandato de quatro anos. As eleições para o Senado também ocorrem de forma simultânea e renovam, de forma alternada, um terço e dois terços da representação. O mandato dos senadores é de oito anos.

[8] Em 2003, o partido mudou novamente de rótulo e passou a se chamar Partido Progressista (PP).

[9] Nicolau, 1996.

Faremos uma pausa, para na próxima seção analisar o protagonismo do PT e do PSDB nas eleições presidenciais como fator que contribuiu para a estruturação de nosso sistema partidário fragmentado e que, adicionalmente, lhe conferiu inteligibilidade, basicamente por meio da organização e da simplificação da disputa política ao redor de dois blocos. A partir disso, retornaremos à análise da força dos partidos na Câmara e em outros pleitos proporcionais e majoritários. Nesse sentido, defendemos que, a partir de 1994, o sistema partidário começou a se estruturar em torno de quatro partidos "fortes", tal como definido na tabela 1.

O pleito majoritário como fator organizador do sistema partidário fragmentado[10]

A eleição de 1989 foi marcada por grande número de candidaturas presidenciais, dado que em um cenário de grande incerteza os partidos têm grande incentivo em testar sua força eleitoral. A partir de 1994, *a concentração das preferências eleitorais em torno de dois partidos* — o PSDB e o PT — passou a ser a tônica dos alinhamentos eleitorais e de organização do sistema partidário, fato que se estendeu às três eleições seguintes, e possivelmente se estenderá à eleição de 2010. Para se ter uma ideia, considerando o voto no primeiro turno, no qual não há a necessidade do voto estratégico, ou seja, o eleitor pode votar de forma sincera, os dois partidos concentraram 81,3% dos votos em 1994 e 84,8% em 1998, com a reeleição de Fernando Henrique Cardoso. Na eleição de 2002, essa cifra caiu para 69,6%, em parte em virtude da punição eleitoral ao mandato da coalizão PSDB/PFL,[11] com Serra recebendo apenas 23,2% dos votos no primeiro turno. Em 2006, com votações próximas, os dois partidos foram responsáveis por 90,2% do total de votos dados no primeiro turno!

Tabela 2
REPRESENTAÇÃO PARTIDÁRIA EM ELEIÇÕES PRESIDENCIAIS, VOTAÇÃO
EM PRIMEIRO TURNO — 1989-2006

Partidos	Eleições presidenciais – % de votos				
	1989	1994	1998	2002	2006
PMDB	4,7	4,4			
PFL/DEM	0,9				
PSDB	11,5	54,3	53,1	23,2	41,6
PT	17,2	27,0	31,7	46,4	48,6
PP	0,3	2,7			
PDT	16,5	3,2			2,6
PTB	0,6				
PSB				17,9	
PL/PR					
PPS	1,1		11,0	12,0	
Outros	47,2*	8,4	4,2	0,5	7,2

Fontes: Nicolau (2004) e TSE.
* Fernando Collor, eleito presidente em 1989 pelo PRN, obteve 30,7% dos votos no primeiro turno. Outros partidos menores amealharam 16,5% dos votos.

---

[10] Boa parte da argumentação exposta neste capítulo foi inicialmente desenvolvida em Santos (2008).
[11] O PFL mudou de nome em 2007, passando a se chamar Democratas (DEM).

Observa-se que emerge, a partir de 1994, um quadro de estabilidade na competição presidencial. Desde 1989, ano da primeira eleição direta para presidente após 29 anos, o PT é o principal concorrente dos setores à esquerda do espectro político. Na centro-direita, a partir de 1994, o PSDB, aliado ao PFL em 1994 e 1998, tem sido a opção preferencial do eleitorado. O PMDB, um partido que herdou uma máquina partidária estruturada nacionalmente, proveniente do período bipartidário, tem se mostrado com restritas possibilidades de construir uma candidatura presidencial viável. O partido lançou candidatos apenas em 1989 e 1994, quando obteve 4,7% dos votos com Ulysses Guimarães e 4,4% dos votos com Orestes Quércia, respectivamente. De qualquer forma, seu tamanho relativo e seu papel pivotal de partido centrista no Congresso Nacional lhe permite se reproduzir eleitoralmente através da participação em quase todas as coalizões governamentais construídas no período. *O argumento defendido nesta seção é que tais resultados derivam da lógica centrípeta que caracteriza a política brasileira desde a redemocratização.*

A razão pela qual PT e PSDB são os partidos mais bem-sucedidos nas eleições presidenciais é consequência de uma lei básica da política eleitoral em pleitos majoritários: vence a eleição quem conquistar a confiança do eleitor de centro.[12] Por mais complexa que possa parecer a vida política nas sociedades modernas, em essência existe uma e fundamental clivagem em torno da qual se aglutinam as forças políticas de uma nação na ordem capitalista: os atores políticos que se organizam a partir do mundo do trabalho e os atores que se organizam a partir do capital. A replicação dessa clivagem no âmbito das ideias se expressa no famoso *continuum* ideológico direita-esquerda, ao longo do qual se posicionam partidos, líderes, eleitores, grupos de interesse e formadores de opinião. Ora, o ponto aqui não é saber se, por exemplo, o PSDB é, em essência, um partido de centro, centro-direita ou centro-esquerda, mas sim o de se constatar que a partir da década de 1990, com a implantação das reformas orientadas para o mercado no Brasil, esse partido se tornou, em aliança com o PFL, a opção mais competitiva e confiável para o eleitor de inclinação conservadora. O simétrico e inverso dessa proposição é exatamente o fato, menos incontroverso, de ser o PT a opção mais competitiva e confiável do eleitor de esquerda para controlar o governo.

Então, a verdade nua e crua da política brasileira, por mais simplória que possa parecer, é que PT e PSDB têm sido os partidos que, aglutinando votos, respectivamente, à esquerda e à direita do espectro ideológico, se posicionam melhor diante do eleitor de centro, responsável pelo voto de minerva em uma eleição majoritária. Os motivos que levaram a esse resultado são uma discussão à parte. Todavia, pode-se incluir entre eles, pelo lado do PT, o fato de ter se originado nos sindicatos e nos movimentos sociais, de nunca ter adotado uma ideologia oficial, de ter seguido estratégias de organização e mobilização sofisticadas, regras internas rigorosas, recrutamento cuidadoso etc. Pelo lado do PSDB, sem sombra de dúvida, sobressai a enorme capacidade de atrair, desde suas origens, excelentes quadros técnicos e de ter tido uma forte base de apoio em São Paulo. *Como explicar, então, o desempenho do PSDB/DEM, PT e PMDB nas eleições presidenciais?*

Tal como estabelecido na teoria do eleitor mediano, em uma eleição majoritária, isto é, aquela na qual é eleito o competidor que conquistar 50% + 1 dos votos, o candidato vitorioso é aquele que

---

[12] Inúmeras obras na ciência política moderna fazem referência ou se utilizam da teoria do eleitor mediano para analisar eleições, votações nominais no Congresso, organizações de coalizões e composição partidária de ministérios. As obras clássicas são Black (1958) e Downs (1957). Mais recentemente, Cox (1990) publicou excelente análise, aplicando a teoria em contextos institucionais diversos.

obtém apoio em uma das extremidades do espectro político ideológico do eleitorado e a confiança do eleitor colocado no centro desse mesmo *continuum*. Melhor dizendo, o vitorioso é aquele que, partindo do apoio consolidado à esquerda ou à direita, posições em geral menos suscetíveis às idas e vindas da conjuntura, consegue a adesão do eleitor de centro.

Pelo menos duas consequências importantes daí decorrem. Primeira: por óbvio, serão mais competitivos os partidos que tiverem um histórico e uma trajetória bem-consolidados de articulação com os grupos de interesse, *intelligentsia* e movimentos sociais vinculados à esquerda, por um lado, e à direita, por outro. Maiores chances de sucesso estão nas mãos daquele que, mantendo o apoio de sua base tradicional, acena de forma crível para o eleitor de centro. Veja que o eleitor na extremidade, por mais descontente que esteja com a moderação do discurso e a prática de seu candidato "natural", não encontra alternativa a não ser votar nesse mesmo candidato, já que a outra opção é deixar o adversário da extremidade contrária vencer. Segunda: partidos colocados no centro do espectro apresentam menores chances de vitória, uma vez que, para fazer campanha e assim ampliar seu leque de apoio, precisam alcançar os eleitores situados em uma das extremidades. Ao fazê-lo, porém, radicalizam o discurso, criando tensões em seu próprio partido e afugentando, por conseguinte, os eleitores colocados no centro do espectro. Essa situação gera a imagem de um candidato "espremido"[13] na disputa entre dois fortes adversários, que, vindo das extremidades, moderam o discurso e "roubam" seu eleitorado original, já que a este interessará votar em alguém realmente competitivo e que impeça a vitória do adversário mais temido.[14] As duas proposições acima explicam o que tem acontecido na política brasileira desde a transição, especialmente no que se refere às eleições presidenciais, e devem servir de horizonte para quem observa os cenários eleitorais vindouros.[15]

A primeira proposição é de fácil verificação. Basta lembrar que as candidaturas mais fortes ao longo das quatro últimas eleições são justamente o PT, que, aglutinando forças à esquerda do espectro, tem buscado a adesão da classe média e de eleitores sem inclinação ideológica mais consolidada; e o PSDB, que, em coligação com o PFL/DEM, aglutina as forças conservadoras, sobretudo em torno deste último, e parte para a conquista dos eleitores ao centro, especialmente por meio do discurso e do perfil do primeiro. Não custa acrescentar, em apoio ao argumento, que o PSDB perdeu as eleições em 2002 justamente no momento em que a aliança com o PFL se desfez, e o PT concorreu e venceu em 2002 com o PL, um partido de centro-direita, o que forneceu credibilidade à moderação de seu discurso.

A segunda proposição pode ser entendida como o segredo dos sucessivos fracassos do PMDB nas eleições presidenciais. A crônica política costuma creditar à traição pessoal e à falta de caráter político de membros do partido o fato de terem sido abandonadas as candidaturas de Ulysses Guimarães, em 1989, e de Orestes Quércia, em 1994. Contudo, a verdade é que tais candidaturas nasceram e estacionaram no centro do espectro político, sendo por isso mesmo, e seguindo o argu-

---

[13] De novo, Cox (1990) é a melhor referência para uma análise da alternativa de centro "espremida".
[14] Partidos que nascem em uma das extremidades e fazem campanhas radicalizadas não têm como prosperar eleitoralmente. Isso é óbvio, pois, para aumentar seu patrimônio de votos, precisariam moderar o discurso, tornando-se palatáveis para eleitores ao centro do espectro.
[15] Ao mesmo tempo revela por que a tese de viabilidade da "terceira via" é tão frágil, o mesmo ocorrendo com candidatos com plataformas extremistas.

mento da segunda proposição, espremidas por fortes candidaturas vindas das extremidades em direção ao centro. O abandono de correligionários na direção de alternativas não passou de movimento antecipatório e estratégico dos atores políticos em busca de melhor acomodação em um futuro não muito promissor.

A consolidação do sistema político em torno de quatro "partidos fortes"[16]

A partir de 1994, pode-se pressupor a consolidação do sistema partidário na Câmara dos Deputados em torno de cinco grandes partidos — PMDB,[17] PFL, PSDB, PPR/PPB e PT — (o que se estende às três eleições seguintes), segundo a classificação apresentada na tabela 1, sendo considerados grandes aqueles partidos com mais de 10% das cadeiras na Câmara dos Deputados e com representação em mais de dois terços dos estados federados. Esses partidos, juntos, corresponderam em média a cerca de 72% das cadeiras obtidas na Câmara entre 1994 e 2006. Em seguida viriam os partidos de tamanho intermediário — PTB, PDT e PSB. Observe-se que esses partidos, sem posição de protagonismo na cena política, oscilam entre o *status* de partidos intermediários e pequenos a cada eleição para a Câmara dos Deputados. Uma crítica possível a essa abordagem é que a representação parlamentar estaria contaminada pelas distorções do sistema eleitoral. Uma forma complementar de validar essa classificação nos conduz, então, à análise dos resultados dos diversos tipos de pleitos. Para compensar tal fato, apresentamos o desempenho eleitoral dos partidos no Senado, nos governos estaduais (majoritárias e proporcionais) e prefeituras. Desse modo, temos um panorama quase completo da evolução e do nível de competitividade do sistema partidário brasileiro.

Uma rápida olhada na tabela 2 nos dá uma primeira indicação de que o desempenho declinante do PP em alguns pleitos poderá colocá-lo futuramente mais próximo dos partidos de porte intermediário. *Assim, ao que parece, seria mais plausível supor a consolidação do sistema partidário em torno de quatro partidos fortes — PMDB, PT, PSDB e PFL/DEM —* com bom desempenho nos diversos pleitos majoritários e proporcionais. O PP distancia-se desse grupo devido ao seu fraco e declinante desempenho nas eleições majoritárias para governador, prefeitos de capitais e para o Senado. A pergunta referente a que partidos efetivamente ocupariam a classe intermediária ainda não encontra resposta, visto que sua ausência de protagonismo na cena política, como mencionamos, os deixa mais vulneráveis aos resultados das alianças com os parceiros maiores e reféns de questões conjunturais.

---

[16] O argumento sobre a evolução e a estabilização do sistema partidário em torno de quatro partidos relevantes foi primeiramente desenvolvido em Santos e Vilarouca (2004).
[17] O PMDB, desde 1986, assistiu a uma diminuição progressiva e ininterrupta de sua bancada na Câmara, movimento que foi revertido em 2006.

Tabela 3
REPRESENTAÇÃO PARTIDÁRIA EM PLEITOS MAJORITÁRIOS E PARA AS ASSEMBLEIAS LEGISLATIVAS (1994-2006)

Partidos	Anos	Senado (% de cadeiras)	Governadores (Nº)	Assembleias estaduais (% de cadeiras)	Anos	Prefeitos (Nº)	Prefeitos de capitais (Nº)
PMDB	1994	27,2	9	19,6	1996	1.295	5
	1998	33,3	6	16,6	2000	1.257	4
	2002	25,9	5	12,5	2004	1.060	2
	2006	16,0	7	15,6	2008	1.201	6
PFL/DEM	1994	22,2	2	15,1	1996	934	4
	1998	19,8	6	16,2	2000	1.028	3
	2002	23,5	4	11,5	2004	789	1
	2006	24,7	1	11,0	2008	495	1
PSDB	1994	13,6	6	9,1	1996	921	4
	1998	24,7	7	14,5	2000	990	4
	2002	14,8	7	13,1	2004	871	5
	2006	16,0	6	14,6	2008	788	4
PT	1994	6,2	2	8,8	1996	110	2
	1998	8,6	3	8,6	2000	187	6
	2002	16,0	3	13,9	2004	400	9
	2006	14,8	5	11,8	2008	559	6
PP	1994	7,4	3	10,8	1996	625	4
	1998	6,2	2	10,1	2000	618	1
	2002	2,5	0	8,8	2004	449	0
	2006	1,2	1	5,0	2008	554	1
PDT	1994	7,4	2	8,4	1996	436	3
	1998	2,5	1	6,2	2000	288	2
	2002	4,9	1	5,9	2004	306	3
	2006	6,2	2	6,4	2008	351	1
PTB	1994	6,2	1	6,9	1996	382	1
	1998	0,0	0	7,5	2000	398	1
	2002	2,5	0	5,9	2004	423	1
	2006	6,2	0	4,6	2008	412	0
PSB	1994	1,2	2	4,2	1996	150	3
	1998	3,7	2	4,4	2000	133	4
	2002	4,9	4	5,6	2004	175	3
	2006	4,9	3	5,7	2008	313	3

(continua)

Partidos	Anos	Senado (% de cadeiras)	Governadores (Nº)	Assembleias estaduais (% de cadeiras)	Anos	Prefeitos (Nº)	Prefeitos de capitais (Nº)
PL/PR	1994	1,2	0	4,8	1996	222	0
	1998	0,0	0	4,7	2000	234	1
	2002	2,5	0	5,8	2004	383	0
	2006	3,7	0	3,2	2008	383	0
PPS	1994	1,2	0	0,3	1996	33	0
	1998	1,2	0	2,0	2000	166	0
	2002	1,2	2	3,9	2004	306	2
	2006	2,5	2	4,0	2008	130	0
Outros	1994	6,2	0	12,0	1996	895	0
	1998	0,0	0	9,2	2000	260	0
	2002	1,2	1	13,1	2004	398	0
	2006	3,8	0	18,1	2008	369	2

Fontes: Nicolau (2004) e TSE.

Portanto, o argumento esboçado até aqui pode ser resumido da seguinte forma: a) o pleito majoritário, através da disputa nas eleições presidenciais entre PT e PSDB, vem atuando como fator estruturante do sistema partidário; b) ambos os partidos, vindos da extremidade e avançando sobre o eleitor de centro, vêm limitando a capacidade do PMDB de lançar candidatos presidenciais competitivos; c) tal fato não impede que o PMDB, herdeiro de uma máquina montada nacionalmente no período bipartidário, e o PFL/DEM, através de alianças com o PSDB, apresentem bom desempenho em outros tipos de pleitos; d) desta feita, o sistema partidário vem se organizando em torno de quatro partidos fortes, conforme os critérios que defini anteriormente; e) não obstante, os outros partidos, intermediários e pequenos, por não serem as opções preferenciais à esquerda e à direita (exemplo do PP) do espectro ideológico, têm sua competitividade afetada por alianças com parceiros maiores e por questões conjunturais. Por exemplo, as acusações de corrupção que pesaram sobre o PT no primeiro mandato de Lula podem ter favorecido a migração de votos para outros partidos de esquerda, fato observável pelo aumento do número efetivo de partidos na Câmara. O mesmo pode ser dito do PL, que aumentou sua força eleitoral graças à aliança nacional com o PT.

Evidências da institucionalização do sistema partidário

O leitor pode argumentar que, apesar do que defendemos até aqui — *o quase monopólio das eleições presidenciais por dois partidos e a consolidação do sistema partidário em torno de quatro partidos fortes* —, há um exagerado número de partidos políticos com representação parlamentar. A questão pode ser respondida com base em uma hipótese: a alta fragmentação significa baixa institucionalização do sistema partidário? Vejamos o que tem ocorrido no Brasil no que toca à competição partidária desde a redemocratização. Realmente, a cada eleição, desde 1990, cerca de 19 partidos elegem representantes para a Câmara dos Deputados, o que nos deixa com um índice de fragmentação partidária na Câmara de 0,88.

A magnitude do índice tem levado vários analistas a concluir pela baixa institucionalização do sistema. Não obstante, o índice *per se* não nos dá qualquer informação substancial, considerando nossa análise anterior sobre a consolidação e a estabilização do sistema em torno de quatro partidos "fortes" desde 1994. Por outro lado, em termos comparativos, o *índice de fragmentação partidária* não é significativamente diferente de outros países, mesmo de democracias consolidadas como a Dinamarca, a Finlândia e a Suíça, conforme dados da tabela 4.

Tabela 4
FRAGMENTAÇÃO PARTIDÁRIA, PAÍSES SELECIONADOS

Democracias em consolidação				Democracias consolidadas	
América do Sul		Centro e Leste europeus			
Peru	0,77	Rep. Tcheca	0,74	Grécia	0,54
Chile	0,82	Polônia	0,77	Chipre	0,73
Colômbia	0,86	Estônia	0,79	Dinamarca	0,80
Equador	0,87	Letônia	0,80	Finlândia	0,80
Brasil	**0,88**	Eslovênia	0,80	Suíça	0,80
		Eslováquia	0,84		

Nota: Fragmentação da Câmara Baixa; países com sistema eleitoral proporcional de lista aberta.

Gráfico 1
VOLATILIDADE ELEITORAL — ÍNDICE DE VOLATILIDADE ELEITORAL DOS PARTIDOS
CÂMARA DOS DEPUTADOS, 1986-2002

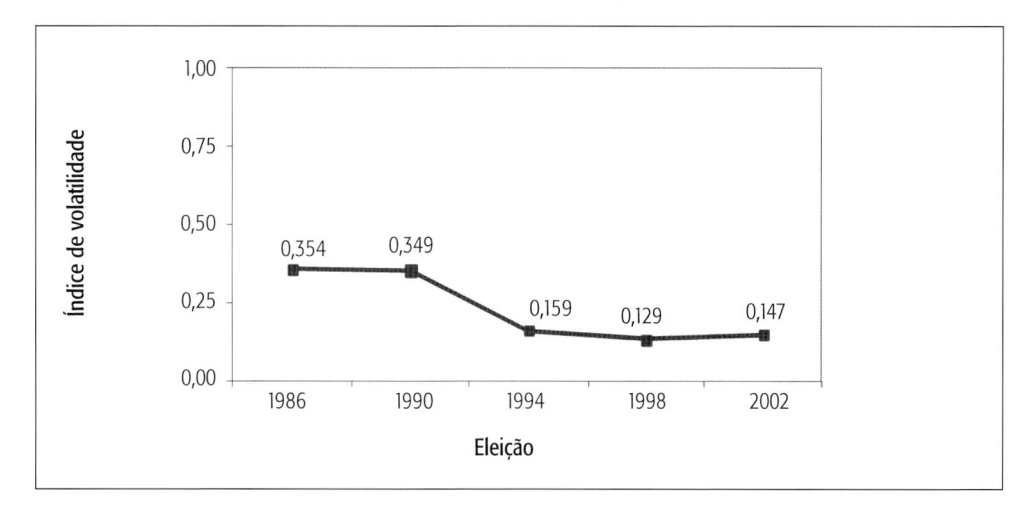

Tomando como unidade de análise o voto, ao contrário do que fizemos nas seções anteriores com a análise dos cargos majoritários e proporcionais, pode-se observar que as últimas três eleições proporcionais foram caracterizadas pela estabilidade do sistema partidário. O último grande realinhamento eleitoral ocorreu na eleição de 1990, quando o PMDB perdeu mais da metade dos votos recebidos na eleição anterior (redução de 48% para 19%). A conquista da presidência pelo PSDB (1994 e 1998) e pelo PT (2002 e 2006) esteve associada a ganhos nas eleições proporcionais — mas estes foram modestos (cerca de cinco pontos percentuais). Utilizando-se um índice simples para medir a estabilidade, como o índice de volatilidade eleitoral,[18] percebe-se que a média entre 1994 e 2002 foi igual a 0,15.

Para se ter uma ideia do significado de índices de volatilidade em torno de 0,15, observe-se a tabela 5, que apresenta algumas evidências comparadas. Entre os países que adotam sistemas eleitorais semelhantes ao brasileiro, apenas o sistema partidário chileno, na América Latina, demonstrou mais estabilidade do que o que vem ocorrendo no Brasil. Na Europa central e oriental, nenhum país apresentou índices de volatilidade médios menores, e entre as chamadas "democracias consolidadas", Dinamarca e Suíça não estão tão distantes. Esses números não devem ser subestimados: um dos principais indicadores utilizados por analistas que identificam o caso brasileiro como o de "subdesenvolvimento partidário" é justamente o de volatilidade eleitoral, como se a fragmentação excessiva revelasse um cenário de confusão partidária e não simplesmente um contexto de pluralismo político, natural em um país de dimensões continentais[19] e que passou por rápidas e importantes transformações econômicas, sociais e políticas.

Tabela 5
VOLATILIDADE ELEITORAL, PAÍSES SELECIONADOS

Democracias em consolidação				Democracias consolidadas	
América do Sul		Centro e Leste europeu			
Chile	0,10	Rep. Tcheca	0,23	Grécia	0,08
Brasil	**0,15**	Eslovênia	0,32	Chipre	0,08
Colômbia	0,22	Eslováquia	0,33	Finlândia	0,09
Equador	0,32	Polônia	0,35	Dinamarca	0,11
Peru	0,44	Estônia	0,43	Suíça	0,12
		Letônia	0,48		

Nota: Volatilidade média das três últimas eleições para a Câmara Baixa; países com sistema eleitoral proporcional de lista aberta.

Ora, o que a estabilidade revela enquanto processo político de mais longo curso? O ocorrido é que as agremiações têm deitado raiz na opinião política dos brasileiros. O que vem ocorrendo *ao longo do tempo é uma maior nitidez do quadro partidário*, com as opções à disposição do eleitorado definindo de maneira mais precisa seu posicionamento no espectro ideológico, seus principais aliados, bem como principais adversários. Sondagens feitas pelos principais institutos de pesquisa de opinião revelam que nada menos do que 46% dos respondentes manifestaram simpatia ou identificação com algum partido — número acima da média mundial e de diversos países chamados de "democracias maduras" ou exemplares. O eleitor, aliás, tem respondido aos movimentos das elites políticas de maneira perfeitamente racional, *votando, por exemplo, de forma sincera na disputa proporcional para a Câmara e de maneira estratégica nas disputas majoritárias para o Executivo*. O gráfico 2 ilustra bem o modo pelo qual ao longo do tempo, e tal como pre-

---

[18] O índice de volatilidade assume valores no intervalo (0,1), representando 0 (zero) a situação hipotética em que a votação de cada partido é igual à da última eleição, e 1 (um) a situação em que todos os votos são dados a partidos que não disputaram a última eleição.

[19] Além disso, tal como bem evidenciado por Lima Jr. (1983), o contexto federativo induz à existência de diferentes subsistemas partidários nos estados, o que significa força e ritmos diferenciados de crescimento dos partidos. Ou seja, um partido forte em um estado ou região pode ser inexistente em outro.

visto pelo modelo Duverger-Rae,[20] preferências eleitorais e regras acabam definindo o perfil do sistema partidário.

A disputa para o Executivo sempre foi menos fragmentada do que para o Legislativo. Mas não só isso — essa distância foi significativamente menor na primeira eleição direta para presidente desde o golpe militar de 1964. Em 1989, quando Fernando Collor se elegeu, a fragmentação partidária nas eleições foi praticamente idêntica à do ano seguinte, de eleições para a Câmara dos Deputados. À medida que o tempo passa, os blocos competitivos para eleições majoritárias se encontram mais bem-definidos e, por conta dos efeitos psicológicos e mecânicos dessa fórmula eleitoral, a fragmentação se vê drasticamente reduzida. A partir de 1994, a fragmentação é função da maior (2002) ou menor (1998 e 2006) competitividade do próprio pleito.

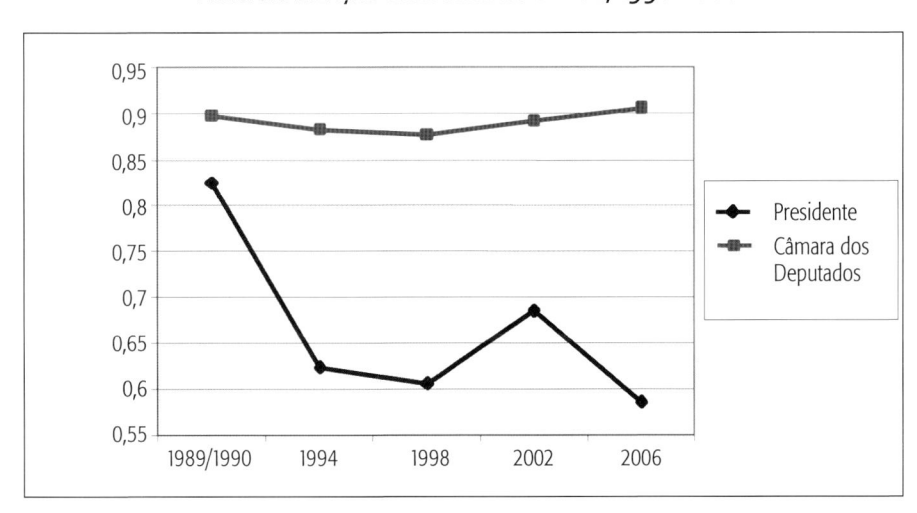

Gráfico 2
FRACIONALIZAÇÃO ELEITORAL NO BRASIL, 1990-2006

Partidos e a estabilização de preferências no eleitorado

Como vimos, os dados sobre volatilidade eleitoral apresentam indicadores estáveis desde 1994 e, adicionalmente, não destoam do padrão encontrado em outros países. Todavia, como os dados são agregados, pode-se duvidar se os resultados não ocorrem ao acaso, de forma aleatória. Uma forma indireta de contornar esse problema é analisando as taxas de identificação dos eleitores com os partidos políticos. Segundo Carreirão e Kinzo (2004), nos diversos *surveys* realizados entre 1989 e 2002, cerca de 46% dos eleitores brasileiros, em média (com variação entre 41% a

---

[20] A formulação inicial da teoria surgiu com Maurice Duverger (1958). Segundo esta, os sistemas eleitorais majoritários tendem a gerar sistemas bipartidários, e os sistemas proporcionais tendem a gerar sistemas multipartidários. Um pouco mais tarde, Douglas Rae (1967) propôs uma formalização ligeiramente distinta, mas que, de fato, amplia a capacidade explicativa da teoria. Essencialmente, a proposição básica do modelo de Duverger e Rae pode assim ser estabelecida: "O sistema partidário de um país democrático, entendido como o conjunto de partidos que compõem determinado sistema de competição pelo voto, assim como a distribuição da força destes nos órgãos representativos e governamentais são resultado, em primeiro lugar, das preferências dos eleitores e, em segundo, da lei eleitoral, sendo que os sistemas majoritários tendem a diminuir os partidos relevantes e os sistemas proporcionais permitem expressão mais fidedigna da dispersão das preferências existentes entre os eleitores".

54%), se identificavam com algum partido. Retrucando à parte da literatura que aponta que as preferências seriam transitórias e reféns do contexto eleitoral, os autores verificaram, ao longo do período, variações lentas das preferências pelos partidos, com a exceção dos anos de 1989 e 1990, quando emergiu o candidato *outsider* à presidência, Fernando Collor. Tais evidências corroboram a cronologia de estabilidade, a partir de 1994, que estamos defendendo. Com base na análise dos diversos *surveys*, Carreirão e Kinzo (2004:13) afirmam: "Ainda que não se registrem altas taxas de preferência partidária, há um grau razoável de estabilidade dessas preferências, com variações que não são bruscas".

Todavia, devemos nos perguntar o que significam taxas de identificação partidária altas? Na tabela 6, pode-se observar que o Brasil apresenta, no período 1989-2002, média semelhante à encontrada no Reino Unido e superior à apresentada pela Alemanha, tradicionalmente considerada o modelo de sistema partidário institucionalizado. Segundo Klein (2007), que salienta não haver relação entre o tipo de sistema eleitoral — majoritário, misto ou proporcional — e os níveis de identificação partidária encontrados, a média internacional fica em torno de 45%.

Tabela 6
IDENTIFICAÇÃO PARTIDÁRIA, PAÍSES SELECIONADOS

Democracias em consolidação		Democracias consolidadas	
Polônia	52	Austrália	83
Rep. Tcheca	49	Estados Unidos	54
Brasil (1989-2002)	**46**	Dinamarca	50
Peru	23	Reino Unido	46
Eslovênia	22	Suíça	37
		Alemanha	37

Fonte: Klein, 2007.

Não obstante, para avaliar a coerência do sistema partidário, é preciso verificar se a identificação partidária é indutora da decisão eleitoral. Para dar esse passo, analisaremos algumas evidências, ainda que parciais, provenientes das eleições de 2002 e 2006. A tabela 7 indica *a relação entre preferência partidária e intenção de voto* no candidato vitorioso na última eleição presidencial, Luiz Inácio Lula da Silva, do Partido dos Trabalhadores (PT). O resultado é bastante contundente, tanto na pesquisa espontânea, quanto na estimulada. Em 2006, 84% dos que diziam ter simpatia pelo PT afirmavam que votariam em Lula. No segundo conjunto, isto é, na pergunta estimulada, o valor foi de 91%. Mas as informações não devem ser lidas apenas pela ótica do apoio dado a Lula por simpatizantes de seu próprio partido, pois a análise inversa também revela consistência no comportamento agregado do eleitorado. Tanto na eleição de 2002 quanto na de 2006,[21] nos dois conjuntos de perguntas, os que menos indicaram intenção de votar em Lula foram aqueles que afirmavam ter simpatia pelos principais partidos de oposição ao PT desde 1994.

---

[21] O padrão detectado em 2002 é muito semelhante ao apresentado na eleição de 2006, o que denota um quadro de impressionante estabilidade. Pela semelhança no padrão, resolvemos omitir os dados relativos a 2002.

Tabela 7
INTENÇÃO DE VOTO EM LULA E PREFERÊNCIA PARTIDÁRIA (2006)

	Intenção de voto	
	Espontânea (%)	Estimulada (%)
Total	40	49
PT	84	91
PMDB	32	37
PFL	24	33
PSDB	18	20
PDT	36	35
PP	24	46
Outros	43	45
Nenhum	32	44

Fonte: Datafolha, 22 set. 2006.

Até o momento, nada de mais impressionante foi visto no que tange ao comportamento eleitoral. Apenas algo singelo, embora objeto de ceticismo e dúvida em análises mais pessimistas da política brasileira — preferência partidária é variável relevante para explicar a decisão do voto. Mas o que é preferência partidária? Segundo a teoria do voto retrospectivo, a IP (identificação partidária) não resulta de um processo de interiorização sociológica de valores, iniciado na infância, definido pela ecologia na qual o indivíduo é socializado e impermeável a eventos políticos relevantes experimentados ao longo da vida. A melhor conceituação de IP supõe a importância das informações políticas absorvidas pelo indivíduo em seu processo de amadurecimento, por isso, a vida familiar e o meio social são relevantes, mas inclui-se também como parâmetro essencial a própria avaliação do indivíduo a respeito da evolução de seu bem-estar, opiniões sobre eventos fundamentais da vida política e a associação feita entre esses itens e as decisões dos governantes. Em outras palavras, a IP é um amálgama de experiências políticas passadas, expostas, porém, a permanente reavaliação.[22]

A eleição de 2002 pode nos fornecer um bom exemplo da lógica do voto retrospectivo. Sabe-se que um partido como PT foi criado e organizado em torno dos sindicatos e sempre se identificou como força voltada para os interesses dos trabalhadores. Natural, portanto, perceber que, em eleições nas quais o *issue* trabalho passasse a ditar a agenda da disputa, candidatos vinculados a essa agremiação se tornassem os mais bem-posicionados. Pois bem, segundo Almeida (2006), entre 1998 e 2002, os eleitores identificavam como "o maior problema do Brasil": desemprego (37%), violência e segurança (13%), inflação (10%), fome, pobreza e miséria (9%) e outros (31%). Na tabela 8, pode-se observar a avaliação do mesmo eleitor sobre a capacidade dos dois principais candidatos da

---

[22] A teoria segundo a qual em uma democracia o eleitor vota retrospectivamente, observando resultados presentes de ações passadas, ações associadas a decisões do governo em exercício, foi inicialmente formulada por V. O. Key Jr. (1966). O enquadramento da teoria na perspectiva da racionalidade do eleitor foi sugerido por Morris Fiorina (1982) em trabalho clássico sobre o comportamento eleitoral dos norte-americanos em pleitos nacionais. A proposição fundamental do autor pode ser estabelecida da seguinte maneira: "a decisão de voto resulta de um acompanhamento feito pelo eleitor de promessas e realizações de candidatos e partidos, condensa esse acompanhamento em algo que se pode definir como simpatia partidária e se apoia nesse conjunto de experiências passadas quando imputa responsabilidade pelas condições sociais correntes e quando avalia plataformas para lidar com futuros incertos".

contenda de 2002 — Lula, de oposição, pelo PT e José Serra, do governo, pelo PSDB — em lidar com alguns dos temas.

Tabela 8
"QUE CANDIDATO MAIS..." (2002)

	Lula	Serra	Outros
defende a geração de empregos	76%	16%	8%
evita greves e bagunça	33%	39%	28%

Fonte: Almeida, 2006.

O que se depreende da leitura dos dados? Muito claramente, o eleitor identificou a questão do emprego como o principal item da agenda a ser tratado pelo governo. Note-se que a inflação não deixava de ser tema relevante, o que explica a cautela com que Lula tratou o problema da estabilidade econômica durante a campanha de 2002, em sua tentativa de agregar apoio em direção ao eleitor mediano. Violência e pobreza foram os outros itens mais citados. A tabela 8 revela o motivo da enorme vantagem do candidato do PT sobre seu adversário: nada menos do que 76% dos respondentes disseram que Lula tinha melhores propostas para o item emprego, contra 16% de Serra. Contrariamente, no que concerne ao tema ordem social (de alguma maneira, relacionado ao *issue* segurança), a vantagem foi de Serra.

De todo modo, o que as tabelas mostram é um cenário basicamente prospectivo — dois candidatos prometendo políticas para um futuro mandato, sem que nenhum dos dois pudesse utilizar o desempenho no cargo como demonstração de sua competência para lidar com os problemas centrais a afligir o eleitor. Como este reage às propostas? De forma coerente com o postulado da teoria do eleitor retrospectivo. As informações da campanha foram filtradas pela experiência acumulada no passado. Sendo o emprego o tema principal, nada mais natural do que imaginar o candidato de um partido ligado ao mundo do trabalho como mais bem-capacitado para enfrentá-lo. Inversa e simetricamente, a avaliação ruim feita pelo eleitor a respeito do desempenho do governo nessa área foi transferida para o candidato que representava a situação. Isto é, mesmo nos momentos em que não há memória segura a partir da qual as informações políticas possam ser interpretadas, o eleitor recorre a pistas, como identificação partidária e dicotomia governo *versus* oposição, como recurso para calçar sua decisão de voto.

Considerações finais

O eixo central deste capítulo baseia-se no argumento de que a força centrípeta do sistema majoritário presidencial expresso na disputa bipolar entre PSDB/DEM e PT vem ajudando a estruturar e a dar inteligibilidade a um sistema partidário baseado em elevado número de partidos. O sucesso do movimento ao centro dos dois partidos ajuda a explicar a incapacidade do maior partido brasileiro, o PMDB, de viabilizar candidaturas presidenciais competitivas. Com base nessa perspectiva, pudemos mostrar evidências de que o sistema partidário vem se organizando em torno de quatro partidos relevantes. Os outros partidos, por não serem as opções mais viáveis tanto à esquerda quanto à direita, assumem o papel de mero coadjuvantes, ficando reféns das estratégias dos partidos maiores e, em certo sentido, sua força relativa torna-se mais vulnerável às vicissitudes da conjuntura. Complementarmente, demonstramos que o índice de volatilidade eleitoral é baixo e estável desde a primeira eleição em que se enfrentaram o PSDB e o PT. Por fim, apresentamos evidências de que os cidadãos se identificam em algum grau com os partidos políticos e, passo não menos importante, utilizam o rótulo partidário em alguma medida como base da decisão de voto.

O sistema, portanto, não é caótico, nem o comportamento de elites e eleitores é aleatório. Vale observar que nossa argumentação tem contrapartida em estudos anteriores que focam a análise no comportamento partidário no Legislativo. Por exemplo, as lideranças de PT e PSDB/DEM quase sempre se encontram em lados contrapostos nas votações no Congresso. Mesmo quando se considera o fenômeno da migração partidária, pode-se observar que as elites se movimentam basicamente em blocos ideológicos afins. Há, pois, sinais de coerência partidária e ideológica em vários âmbitos do sistema político.

Para saber mais, é preciso ler

ALMEIDA, Alberto Carlos. *Por que Lula? O contexto e as estratégias políticas que explicam a eleição e a crise.* Rio de Janeiro: Record, 2006.

AMES, Barry. *The deadlock of democracy in Brazil.* Ann Arbor: University of Michigan Press, 2001.

BLACK, Duncan. *The theory of committees and elections.* New York: Cambridge University Press, 1958.

CARREIRÃO, Yan de Souza; KINZO, Maria D'Alva G. Partidos políticos, preferência partidária e decisão eleitoral no Brasil (1989-2002). *Dados,* v. 47, n. 1, p. 131-167, 2004.

COX, Gary W. Centripetal and centrifugal incentives in electoral systems. *American Journal of Political Science,* v. 34, p. 903-935, 1990.

DOWNS, Anthony. *An economic theory of democracy.* New York: Harper Collins, 1957.

DUVERGER, Maurice. *Les partis politiques.* Paris: Armand Colin, 1958.

FIGUEIREDO, A.; LIMONGI, F. *Executivo e Legislativo na nova ordem constitucional.* Rio de Janeiro: FGV; São Paulo: Fapesp, 1999.

FIORINA, P. Morris. *Retrospective voting in American national elections.* New Haven: Yale University Press, 1982.

FLEISCHER, David. Os partidos políticos. In: AVELAR, Lucia; CINTRA, Antônio Octávio (Orgs.). *Sistema político brasileiro:* uma introdução. Rio de Janeiro: Konrad Adenauer; São Paulo: Unesp, 2007.

GEDDES, Barbara. *Politician's dilemma:* building State capacity in Latin America. Berkeley: University of California Press, 1994.

KEY JR., V. O. *The responsible electorate.* New York: Vintage, 1966.

KLEIN, Christian. *O desafio à reforma política:* consequências dos sistemas eleitorais de lista aberta e fechada. Porto Alegre: Mauad, 2007.

LIMA JR., Olavo B. *Partidos políticos brasileiros* — 1945/1964. Rio de Janeiro: Graal, 1983.

———. *Democracia e instituições políticas no Brasil nos anos 80.* São Paulo: Loyola, 1993.

MAINWARING, Scott. Multipartism, robust federalism, and presidentialism in Brazil. In: MAINWARING, S.; SHUGART, Matthew (Eds.). *Presidentialism and democracy in Latin America.* New York: Cambridge University Press, 1997. p. 55-109.

———. *Rethinking party systems in the third wave of democratization:* the case of Brazil. Stanford: Stanford University Press, 1999.

NICOLAU, Jairo M. *Multipartidarismo e democracia.* Rio de Janeiro: FGV, 1996.

——— (Org.). *Dados eleitorais do Brasil (1982-2002).* Disponível em: <www.iuperj.br/ deb/port/Cap3/Cap3_Senado.htm>. Acesso em: abr. 2004.

———; PEIXOTO, Vitor. Bases municipais da votação em Lula em 2006. In: VELLOSO, João Paulo dos Reis (Coord.). *Quem elegeu Lula?* fev. 2007. (Cadernos do Fórum Nacional, 6).

RAE, Douglas. *Political consequences of electoral laws.* New Haven: Yale University Press, 1967.

SAMUELS, David. *Ambition, federalism, and legislative politics in Brazil.* New York: Cambridge University Press, 2003.

SANTOS, Fabiano. Três teses equivocadas sobre a política eleitoral brasileira. In: ITUASSU, Arthur; ALMEIDA, Rodrigo de (Orgs.). *O Brasil tem jeito?* Rio de Janeiro: Jorge Zahar, 2007.

———. Brazilian democracy and the power of "old theories" of party competition. *Brazilian Political Science Review,* v. 2, n. 1, p. 57-76, 2008.

———; VILAROUCA, Márcio. Panorama de las instituciones democráticas en Brazil bajo la égida de la Constitución de 1988. In: HOFMEISTER, Wilhelm (Comp.). *Reformas políticas en América Latina.* Rio de Janeiro: s. ed., 2004. p. 103-137.

———; ———. From FHC to Lula: changes and continuity in political institutions and its impacts upon the political reform debate. In: CONGRESS OF THE LATIN AMERICAN STUDIES ASSOCIATION, 26., 2006, San Juan. *Anales...* San Juan, Puerto Rico: Lasa, 2006.

SCHMITT, Rogério. *Partidos políticos no Brasil (1945-2000).* Rio de Janeiro: Jorge Zahar, 2000. (Série Descobrindo o Brasil).

TAFNER, Paulo. *Proporcionalidades e exclusão no sistema político-eleitoral brasileiro.* 1997. Dissertação (Mestrado) — Iuperj, Rio de Janeiro, 1997.

8 O sistema eleitoral brasileiro

Alzira Alves de Abreu
Juliana Gagliardi de Araujo

A cidadania é constituída pelo direito de participar do poder político. A Constituição de 1988 garante ao cidadão o direito de votar e ser votado, de participar de um partido político. Esses são os direitos políticos que permitem a participação dos cidadãos nos assuntos da comunidade. Para que os cidadãos possam exercê-los é necessária a criação de um conjunto de regras — desde a regulamentação do alistamento eleitoral até a distribuição de cargos políticos —, ou seja, a existência de uma legislação eleitoral.

O sistema eleitoral, de acordo com a definição de Jairo Nicolau (2007:293), "é o conjunto de regras que definem como, em uma determinada eleição, os eleitores podem fazer as suas escolhas e como os votos são somados para serem transformados em mandatos (cadeiras do Legislativo ou chefia do Executivo)".

O sistema eleitoral distingue-se da representação política, como indica Tavares (1994:33). Segundo o autor, representação política "é uma relação entre o conjunto dos cidadãos que integram uma comunidade política nacional e os seus representantes", estes autorizados por aqueles a tomarem decisões. Já "os sistemas eleitorais são construções institucionais políticas e estrategicamente concebidas, e tecnicamente realizadas, para viabilizar e sancionar a representação política". A legislação eleitoral torna-se, assim, um instrumento dos mais importantes nas democracias representativas para viabilizar o processo eleitoral.

No Brasil, o Tribunal Superior Eleitoral (TSE) é o órgão de cúpula da justiça eleitoral. Por isso, essa é a instituição que, baseada em leis eleitorais, organiza a edição do Código Eleitoral, compilação de normas que regulamentam as eleições para cargos políticos, assegurando assim a "organização e o exercício dos direitos políticos" de votar e ser votado (art. 1º do Código Eleitoral). Até o presente momento, o Brasil já teve cinco códigos eleitorais — de 1932, 1935, 1945, 1950 e 1965. A edição hoje em vigor é fiel à Lei nº 4.737, de 1965, embora tenha passado por inúmeras modificações e atualizações.

O caminho percorrido até chegar à Constituição de 1988

Eleições na Primeira República

Após a proclamação da República em 1889, o governo republicano eliminou o voto censitário (ou "censo pecuniário"), materializado na exigência de renda anual para que se atingisse a posição de eleitor ou de candidato a cargos eletivos, tal como ocorria no Império. Entretanto, manteve a proibição do voto dos analfabetos, embora os cidadãos já alistados na legislação anterior continuassem incluídos no processo. O alistamento eleitoral e o voto não eram obrigatórios, mas as eleições se tornaram o caminho para o ingresso nos principais postos de poder do país. Os homens podiam votar a partir de 21 anos de idade e, no caso de serem casados, oficiais militares, bacharéis, doutores ou clérigos, eram eleitores independentemente da idade.

Para a escolha do presidente e do vice-presidente, passaram a ser realizados dois pleitos distintos, sendo eleitos aqueles que obtivessem a maioria absoluta dos votos. Em caso de empate, o Congresso ficava responsável por definir, por maioria dos votos presentes, qual dos mais votados assumiria o cargo, embora isso não tenha ocorrido durante a Primeira República. A primeira Constituição Republicana (1891), que definiu o presidencialismo como sistema de governo, informava também que tanto o presidente quanto o vice-presidente seriam "eleitos por sufrágio direto da Nação e maioria absoluta de votos". O pleito deveria ocorrer no dia 1º de março do último ano do período presidencial a ser substituído e o mandato era de quatro anos, sem possibilidade de reeleição imediata. A apuração dos votos era realizada na capital federal e nas capitais dos estados.

Nas eleições para o Senado, o critério para a vitória era a maioria simples. Cada estado poderia eleger três senadores para um mandato de nove anos, sendo um terço dos ocupantes da Casa renovado a cada três anos. Para a Câmara dos Deputados, a eleição seria direta e proporcional (como forma de garantir a representação também da minoria). Depois da Constituição de 1891, os estados foram divididos em distritos eleitorais — cada estado podendo ter mais de um distrito, e cada distrito englobando diferentes municípios —, que elegeriam, cada um, três deputados. O eleitor deveria, então, votar em um número equivalente a dois terços do total de candidatos do distrito.[1] O mandato, nesse caso, era de três anos. As eleições para a Câmara e para o Senado ocorriam simultaneamente, e cada estado tinha autonomia na organização do processo eleitoral para o Legislativo e para os governos estaduais.

Em 1904, o número de representantes por distrito passou para cinco, sendo permitido ao eleitor votar em quatro nomes, inclusive votar quatro vezes no mesmo candidato. Depois da apuração nas mesas eleitorais, a última apuração se dava no município-sede dos distritos.

Em 1916, houve alterações na qualificação dos eleitores. Passou a ser exigido o reconhecimento da firma e a comprovação de idade do cidadão, além de capacidade de subsistência, residência no município por mais de dois meses e capacidade de ler e escrever. Já os candidatos não enfrentavam exigências prévias de registro ou de filiação a algum partido político. Os eleitores podiam votar em quaisquer nomes.[2]

---

[1] Nicolau, 2002:31.
[2] Ibid., p. 30.

Apesar dos poucos dados existentes sobre o número de eleitores inscritos e presentes nos pleitos nas primeiras décadas da Primeira República, pode-se dizer que as taxas de comparecimento eram baixas.[3]

Eleições entre a Revolução de 1930 e o golpe de 1964

Após a Revolução de 1930 foi criado o primeiro Código Eleitoral do Brasil. Conforme lembra Jairo Nicolau (2002), o Código Eleitoral de 1932 trouxe diversas novidades: a extensão do direito de voto às mulheres; sanções, estabelecidas pela primeira vez, para o eleitor que não se alistasse (exceto no caso de mulheres e de maiores de 60 anos); uso de um envelope para envolver o voto antes de colocá-lo na urna, o que deveria ser feito num local separado da mesa, em que o eleitor introduzisse o voto no envelope sem que outros pudessem ver (voto secreto); adoção de um novo sistema eleitoral para as eleições para a Câmara dos Deputados, combinando os sistemas proporcional e majoritário (sistema misto); e exigência de registro dos candidatos no TRE antes do pleito.[4]

Além dessas modificações, foi criada a justiça eleitoral, que passou a ser responsável pela organização do alistamento, das eleições, da apuração, e pelo reconhecimento e proclamação dos eleitos. Cada município era composto de seções eleitorais, cada uma com até 400 eleitores. As urnas de cada seção eram lacradas e enviadas pelo correio ao TRE, onde ocorria a apuração.

A Constituição de 1934 estabeleceu o sistema proporcional nas eleições para a Câmara dos Deputados. A idade mínima dos eleitores foi reduzida de 21 para 18 anos e o alistamento e o voto passaram a ser obrigatórios para homens e mulheres que exercessem funções públicas remuneradas.

O golpe de Getúlio Vargas, em 1937, iniciou o período conhecido como Estado Novo. O governo instituiu a Constituição de 1937, conhecida como "polaca", que, além de extinguir os partidos políticos existentes, extinguiu a justiça eleitoral e estabeleceu eleições indiretas para a presidência, com um mandato que passava a durar seis anos. O Congresso Nacional foi, então, fechado e as eleições livres foram suspensas. Como as últimas haviam ocorrido em 1934, pode-se dizer que só voltaram a ser realizadas 11 anos depois. Entre 1937 e 1945 esteve interrompida a experiência democrática.

Em 1945, o Decreto-Lei nº 7.586, conhecido como Lei Agamenon, restabeleceu a justiça eleitoral no país e tornou o alistamento obrigatório, inclusive para todas as mulheres, sob pena de multa. As eleições para presidente, senadores e deputados federais constituintes foram convocadas para dezembro e, em 1946, tomou posse o novo presidente, o general Dutra. Com a promulgação da Constituição de 1946, o presidente e o vice-presidente passaram a ser eleitos por maioria simples em pleitos diferentes, o que permitia eleger um candidato situacionista para presidente e um oposicionista para vice-presidente, para um mandato de cinco anos, sendo descartada a possibilidade de reeleição imediata. Para o Senado, seriam eleitos três representantes por estado, por maioria simples, com mandatos de oito anos. Essas cadeiras eram renovadas a cada quatro anos, alternadamente por um terço e dois terços. O mandato para a Câmara era de quatro anos, e os dos governadores variavam entre quatro e cinco anos, conforme sugerissem.

---

[3] Nicolau, 2002:35.
[4] Ibid.

Em 1950, novo Código Eleitoral alterou a regra de distribuição das cadeiras entre os partidos na Câmara dos Deputados. O procedimento adotado vigora até os dias atuais.[5] Conforme explica Jairo Nicolau (2002:49-50), o procedimento passou a ser o seguinte:

1. Divide-se o total de votos válidos pelo total de cadeiras, encontrando-se o quociente eleitoral.
2. Os partidos que atingirem o quociente participam da distribuição de cadeiras.
3. O total de votos por partido é dividido pelo quociente para definir o número de cadeiras obtidas.
4. Depois da distribuição, se sobram cadeiras, faz-se o seguinte: o total de votos de cada partido é dividido pelo número de cadeiras que ele elegeu mais um.
5. Os partidos com maiores médias nessas contas elegem as cadeiras restantes.
6. As cadeiras obtidas pelos partidos são dadas aos candidatos mais votados.

Do regime militar à redemocratização brasileira

O regime militar instituído em 1964, após a deposição do presidente João Goulart, decretou eleições indiretas para a presidência da República (situação que prevaleceu até 1989) e aplicou uma série de restrições às eleições de governadores e prefeitos. Somente as eleições para a Câmara dos Deputados e as câmaras municipais foram mantidas diretas e proporcionais.

O Ato Institucional nº 2, de 1965, extinguiu todos os partidos políticos então existentes, e o Ato Complementar nº 4 determinou a criação dos dois únicos partidos permitidos: a Aliança Renovadora Nacional (Arena) e o Movimento Democrático Brasileiro (MDB). Em 1966, as eleições para governador e vice-governador tornaram-se indiretas — esses cargos passaram a ser eleitos pelas assembleias legislativas —, só voltando a ser diretas em 1982. Também os prefeitos das capitais, até 1985, passaram a ser nomeados pelo governador, com prévio assentimento das assembleias legislativas. Em 1977, a Emenda Constitucional nº 8, conhecida como Pacote de Abril, instituiu a eleição indireta para o Senado, o que permaneceu até 1986.

A legislação eleitoral do regime militar permitiu o uso da sublegenda nas eleições para prefeituras e Senado. A sublegenda indicava a possibilidade de cada partido apresentar até três nomes para disputarem um mesmo cargo. O candidato da chapa que obtivesse mais votos era eleito.

Conforme enumera Jairo Nicolau (2002:58), o Código Eleitoral de 1965 introduziu mudanças no processo eleitoral brasileiro, tais como: obrigatoriedade de o eleitor votar em candidatos do mesmo partido nas eleições para deputado federal e estadual; proibição de coligação entre os partidos nas eleições proporcionais; prazo máximo de seis meses antes das eleições para o registro dos candidatos; multa de 5% do salário mínimo a três salários mínimos para os eleitores que não se alistassem; multa de 5% a 20% do salário mínimo para os eleitores que não comparecessem para votar e não se justificassem perante a justiça eleitoral; proibição de obtenção de passaporte ou carteira de identidade e de inscrição em concurso para cargo público ou para obter empréstimo de órgão público para eleitores que não tivessem prova de terem votado, se justificado ou pago a multa.

---

[5] A única alteração ocorreu em 1998, quando os votos em branco deixaram de contar para o cálculo do quociente eleitoral (Nicolau, 2002:48).

Com o fim do regime militar, a Emenda Dante de Oliveira propôs a volta das eleições diretas para a presidência e a vice-presidência, mas foi negada, em abril de 1984, no Congresso Nacional. Por essa razão, as eleições presidenciais de 1985, que elegeram Tancredo Neves como primeiro presidente civil desde 1964, foram realizadas ainda por meio de um Colégio Eleitoral. Em 1989 foram restabelecidas as eleições diretas pelo sistema de maioria absoluta em dois turnos; retomadas as eleições para prefeitos de capitais e vereadores de novos municípios; suspensas as sublegendas e permitidas as coligações nas eleições para as prefeituras; e revogada a fidelidade partidária. A Constituição de 1988 concedeu aos analfabetos o direito de voto, que havia sido restringido desde 1882.

A Constituição de 1988

A redemocratização do país em 1985 levou à preparação e à promulgação de uma nova Constituição, a de 1988.

De acordo com o Código Eleitoral, qualquer cidadão pode pretender se candidatar a um cargo eletivo, sendo a candidatura condicionada ao respeito às regras de elegibilidade e inelegibilidade dispostas na Constituição.

O primeiro requisito é ter nacionalidade brasileira. Além disso, o indivíduo precisa gozar de direitos políticos, ou seja, possuir título de eleitor. É necessário que tenha domicílio eleitoral na circunscrição, o que significa que deve votar no mesmo local em que concorre; esteja filiado a um partido político; e tenha as idades mínimas de 35 anos para se candidatar à presidência e à vice-presidência da República ou ao Senado Federal, 30 anos para se candidatar a governador ou vice-governador de estado ou do Distrito Federal, 21 anos para se candidatar a deputado, prefeito, vice-prefeito ou juiz de paz e 18 anos para se candidatar a vereador.

Se, por um lado, essas condições permitem que um cidadão concorra às eleições, por outro, há condições de inelegibilidade que podem impedir sua candidatura. Assim, além de atender a todas as condições de elegibilidade, o candidato deve ser, obrigatoriamente, alfabetizado, já que os analfabetos, segundo a nossa Constituição, são inelegíveis. São também inelegíveis os cônjuges e parentes — até segundo grau ou por adoção — do presidente da República, dos governadores de estados ou do Distrito Federal, de prefeitos ou de quem os tiver substituído dentro do período de seis meses antes do pleito, a não ser que já sejam anteriormente titulares de mandatos eletivos e candidatos a reeleição.

O Código Eleitoral de 2008 define ainda como inelegíveis a qualquer cargo os membros do Congresso Nacional, governadores ou vice-governadores de estados ou do Distrito Federal, prefeitos ou vice-prefeitos que tenham perdido seus cargos por infrações ao que determina a Constituição; pessoas que tenham sido julgadas pela justiça eleitoral por abuso de poder nas eleições a que concorrem (o que também se aplica às eleições que se realizarem nos três anos seguintes); pessoas que tenham sido julgadas por crimes contra a economia popular, a fé pública, a administração e o patrimônio públicos, o mercado financeiro, por tráfico de drogas e por crimes eleitorais (inelegibilidade por três anos após o cumprimento da pena); e as que tiverem irregularidades em contas relativas ao exercício de funções públicas (inelegibilidade por cinco anos após a decisão). Em geral, são inelegíveis funcionários ligados diretamente àquele que ocupa o cargo para o qual queiram se candidatar, a menos que se afastem de seu cargo com a antecedência prevista pela legislação.

O código prevê ainda que são inelegíveis para o cargo de presidente e vice-presidente da República, até seis meses depois de afastados definitivamente de seus cargos ou funções, diversos funcionários da administração pública, como ministros de Estado, comandantes e o chefe do Estado-Maior das Forças Armadas, governadores, prefeitos, membros do Tribunal de Contas da União e dos estados, chefes de órgãos de assessoramento direto do presidente da República, magistrados, entre outros.

Registro de candidatos

Atendidas as condições que permitem a um cidadão se eleger, é também condição para a participação nas eleições que ele seja registrado em um partido político,[6] para o que deve estar no gozo de seus direitos políticos. Aqueles que desejarem concorrer a cargos eletivos devem estar filiados a um partido pelo período mínimo de um ano antes da realização das eleições. Cada partido escolhe, em convenção e respeitando as normas estabelecidas em seu estatuto, os candidatos que indicará e delibera sobre coligações,[7] o que deve ser resolvido entre os dias 10 e 30 de junho do ano das eleições, sendo necessário que as atas dessas reuniões sejam rubricadas pela justiça eleitoral.[8]

Os partidos e coligações devem solicitar os registros de seus candidatos à justiça eleitoral até as 19 horas do dia 5 de julho do ano das eleições. A solicitação deve ser acompanhada de uma série de documentos, como a autorização do candidato por escrito, certidões criminais e sua declaração de bens. O partido pode ainda requerer à justiça eleitoral o cancelamento do registro do candidato se este for expulso do partido até as eleições, e substituir candidatos que sejam considerados inelegíveis, renunciem ou venham a falecer até o término do prazo de registro.

De acordo com a Lei nº 9.504/97, que estabelece normas para as eleições, cada partido pode registrar candidatos para a Câmara dos Deputados, Câmara Legislativa, assembleias legislativas e câmaras municipais até 150% do número de lugares a preencher.

O alistamento dos eleitores

O alistamento é a inscrição do cidadão como eleitor, que lhe permite votar nas eleições. Ao se alistar, o eleitor recebe um documento chamado título eleitoral. Para obter o título pela primeira vez ou efetuar uma nova inscrição (em caso de cancelamento de título anterior), o eleitor deve comparecer à zona eleitoral que atenda ao bairro em que reside munido de documento de identificação (carteira de identidade, de trabalho ou profissional, certidão de nascimento ou de casamento), comprovante de quitação do serviço militar obrigatório (para homens com idades entre 18 e 45 anos) e comprovante de residência.[9]

---

[6] Código Eleitoral, Parte Quarta (Das Eleições), capítulo I (Do Registro dos Candidatos).
[7] Conforme o art. 6º da Lei nº 9.504/97: "é facultado aos partidos políticos, dentro da mesma circunscrição, celebrar coligações para eleição majoritária, proporcional ou para ambas, podendo, neste último caso, formar-se mais de uma coligação para a eleição proporcional dentre os partidos que integram a coligação para o pleito majoritário".
[8] Lei nº 9.504, de 30 de setembro de 1997. O texto dessa lei está disponível em: <www.tse.gov.br/internet/legislacao/eleitoral.htm>.
[9] Conforme informações do Tribunal Regional Eleitoral do Rio de Janeiro, disponíveis em: <www.rj.gov.br/duvidaseleitor/tituloalistamento.htm>.

O alistamento eleitoral e o voto são obrigatórios para os brasileiros maiores de 18 anos de ambos os sexos. O alistamento é facultativo aos jovens de 16 a 18 anos, aos maiores de 70 anos e, de acordo com a Constituição de 1988, aos analfabetos, sendo vedado a estrangeiros, aos que estiverem privados de seus direitos políticos e aos que estiverem prestando o serviço militar obrigatório. O voto deixa de ser obrigatório para enfermos, pessoas que se encontrem fora de seus domicílios e para funcionários civis e militares em serviço que os impeça de votar. O eleitor que não votar deve se justificar perante a justiça eleitoral sob pena de receber multa correspondente a 3-10% de um salário mínimo, o que também acontece com o eleitor que não se alistar até os 19 anos e com o naturalizado que não se alistar até um ano após ter adquirido a nacionalidade brasileira.

Quando um eleitor não puder apresentar a comprovação de votação nas últimas eleições ocorridas ou de quitação com a multa, estará sujeito a uma série de restrições. Não poderá, por exemplo, inscrever-se em concurso, ser empossado ou receber salários referentes a cargos públicos, obter passaporte ou carteira de identidade, participar de quaisquer concorrências públicas, renovar matrícula em instituições de ensino oficial ou fiscalizadas pelo governo.

As eleições e os sistemas eleitorais

Como já se disse, "os sistemas eleitorais são os mecanismos responsáveis pela transformação dos votos dados pelos eleitores no dia das eleições em mandatos (cadeiras no Legislativo ou chefia do Executivo)".[10] Embora haja várias tipologias para se referir aos sistemas eleitorais existentes, conforme afirma Nicolau, há um consenso entre os especialistas sobre seu agrupamento em dois grandes grupos: a representação majoritária e a representação proporcional. Cada um desses grupos abriga ainda variações — como majoritários por maioria simples, por dois turnos, por voto alternativo ou por voto em bloco; proporcionais de lista aberta, de lista fechada, de lista livre, de lista flexível, de voto único intransferível; ou ainda mistos por combinação ou por correção — de acordo com o país em questão.

A unidade básica em uma eleição é formada por divisões territoriais chamadas largamente nos estudos eleitorais de distritos eleitorais. No Brasil, os estados são esses distritos nas eleições para governador, deputado federal, deputado estadual e senador. Quando se fala em eleições para definir o chefe do Executivo, o país torna-se um único distrito eleitoral.[11]

As eleições para a presidência da República no Brasil seguem o sistema majoritário de dois turnos — que é atualmente o "mais utilizado nas eleições presidenciais dos países democráticos"[12] —, o que significa que, caso nenhum dos dois candidatos mais votados alcancem mais de 50% dos votos no primeiro turno, realiza-se um segundo turno, no último domingo do mês de outubro do ano em que se realizam as eleições, para definir o resultado. O mandato presidencial se inicia no dia 1º de janeiro do ano seguinte ao da eleição e tem a duração de quatro anos. O presidente só pode tentar se reeleger uma vez para outro mandato consecutivo.

---

[10] Nicolau, 1999:10.
[11] Ibid., p. 12-13.
[12] Ibid., p. 28.

As eleições para o Senado também são majoritárias, mas, ao contrário das eleições para presidente, para governadores de estado e para prefeitos de municípios (também majoritárias), não há segundo turno. Cada estado elege três senadores, que cumprirão mandato de oito anos.

No caso das eleições para a Câmara dos Deputados, o sistema eleitoral em vigor no país é o voto proporcional de lista aberta. Por esse sistema, cada estado é um distrito eleitoral e o número de cadeiras para os cargos políticos em cada um é proporcional a sua população, o que significa que, por vezes, um candidato pode ser eleito em um estado com determinado número de votos, enquanto outro candidato de outro estado com diferente contingente populacional e que receba o mesmo número de votos do primeiro pode não ser eleito. Nesse sistema, cada partido apresenta uma lista de candidatos. Chama-se lista aberta porque os candidatos que ocuparão as cadeiras são definidos diretamente pelos votos do eleitor. Ao contrário da lista aberta, em Israel e na maioria das novas democracias — África do Sul, Argentina, Bulgária, Colômbia, Costa Rica, Espanha, Madagascar, Moçambique, Paraguai, Portugal, Turquia e Uruguai — que optaram pela representação proporcional, o sistema é de lista fechada, em que o eleitor só pode votar no partido, sem expressar sua preferência por determinado candidato da lista.[13] Na Câmara Municipal o voto também é proporcional, cada município elegendo um número de vereadores proporcional a sua população.

As eleições para presidente da República, governador e vice-governador de estado e do Distrito Federal, senador, deputado federal, deputado estadual e deputado distrital são realizadas simultaneamente, a cada quatro anos, no primeiro domingo de outubro do ano eleitoral. As eleições para prefeito, vice-prefeito e vereador também ocorrem a cada quatro anos, no primeiro domingo de outubro, porém em anos alternados em relação às primeiras. Por essa razão, as eleições no Brasil ocorrem de dois em dois anos.

Segundo as regras estabelecidas pela nova Constituição, as eleições presidenciais são em dois turnos, sendo proibida a reeleição, e o mandato do presidente da República tem a duração de cinco anos. Nos anos 1990, foram aprovadas duas emendas à Constituição. A primeira, de 1994, reduziu o mandato presidencial para quatro anos e determinou que as eleições para presidente ocorressem ao mesmo tempo que as eleições para o Congresso Nacional, para os governos estaduais e assembleias legislativas. A segunda emenda à Constituição, de 1997, permitiu que presidentes, governadores e prefeitos concorressem por mais um mandato consecutivo. Os senadores (três representantes por unidade da federação) têm mandato de oito anos e são eleitos alternadamente: em uma eleição é eleito um senador, na eleição seguinte dois, de acordo com a regra de maioria simples. Assim, no ano em que apenas um candidato concorre, o mais votado é eleito; na eleição seguinte, os dois mais votados são eleitos.

Para saber mais, é preciso ler

BRASIL. Tribunal Superior Eleitoral. *Código Eleitoral anotado e legislação complementar*. 8. ed. rev. e atual. Brasília: TSE, 2008.

NICOLAU, Jairo M. *Sistema eleitoral e reforma política*. Rio de Janeiro: Foglio, 1993.

---

[13] Nicolau, 1999:50 e 48.

———. *Sistemas eleitorais*: uma introdução. Rio de Janeiro: FGV, 1999.

———. *História do voto no Brasil.* Rio de Janeiro: Jorge Zahar, 2002.

———. O sistema eleitoral brasileiro. In: AVELAR, Lúcia; CINTRA, Antonio Octávio (Orgs.). *Sistema político brasileiro:* uma introdução. Rio de Janeiro: Konrad-Adenauer-Stiftung; São Paulo: Unesp, 2007. p. 293-301.

TAVARES, José Antônio Giusti. *Sistemas eleitorais nas democracias contemporâneas:* teoria, instituições, estratégias. Rio de Janeiro: Relume-Dumará, 1994.

Sites oficiais

Portal do Tribunal Regional Eleitoral do Rio de Janeiro: <www.tre-rj.gov.br>.

Portal do Tribunal Superior Eleitoral: <www.tse.gov.br>.

9 O sistema tributário nacional

Alcides Jorge Costa

O sistema tributário brasileiro tem seus contornos fixados na Constituição Federal. Mais que os contornos, a Constituição desenha-o em pormenor. Nossa Constituição é, sem dúvida, uma das que mais cuida da tributação, se não a que mais dispositivos dedica ao tema. Seu título VI tem por epígrafe "Da Tributação e do Orçamento" e está dividido em dois capítulos: o primeiro trata do sistema tributário nacional e o segundo, das finanças públicas.

Este capítulo tem por foco o capítulo I do título VI, com incursões, quando necessárias, pelo capítulo II. Mas esse capítulo I não contém toda a matéria referente à tributação. O título VIII da Constituição diz respeito à ordem social. Seu capítulo II, que cuida da seguridade social, traz dispositivos de natureza tributária contidos no art. 195, que trata das chamadas contribuições sociais — uma das subespécies do gênero tributo. Esse é o quadro geral objeto do presente capítulo.

O capítulo I do título VI é dividido em seis seções, a primeira das quais denomina-se "Dos Princípios Gerais". Nessa seção, o art. 145 dispõe que a União, os estados, o Distrito Federal e os municípios podem instituir impostos, taxas e contribuição de melhoria, sem fazer referência às demais contribuições. Esse artigo deixa claro que impostos, taxas e contribuição de melhoria são tributos, ou seja, espécies desse gênero, mas não define o que é tributo.

Embora não se deva interpretar a Constituição a partir do texto de leis complementares ou ordinárias, é útil, à guisa de esclarecimento, lançar mão da definição de tributo contida no art. 3º do Código Tributário Nacional: "Tributo é toda prestação pecuniária compulsória, em moeda ou cujo valor nela se possa exprimir, que não constitua sanção de ato ilícito, instituída em lei e cobrada mediante atividade administrativa plenamente vinculada". Assim, qualquer tributo só pode ser cobrado se instituído em lei, e as autoridades administrativas só podem exigi-lo nos exatos termos da lei por terem, nesse mister, sua atividade vinculada ao que nessa lei estiver estabelecido.

Da mesma forma, a Constituição não define o que dá margem à cobrança de imposto, mas essa noção é quase intuitiva: qualquer fato com substância econômica pode ser objeto de imposto. Por último, cabe salientar que a Constituição define as taxas, ao dizer (art. 145, II) que elas podem ser cobradas em razão do exercício do poder de polícia ou pela utilização efetiva ou potencial de serviços públicos específicos e divisíveis, prestados ao contribuinte ou postos à sua disposição. Como se verifica, ao contrário do que ocorre com os impostos, a taxa implica sempre uma contraprestação direta ao contribuinte, o que acontece, por exemplo, quando alguém requer um alvará de funcionamento para um estabelecimento. Depois de verificar se as condições previstas foram cumpridas, a autoridade concede o alvará, no exercício do seu poder de polícia. Por seu turno, quem requereu paga uma taxa.

A contribuição de melhoria é paga em razão de valorização de imóveis, ocasionada por obras públicas.

Além dos impostos, das taxas e da contribuição de melhoria, há ainda que mencionar outras espécies tributárias, que vêm mencionadas no art. 149 da Constituição Federal e que são as contribuições sociais, as de intervenção no domínio econômico e as de interesse de categorias profissionais ou econômicas.

Note-se, desde logo, que as contribuições sociais cuja arrecadação se destina a financiar a seguridade social não estão especificadas nem reguladas no capítulo referente ao sistema tributário nacional, mas no art. 195, ou seja, no capítulo destinado à seguridade social. Essas contribuições serão tratadas mais adiante.

Cabe fazer ainda referência aos empréstimos compulsórios, que a doutrina brasileira, quase sem discrepância, considera tributos que se distinguem por serem instituídos com promessa de restituição. No art. 148 da Constituição, lê-se que: "A União, mediante lei complementar, poderá instituir empréstimos compulsórios: I — para atender a despesas extraordinárias, decorrentes de calamidade pública, de guerra externa ou sua iminência; II — no caso de investimento público de caráter urgente". O parágrafo único desse artigo acrescenta que "a aplicação de recursos provenientes de empréstimo compulsório será vinculada à despesa que fundamentou sua instituição".

A seção II do mesmo capítulo I denomina-se "Das Limitações do Poder de Tributar" e contém regras e princípios cuja função é proteger o contribuinte ou salvaguardar o regime federativo. Algumas dessas regras e princípios são apenas a explicitação, no campo tributário, dos direitos individuais expressos no art. 5º da Constituição Federal. O art. 150 dispõe que, "sem prejuízo de outras garantias asseguradas ao contribuinte, é vedado à União, aos Estados, ao Distrito Federal e aos Municípios: I — exigir ou aumentar tributo sem lei que o estabeleça". Esse dispositivo exprime, no campo tributário, o conteúdo do inciso II do art. 5º (ninguém será obrigado a fazer ou deixar de fazer alguma coisa senão em virtude de lei). É o chamado princípio da legalidade, de tanta importância no direito tributário.

O inciso II veda às unidades tributantes "instituir tratamento desigual entre contribuintes que se encontrem em situação equivalente, proibida qualquer distinção em razão de ocupação profissional ou função por eles exercida, independentemente da denominação jurídica dos rendimentos, títulos ou direitos". É a expressão do princípio da igualdade perante a lei, constante do *caput* do art. 5º da Constituição.

O inciso III contém uma série de regras de ordem temporal destinadas à prestação do contribuinte. Assim, a alínea *a* proíbe cobrar tributos em relação a fatos geradores ocorridos antes do início da vigência da lei que os tiver instituído ou aumentado. Esse dispositivo explicita, no campo tributário, o princípio da irretroatividade da lei, constante do art. 5º, inciso XXXVI. A alínea *b* do mesmo inciso dispõe que não pode ser cobrado tributo no mesmo exercício em que haja sido publicada a lei que os instituiu ou aumentou. A própria Constituição contém exceções ao disposto em seu art. 150, III, *b*, que não se aplica aos empréstimos compulsórios criados para atender a despesas ocasionadas por calamidade pública, guerra externa ou sua iminência, aos impostos de importação e exportação, ao imposto sobre produtos industrializados (IPI), ao imposto sobre operações de crédito, câmbio e seguro, ou relativa a títulos ou valores mobiliários, nem a impostos criados na iminência ou no caso de guerra externa.

O art. 150, II, c, veda a cobrança de tributos antes de decorridos 90 dias da data em que haja sido publicada a lei que os instituiu ou aumentou. Esse dispositivo também sofre exceções na Constituição, não se aplicando ao imposto de importação, ao de exportação, ao de renda, ao IOF, nem ao que tiver sido criado na iminência ou no caso de guerra externa. Não se aplica também à fixação da base de cálculo do IPVA e do IPTU.

O conteúdo desse inciso III, alíneas *a*, *b* e *c*, é conhecido como princípio da anterioridade. Na vigência da Constituição de 1946 e na das anteriores, esse princípio era denominado princípio da anualidade, dado que o texto constitucional exigia que os tributos só fossem cobrados se mencionados no orçamento e este é, como se sabe, anual.

Ainda entre as garantias dos contribuintes, o art. 150 proíbe, em seu inciso IV, utilizar tributo com efeito de confisco. O limite entre os tributos que sejam altos e o confisco tem sido bastante debatido, sem que se tenha atingido um consenso.

Essas são as garantias do contribuinte, sem prejuízo de outras, como está expresso no art. 150. Passa-se agora ao exame das garantias que visam a proteger o regime federativo.

A primeira delas é a vedação imposta à União, aos estados, ao Distrito Federal e aos municípios de estabelecer limitações ao tráfego de pessoas ou bens, por meio de tributos interestaduais ou intermunicipais, ressalvada a cobrança de pedágio pela utilização de vias conservadas pelo poder público. É o que dispõe o art. 150, inciso V, da Constituição Federal.

As garantias do regime federativo, além da que foi citada, estão agrupadas nos arts. 151 e 152. O primeiro veda à União:

> I — instituir tributo que não seja uniforme em todo o território nacional ou que implique distinção ou preferência em relação a estado, ao Distrito Federal ou a município, em detrimento de outro, admitida a concessão de incentivos fiscais destinados a promover o equilíbrio do desenvolvimento socioeconômico entre as diferentes regiões do país;
> II — tributar a renda das obrigações da dívida pública dos estados, do Distrito Federal e dos municípios e os proventos dos respectivos agentes, em níveis superiores aos que fixar para suas obrigações e seus agentes;
> III — instituir isenções de tributos da competência dos estados, do Distrito Federal ou dos municípios.

O art. 152, endereçado aos estados, ao Distrito Federal e aos municípios, veda-lhes estabelecer diferença tributária entre bens e serviços, de qualquer natureza, em razão da sua procedência ou destino.

O art. 150, que trata das garantias individuais já mencionadas em pormenor, menciona ainda os casos de imunidade a impostos. Seu texto diz, no inciso VI, que é vedado à União, aos estados, ao Distrito Federal e aos municípios instituir impostos sobre:

> a) o patrimônio, a renda ou serviços, uns dos outros;
> b) templos de qualquer culto;

c) patrimônio, renda ou serviços dos partidos políticos, inclusive suas fundações, das entidades sindicais dos trabalhadores, das instituições de educação e de assistência social, sem fins lucrativos, atendidos os requisitos da lei;

d) livros, jornais, periódicos e o papel destinado a sua impressão.

Esse inciso VI cuida das chamadas imunidades, ou seja, a absoluta proibição de cobrar impostos nos casos que especifica. Note-se bem: proibição de cobrar impostos, mas não taxas ou contribuições. A imunidade recíproca apareceu nos Estados Unidos, não exatamente nos moldes da nossa. Em 1825, em interessantíssimo julgado de que foi relator Marshall, então presidente da Suprema Corte daquele país, foi decidido que o estado de Maryland não podia cobrar impostos de um banco no qual a União era acionista minoritária, mas que o Congresso tinha criado como seu instrumento para pôr em prática vários poderes atribuídos à União. Naquele país, a aplicação da imunidade recíproca tem sofrido variações no decorrer do tempo, sempre por via jurisprudencial. No Brasil, e certamente pelo que já havia acontecido nos Estados Unidos, a primeira Constituição republicana, de 24 de fevereiro de 1891, estabelecia, em seu art. 10, que: "É proibido aos Estados tributar bens e rendas federais ou serviços a cargo da União, e reciprocamente". A Constituição em vigor esclarece, em seu art. 150, §2º, que: "A vedação do inciso VI, 'a' (ou seja, a imunidade recíproca) é extensiva às autarquias e às fundações instituídas e mantidas pelo Poder Público, no que se refere ao patrimônio, à renda e aos serviços, vinculados a suas finalidades essenciais ou às delas decorrentes". O art. 150, §3º, estabelece limitações à imunidade recíproca que não existiam nas constituições anteriores e que não mais se aplicam ao patrimônio, à renda e aos serviços, relacionados com a exploração de atividades econômicas regidas pelas normas aplicáveis a empreendimentos privados, ou em que haja contraprestação ou pagamento de preços ou tarifas pelo usuário, nem exoneram o promitente comprador da obrigação de pagar imposto relativamente ao bem imóvel.

A imunidade prevista no art. 150, VI, *b*, é aplicável a templos de qualquer culto. Não como imunidade, a Constituição de 1891 também proibia aos estados e à União "estabelecer, subvencionar, ou embaraçar o exercício de cultos religiosos". A extensão dessa imunidade tem dado margem a algumas dúvidas, como, por exemplo, ser ela é aplicável ou não à casa paroquial.

A imunidade seguinte, contemplada no art. 150, VI, *c*, diz respeito ao patrimônio, à renda, ou aos serviços dos partidos políticos, inclusive suas fundações, das entidades sindicais dos trabalhadores, das instituições de educação e de assistência social, sem fins lucrativos, atendidos os requisitos da lei. Parece claro que a imunidade tributária dos partidos políticos e de suas fundações atende à necessidade de liberdade política. A das entidades sindicais dos trabalhadores tem um fundamento menos claro, mas parece ter sido o de atender à maior fraqueza econômica dessas entidades. Por fim, a das instituições de educação de assistência social sem fins lucrativos tem dado azo a infindáveis discussões. A primeira delas diz respeito à cláusula "atendidos os requisitos da lei" e levantou, desde logo, uma dúvida: lei ordinária ou lei complementar? — uma vez que a esta cabe regular as limitações constitucionais do poder de tributar, o que o Código Tributário Nacional faz em seu art. 14. O que cabe à lei ordinária é regular as entidades educacionais e as de assistência social. Tudo pode parecer simples, mas não é. Só as escolas são instituições de educação ou pode haver outro tipo de instituições? As entidades de assistência social devem, necessariamente, prestar serviços a todos, sem qualquer remuneração? Como se entende a cláusula "sem fins lucrativos", constante do art. 150,

VI, *c*, da Constituição? Esta última pergunta parece já ter tido uma resposta de consenso: entende-se "sem fins lucrativos" a instituição que não distribui lucros ou parte de seu patrimônio ou todo ele.

A essa altura, devem ser citadas mais três hipóteses de imunidade, que não estão contempladas no capítulo dedicado ao sistema tributário. As duas primeiras constam do art. 5º, incisos XXXIV e LXXVII. O primeiro dispõe que a todos são assegurados, independentemente do pagamento de taxas, o direito de petição aos poderes públicos em defesa de direitos ou contra ilegalidade ou abuso de poderes, e a obtenção de certidões em repartições públicas, para defesa de direitos e esclarecimento de situações de interesse pessoal. O segundo determina que são gratuitas as ações de *habeas corpus e habeas data*, e, na forma de lei, os atos necessários ao exercício da cidadania. Considerando que esses dispositivos impedem a cobrança de custas judiciais, que são taxas conforme jurisprudência pacífica, e considerando que atos podem envolver ações do poder público que implicariam o pagamento de taxas, e como estas são tributos, o que existe aí é uma verdadeira imunidade.

Nesse ponto, é útil esclarecer o conceito de imunidade. A Constituição Federal fixa a competência da União, dos estados, do Distrito Federal e dos municípios para cobrar tributos, indicando os impostos que cabem a cada um. Na fixação da competência, fazem-se certas exceções, que são as imunidades. Se as exceções não existissem, o que é imune poderia ser tributado. Desse modo, a imunidade difere da isenção, uma vez que esta pressupõe a tributação, sem consistir, entretanto, mera dispensa do pagamento do tributo, ao passo que a imunidade opera no plano constitucional.

A terceira exceção de imunidade, que não está mencionada no capítulo do sistema tributário, é a que consta do art. 195, §7º, da Constituição, segundo o qual "são isentas de contribuição para seguridade social as entidades beneficentes de assistência social que atendam às exigências estabelecidas em lei". Como se vê, a Constituição fala em isenção, mas a desoneração concedida em sede constitucional é uma verdadeira imunidade e, como tal, deve ser tratada.

Na lista das imunidades especificadas no art. 150, VI, da Constituição aparece ainda a que consta da alínea *d* desse dispositivo e que se refere a "livros, jornais, periódicos e o papel destinado à sua impressão". Ainda aqui, numerosas questões são suscitadas. É sabido que o papel destinado à impressão também se presta a outros fins. Trata-se, pois, de imunidade concedida em razão do destino do produto, o que obriga a Secretaria da Receita Federal a manter um rigoroso controle, que recai sobre editoras e impressoras que utilizam esse tipo de papel. Mas os problemas não param aí. O que é um livro? A pergunta parece primária, mas não é tanto. Um livro de pano (muitos livros infantis são feitos desse material) goza da imunidade? A resposta tem sido afirmativa. A imunidade estende-se aos demais materiais empregados na confecção de um livro ou de um jornal, bem como às máquinas de impressão? A jurisprudência do Supremo Tribunal inclinou-se no sentido de a imunidade alcançar apenas, além do papel de impressão, o papel fotográfico, inclusive para imagens monocromáticas e papel para telefoto, destinado à composição de livros, jornais e periódicos, ou seja, todos os tipos de papel destinados à impressão dos produtos contemplados com a imunidade. Na verdade, entendida a imunidade como total desoneração de livros, jornais, periódicos e papel destinado à sua impressão, e considerando que ela se refere apenas a impostos que recaem sobre o produto, ou seja o ICMS e o IPI, a real desoneração seria alcançada não pela extensão da imunidade a outros produtos, mas pela tributação de todos, com direito ao crédito pelos editores e fabricantes do papel destinado à impressão e a posterior restituição desses créditos pelo estado (ICMS) e pela União (IPI). Dessa maneira, estranhamente nunca submetida ao Judiciário, haveria imunidade completa. Entre as questões suscitadas pela imunidade outorgada aos livros, há que destacar o problema do chamado livro eletrônico, ou seja, do texto gravado num CD e que, para ser lido, requer um computador. Sustenta-se que a finalidade da imunidade é proteger a cultura, a livre manifestação do pensamento, e que, assim, deve ela alcançar o livro eletrônico. É preciso, porém, ponderar que um CD-ROM não pode ser lido sem um computador, o que estenderia a imunidade a esse aparelho. É preciso ainda não esquecer que são diversas as formas de manifestação cultural e de transmissão do conhecimento e da manifestação do pensamento, inclusive orais, como uma aula, uma conferência, uma peça de teatro, e que nunca se cogitou de se lhes estender a imunidade. Em suma, a Constituição elegeu uma forma material (livro, jornais, periódicos) que, entendemos, deve ser obedecida. No capítulo periódicos, deve-se notar que o Supremo Tribunal Federal entendeu que listas telefônicas são periódicos e que, como tais, gozam de imunidade. Por último, a imunidade outorgada aos livros independe do seu conteúdo.

Além das imunidades, a Constituição contém algumas proibições que dizem respeito à defesa do regime federativo. A primeira está inscrita no art. 150, V, segundo o qual é proibido à União, aos estados, ao Distrito Federal e aos municípios "estabelecer limitações ao tráfego de pessoas ou bens, por meio de tributos interestaduais e intermunicipais, ressalvada a cobrança de pedágio pela utilização de vias conservadas pelo Poder Público". Quando o texto constitucional menciona tributos, como nesse caso, aplica-se a todas as espécies do gênero tributo, ou seja, a impostos, taxas e contribuições.

O art. 151 contém três incisos, todos endereçados à União, à qual é vedado:

I — instituir tributo que não seja uniforme em todo o território nacional ou que implique distinção ou preferência em relação ao estado, ao Distrito Federal ou a município, em detrimento de outro, admitida a concessão de incentivos fiscais destinados a promover o equilíbrio do desenvolvimento socioeconômico entre as regiões do país;
II — tributar a renda das obrigações da dívida pública dos estados, do Distrito Federal ou dos municípios, bem como a remuneração e os proventos dos respectivos agentes públicos, em níveis superiores aos que fixar para suas obrigações e para seus agentes;
III — instituir isenções de tributos da competência dos estados, do Distrito Federal ou dos municípios.

Por fim, o art. 152 veda aos estados, ao Distrito Federal e aos municípios estabelecer diferença tributária entre bens e serviços, de qualquer natureza, em razão de sua procedência ou destino.

Com isso, encerram-se as considerações sobre as seções I e II do capítulo consagrado ao sistema tributário nacional. Nas seções seguintes, III, IV e V, é feita o que habitualmente se denomina discriminação das receitas dos impostos. Nelas se distribuem as competências para a cobrança dos vários impostos. Estados, Distrito Federal e municípios não podem instituir outros impostos senão os que lhes são nominalmente atribuídos. Apenas a União pode fazê-lo, conforme previsto no art. 154 da Constituição, segundo o qual a União pode instituir, mediante lei complementar, impostos a ela não atribuídos nominalmente, desde que sejam não cumulativos e não tenham fato gerador ou base de cálculo próprios dos discriminados na Constituição. A Carta anterior continha dispositivo do mesmo teor, mas a de 1946 permitia que a União e os estados instituíssem outros impostos, afora os nominalmente atribuídos a eles; em suma, havia um campo de competência privativa da União, dos estados e dos municípios, mas havia também um chamado campo de competência concorrente, no qual podiam exercer sua competência a União e os estados.

De acordo com o art. 153, a União pode instituir impostos sobre:

I — importação de produtos estrangeiros;
II — exportação, para o exterior, de produtos nacionais ou nacionalizados;
III — renda e proventos de qualquer natureza;
IV — produtos industrializados (habitualmente chamado de IPI);
V — operações de crédito, câmbio e seguro, ou relativas a títulos ou valores mobiliários (também chamado de IOF na prática);
VI — propriedade territorial rural;
VII — grandes fortunas, nos termos de lei complementar.

A Constituição não se limita a dizer que impostos compete à União instituir, mas fixa outras regras e princípios aplicáveis a vários deles. Em primeiro lugar, diz que é facultado ao Poder Executivo, atendidas as condições e os limites estabelecidos em lei, alterar as alíquotas dos impostos enumerados nos incisos I, II, IV e V do art. 153, §1º. Esses impostos são os de importação e de exportação, o IPI e o IOF. É fácil entender por que o Poder Executivo pode, por decreto, alterar as alíquotas do imposto de importação. Se ocorre algum caso de *dumping*, torna-se mais rápido alterar as alíquotas e contrabalançar o *dumping*, sem prejuízo de outras medidas previstas em lei. Para os demais impostos mencionados, é evidente o intuito de fazer deles impostos de conjuntura.

O mesmo art. 153 diz, em seu §2º, que o imposto sobre a renda e proventos de qualquer natureza "ser[ão] informado[s] pelos critérios da generalidade, da universalidade e da progressividade, na forma da lei". Contém ainda, no §2º, várias disposições concernentes ao IPI, quais sejam: a de que esse imposto a) será seletivo, em função da essencialidade do produto; b) será não cumulativo, compensando-se o que for devido em cada operação com o montante cobrado nas anteriores; c) não incidirá sobre produtos industrializados destinados ao exterior; d) terá reduzido seu impacto sobre a aquisição de bens de capital pelo contribuinte do imposto, na forma da lei. Cabem aqui algumas observações, que começam pelo conteúdo de (a). Quem determina o grau de essencialidade: o Congresso via lei, é a resposta intuitiva. Mas é possível arguir, perante o Judiciário, que este ou aquele produto tem uma alíquota que não se compadece com seu grau de essencialidade? E se decisão final do Judiciário entender que não se compadece, pode nela fixar uma alíquota? A resposta a essa pergunta é negativa, uma vez que o Judiciário pode legislar negativamente, o que faz ao não reconhecer a validade de uma lei, mas não pode legislar positivamente, fixando uma alíquota, porque, nesse caso, estaria invadindo a esfera do Poder Legislativo. O conteúdo de (b) determina a regra da não cumulatividade, que, no entanto, é apenas parcialmente aplicada. De fato, na saída de cada produto industrializado, compensa-se apenas o IPI que houver incidido sobre seus componentes físicos. É a chamada regra do crédito físico, que não permite atingir plenamente a não cumulatividade. Esta seria alcançada se houvesse compensação do IPI incidente sobre os bens de capital utilizados na produção, com a aplicação da regra do crédito financeiro, juntamente com a do crédito físico. Esse equívoco levou ao conteúdo de (d), pouco menos do que demagógico. O que é reduzir o impacto? Em que medida, considerando-se que, qualquer que seja esta, haverá cumulatividade? Por último, o conteúdo de (c) é autoexplicável.

O §4º do art. 153 diz respeito ao imposto territorial rural e contém três incisos, nos quais se dispõe que o ITR: I — será progressivo e terá suas alíquotas fixadas de forma a desestimular a manutenção de propriedades improdutivas; II — não incidirá sobre pequenas glebas rurais, definidas em lei, quando as explore o proprietário que não possua outro imóvel; e III — será fiscalizado e cobrado pelos municípios que assim optarem, na forma da lei, desde que não implique redução do imposto ou qualquer outra forma de renúncia fiscal.

Passados quase 21 anos da promulgação da Constituição Federal, que é de 5 de outubro de 1988, o imposto sobre grandes fortunas, previsto no inciso VI do art. 153, ainda não foi criado. Ainda não foi e dificilmente será, tendo em vista que, existente noutros países, é de baixa arrecadação e que sua fiscalização acaba prejudicando a do imposto de renda. Se já é custoso definir o que é uma grande fortuna, mais difícil ainda é avaliá-la a cada ano. De fato, se o valor dos imóveis é estável, o mesmo não ocorre com os quadros, por exemplo. Veículos automotores depreciam-se ano a ano, mas automóveis antigos possuídos por colecionadores carecem de avaliação anual, sem falar em ações cotadas em bolsa e até mesmo nas não cotadas, cujo valor depende do patrimônio líquido da empresa, o mesmo acontecendo com cotas de capital. É por tudo isso que se diz aqui que o imposto sobre grandes fortunas, produto de arroubo demagógico dos constituintes de 1988, dificilmente será criado.

Nos termos do art. 153, §5º, o ouro, quando definido como ativo financeiro ou instrumento cambial, sujeita-se apenas ao IOF, devido nas operações de origem. A alíquota mínima é de 1%, e o produto da arrecadação, transferido para estados e municípios da seguinte forma: 30% para o estado, Distrito Federal ou território, conforme a origem, e 70% para o município de origem.

Como já explicado antes, a União pode instituir outros impostos, desde que não sejam cumulativos e não tenham fato gerador ou base de cálculo próprios dos destinados na Constituição, bem como, na iminência ou no caso de guerra externa, impostos extraordinários, compreendidos ou não em sua competência e que devem ser gradativamente suprimidos, cessadas as causas de sua criação (cf. art. 154).

O art. 155 da Constituição discrimina os impostos privativos dos estados e do Distrito Federal e que são três, a saber: I — imposto sobre a transmissão *causa mortis* e doação, de quaisquer bens ou direitos; II — imposto sobre operações relativas à circulação de mercadorias e sobre prestações de serviços de transporte interestadual e intermunicipal e de comunicação, ainda que as operações e as prestações se iniciem no exterior; III — imposto sobre a propriedade de veículos automotores.

O primeiro deles, geralmente conhecido pelas iniciais ITCMD, compete ao estado onde se situa o imóvel se a doação ou herança disser respeito a bem imóvel. Em se tratando de bens móveis, títulos e créditos, a competência para cobrar o ITCMD é do estado onde se processar o inventário ou arrolamento, ou tiver domicílio o doador, ou ao Distrito Federal. É o que dispõem os incisos I e II do §1º do art. 155 da Constituição. E o inciso III do mesmo parágrafo dispõe que será instituída por lei complementar a competência para cobrar o imposto se o doador tiver domicílio ou residência no exterior ou se o *de cujus* possuía bens, era residente ou domiciliado ou teve o seu inventário processado no exterior. O inciso IV do mesmo §1º determina que o ITCMD terá suas alíquotas máximas fixadas pelo Senado Federal, que exerce essa sua competência pela Resolução nº 9, de 5 de maio de 1992. A Resolução nº 9 estabelece, para o ITCMD, a alíquota máxima de 8% e acrescenta que as alíquotas fixadas em lei estadual poderão ser progressivas em função do quinhão que cada herdeiro efetivamente receber.

O imposto sobre operações relativas à circulação de mercadorias e prestações de serviços de transporte interestadual e intermunicipal e de comunicação é o segundo que a Constituição Federal atribui à competência dos estados. Esse imposto é objeto de um grande número de regras constitucionais, bastante pormenorizadas. Aqui serão mencionadas apenas as de maior importância, pois diversas reformas constitucionais introduziram alterações tópicas, algumas delas redigidas de maneira confusa.

A primeira das regras de maior importância vem inscrita no art. 155, §2º, I, de acordo com o qual esse imposto "será não cumulativo, compensando-se o que for devido em cada operação relativa à circulação de mercadorias ou prestação de serviços com o montante cobrado nas anteriores pelo mesmo ou outro Estado ou pelo Distrito Federal". Eis aí a característica principal desse tributo, qual seja, a não cumulatividade, como acontece com o IPI. Entretanto, o mesmo §2º, em seu inciso II, contém outras duas regras, segundo as quais a isenção ou não incidência, salvo determinação em contrário da legislação: a) não implicará crédito para compensação com o montante devido nas operações ou prestações seguintes; e b) acarretará a anulação do crédito relativo às operações anteriores. Se a primeira regra for entendida como só o imposto não pago na operação isenta ou não tributada, a não cumulatividade fica preservada; uma vez que os créditos anteriores sejam preservados, a segunda regra conduz claramente à cumulatividade e é antinômica à regra da não cumulatividade.

O ICMS pode ser seletivo, em função da essencialidade das mercadorias e dos serviços. No tocante à seletividade, note-se uma diferença em relação ao IPI. Enquanto este "será seletivo", como diz a Constituição, o ICMS "poderá ser seletivo", indicando apenas uma permissão, uma faculdade concedida ao legislador ordinário. Esse imposto caracteriza-se pela baixa autonomia legislativa dos estados. Assim:

a) cabe a resolução do Senado Federal, de iniciativa do presidente da República ou de um terço dos senadores, aprovada pela maioria absoluta de seus membros, estabelecer alíquotas aplicáveis às operações e prestações interestaduais e de exportação;
b) o Senado Federal tem a faculdade: i) de estabelecer alíquotas mínimas nas operações internas, mediante resolução de iniciativa de um terço e aprovada pela maioria absoluta de seus membros; e ii) de fixar alíquotas máximas nas mesmas operações para resolver conflito específico que envolva interesse de estados, mediante resolução de iniciativa da maioria absoluta e aprovada por dois terços de seus membros.

Ademais, o art. 155, §2º, inciso X, estatui que cabe à lei complementar um tal número de atribuições que pouco sobra para as leis estaduais. Entre essas atribuições, algumas devem ser destacadas. A primeira é a que consta da alínea *g* do citado inciso X: "regular a forma como, mediante deliberação dos Estados e do Distrito Federal, isenções, incentivos e benefícios fiscais serão concedidos e revogados". A lei complementar que cuida dessa matéria é a de nº 24, de 10 de janeiro de 1975, anterior, portanto, à Constituição de 1988, mas recebida por esta. A desobediência à Constituição e à Lei Complementar nº 24/75, com a concessão unilateral de incentivos e benefícios, resultou na chamada "guerra fiscal". Essas práticas dos estados são condenadas pela jurisprudência do STF, mas, apesar disso, continuam a existir mediante alguns malabarismos dos estados. Com essa guerra fiscal não são prejudicados alguns estados, mas as empresas concorrentes neles estabelecidas não contempladas com incentivos. Ultimamente, tem-se desenvolvido um novo tipo de incentivos dados ao comércio atacadista. Esses incentivos nada incentivam, mas tiram proveito das diferenças de alíquotas interestaduais, conforme previsto na Constituição e objeto de resolução do Senado Federal. Desses "incentivos" dados ao comércio atacadista não resulta qualquer atividade nova e eles, sim, é que servem apenas para aumentar a arrecadação de uns estados em prejuízo da de outros. As deliberações dos estados a que se refere o dispositivo aqui tratado são tomadas no seio de um órgão que se criou, o Confaz; a forma de tomada de deliberações e da maioria requerida para tomá-las vem expressa na referida Lei Complementar nº 24.

Cabe destacar o regime de tributação do petróleo e seus derivados e da energia elétrica. O art. 155, §2º, inciso X, diz que o ICMS não incidirá sobre operações que destinem a outros estados petróleo, inclusive lubrificantes, combustíveis líquidos e gasosos dele derivados, e energia elétrica. Teria sido mais simples se a Constituição dissesse que essas mercadorias seriam tributadas sempre no local do seu consumo, mas com essa imunidade para as operações interestaduais criou-se uma grande confusão, que veio sendo resolvida por via legislativa, sobretudo no concernente ao petróleo e seus derivados. Para complicar a situação, a Emenda Constitucional nº 33, de 2001, dispõe que, nas operações com lubrificantes e combustíveis derivados de petróleo, o imposto cabe ao estado onde ocorrer o consumo, o que é o correto. No entanto, a mesma emenda diz que, nas operações interestaduais, entre contribuintes, com gás natural e seus derivados, e lubrificantes e combustíveis, que não os derivados de petróleo, o imposto cabe ao estado de origem. Como o gás natural pode ser misturado ao gás derivado de petróleo, fica complicado saber o que pagar a cada estado nos casos em que dois estejam envolvidos.

Releva ainda notar que o art. 153, §2º, inciso X, alínea *a*, dispõe que o ICMS não incide sobre operações que destinem mercadorias para o exterior, nem sobre serviços prestados a destinatários no exterior, assegurada a manutenção e o aproveitamento do montante do imposto cobrado nas operações e prestações anteriores. Mas é ilusório pensar que as exportações brasileiras estão totalmente desoneradas do ICMS. Os estados criam os maiores obstáculos para a devolução dos saldos credores do ICMS, e alguns sequer os devolvem.

Terceiro imposto atribuído aos estados é o que recai sobre a propriedade de veículos automotores. De acordo com o art. 153, §6º, da Constituição, esse imposto terá alíquotas mínimas fixadas pelo Senado Federal e poderá ter alíquotas diferenciadas em função do tipo e da utilização do veículo. Mais recentemente, e tendo em vista que as alíquotas estaduais variam, havendo natural tendência para o licenciamento dos veículos nos estados onde as alíquotas são mais baixas, foram criados inúmeros casos com os contribuintes que tivessem adotado práticas para reduzir seu ônus tributário. Seria interessante a elaboração de lei complementar que dispusesse a respeito e que evitasse conflitos de competência.

Por fim, os impostos que cabem ao município. Nos termos do art. 156 da Constituição, compete aos municípios instituir impostos sobre: I — propriedade predial e territorial urbana, normalmente denominado IPTU, por suas iniciais; II — transmissão *inter vivos* a qualquer título, por ato oneroso, de bens imóveis, por natureza ou acessão física, e de direitos reais sobre imóveis, exceto os de garantia, bem como a cessão de direitos à sua aquisição; III — serviços de qualquer natureza, definidos em lei complementar, excetuados os sujeitos ao ICMS, vale dizer, o transporte interestadual e intermunicipal e de comunicação.

A Constituição dispõe que o IPTU pode ser progressivo em razão do valor do imóvel e pode ter alíquotas diferentes de acordo com a localização e o uso do imóvel. O imposto de transmissão *inter vivos* não incide sobre a transmissão de bens ou direitos incorporados ao patrimônio de pessoa jurídica em realização de capital, nem sobre a transmissão de bens e direitos decorrente de fusão, incorporação, cisão ou extinção de pessoa jurídica, salvo se, nesses casos, a atividade preponderante do adquirente for a compra e venda desses bens ou direitos, locação de bens imóveis ou arrendamento mercantil. Esse imposto de transmissão cabe ao município onde se situa o bem transmitido.

O terceiro imposto municipal recai sobre serviços de qualquer natureza definidos em lei complementar. Essa lei é, atualmente, a de nº 116, de 31 de julho de 2003, que também define o local onde o imposto é devido. Nos termos do art. 156, §3º, da Constituição, cabe ainda à lei complementar: I — fixar as alíquotas máximas e mínimas do ISS; II — excluir da sua incidência a exportação de serviços para o exterior; e III — regular a forma e as condições como isenções, incentivos e benefícios fiscais serão concedidos e revogados. A lei complementar a que se refere esse inciso III ainda não existe.

Até agora foi examinada a partilha dos impostos entre União, estados e municípios. A Constituição dispõe também sobre a repartição das receitas tributárias, o que passo a examinar agora e que vem estatuída nos arts. 157 a 162, inclusive, da Constituição.

Pertence aos estados e ao Distrito Federal o produto da arrecadação do imposto de renda e proventos de qualquer natureza, incidentes na fonte, sobre rendimentos pagos, a qualquer título, por eles, suas autarquias e pelas fundações que instituírem e mantiverem. Cabem também aos estados e ao Distrito Federal 20% do produto da arrecadação do imposto que a União instituir nos termos do art. 154, inciso I, da Constituição, já acima referido, ou seja, impostos não previstos na Constituição como sendo da União e que deverão ser não cumulativos e não podem ter fato gerador ou base de cálculo próprios dos discriminados na Constituição.

Pertencem aos municípios: I — o produto da arrecadação do imposto sobre a renda e proventos de qualquer natureza, incidente na fonte sobre rendimentos pagos, a qualquer título, por eles, suas autarquias e pelas fundações que instituírem e mantiverem; II — 50% do produto da arrecadação do imposto da União sobre a propriedade territorial rural, relativamente aos imóveis neles situados. Cabe-lhes, porém, a totalidade da arrecadação desse imposto se optarem por sua fiscalização e cobrança; III — 50% do produto da arrecadação do imposto estadual sobre a propriedade de veículos automotores licenciados no município; IV — 25% do produto da arrecadação estadual do ICMS. Na distribuição desses 25%, as parcelas pertencentes ao município serão creditadas conforme os seguintes critérios: a) três quartos, no mínimo, na proporção dos valores adicionados nas operações relativas à circulação de mercadorias e nas prestações de serviços, realizadas em seus territórios; b) até um quarto, de acordo com o que dispuser lei estadual ou, no caso dos territórios, lei federal. Cabe à lei complementar definir o valor adicionado para esse fim.

Existem ainda outras participações na receita da União, que, conforme disposto no art. 159 da Constituição, entregará: a) 47% do produto da arrecadação dos impostos sobre a renda e proventos de qualquer natureza e do IPI, na seguinte forma: i) 21,5% ao Fundo de Participação dos Estados e do Distrito Federal; ii) 22,5% ao Fundo de Participação dos Municípios; iii) 3% para aplicação em programas de financiamento ao setor produtivo das regiões Norte, Nordeste e Centro-Oeste, através de suas instituições financeiras de caráter regional, de acordo com os planos regionais de desenvolvimento, ficando assegurada ao semiárido do Nordeste a metade dos recursos destinados à região, na forma que a lei estabelecer. Na distribuição da participação do imposto sobre a renda e do IPI, cabe à lei complementar estabelecer normas sobre a entrega desses recursos, especialmente sobre os critérios de rateio, objetivando promover o equilíbrio socioeconômico entre estados e entre municípios.

Do produto da arrecadação do IPI a União entregará 10% aos estados e ao Distrito Federal, proporcionalmente ao valor das respectivas exportações de produtos industrializados. Nenhum estado, nem o Distrito Federal, poderá receber parcela superior a 20% desse montante, devendo o eventual excedente ser distribuído entre os demais participantes, mantido em relação a estes o critério de partilha estabelecido.

Do produto da arrecadação da contribuição de intervenção no domínio econômico relativa às atividades de importação ou comercialização de petróleo e seus derivados, gás natural e seus derivados, e álcool combustível, prevista no art. 157, §4º, da Constituição, a União entregará 29% para os estados e o Distrito Federal. Esses 29% serão distribuídos na forma da lei, observada a destinação da própria contribuição prevista no inciso II, do §4º, do art. 177 da Constituição.

É vedada a retenção ou qualquer restrição à entrega e ao emprego das participações atribuídas aos estados, ao Distrito Federal e aos municípios, mas essa vedação não impede a União e os estados de condicionarem a entrega de recursos ao pagamento de seus créditos, inclusive de suas autarquias, bem como ao cumprimento do que dispõe o art. 198, §2º, incisos II e III, que cuida da aplicação, em ações e serviços públicos de saúde, de recursos mínimos derivados de seus próprios impostos e das participações. Esses percentuais são reavaliados, mediante lei complementar, pelo menos a cada cinco anos.

Até aqui tratei do que contém o capítulo da Constituição destinado ao sistema tributário nacional. No entanto, nem todos os tributos estão compreendidos nesse capítulo. O sistema da seguridade social é sustentado por tributos mencionados no capítulo a ela destinado. A seguridade social compreende a saúde, a previdência e assistência social, e os recursos a ela destinados estão previstos no art. 195 da Constituição. Esse artigo diz que a seguridade social será financiada por toda a sociedade de forma direta e indireta, mediante recursos provenientes do orçamento da União, dos estados, do Distrito Federal e dos municípios e das contribuições nesse mesmo artigo especificadas. A primeira contribuição a cargo do empregador recai sobre a folha de salários e demais rendimentos do trabalho pagos ou creditados, a qualquer título, à pessoa física que presta o serviço, mesmo sem vínculo empregatício. A segunda contribuição a cargo do empregador recai sobre a receita ou o faturamento. Trata-se da Cofins, contribuição para o fim social, agora cobrada sobre duas modalidades, a saber, a cumulativa e a não cumulativa. A outra contribuição a cargo do empregador é a contribuição social sobre o lucro, que, de acordo com a lei em vigor, recai sobre o lucro líquido e por isso é conhecida pelas iniciais CSLL. A contribuição do trabalhador e dos demais segurados da previdência social é também cobrada mediante aplicação de certa percentagem sobre os vencimentos mensais e não incide sobre a aposentadoria e a pensão concedidas pelo regime geral de previdência social.

Há ainda uma contribuição que incide sobre a receita de concursos de prognósticos. A Constituição prevê também uma contribuição cobrada do importador de bens ou serviços do exterior, ou de quem a lei a ele equipara. Essa contribuição é a Cofins cobrada nas importações. Há ainda alguns pontos a salientar. As contribuições do empregador podem ter alíquotas ou base de cálculos diferenciadas em razão da atividade econômica, da utilização intensiva de mão de obra, do porte da empresa ou da condição estrutural do mercado de trabalho (art. 195, §9º).

É vedada a concessão de remissão ou anistia às contribuições pagas pelo empregador sobre a folha de salário, bem como às que recaem sobre o empregado, estas retidas pelo empregador, para débitos em montante superior ao fixado em lei complementar.

Parece-me ter sido dada neste capítulo uma fotografia dos dados mais importantes do sistema tributário nacional.

Para saber mais, é preciso ler

CARRAZZA, Roque Antonio. *Curso de direito constitucional tributário*. 12. ed. São Paulo: Malheiros, 1999.

COÊLHO, Sacha Calmon Navarro. *Comentários à Constituição de 1988;* sistema tributário. Rio de Janeiro: Forense, 1990.

MARTINS, Ives Gandra da Silva. *Sistema tributário na Constituição de 1988*. 3. ed. São Paulo: Saraiva, 1991.

TORRES, Ricardo Lobo. *Tratado de direito constitucional financeiro e tributário*. Rio de Janeiro: Renovar, 2007.

10 A previdência social no Brasil

Alzira Alves de Abreu

Qual a importância de se discutir a previdência social e principalmente sua história no Brasil? Conhecer a história e o funcionamento da previdência social nos ajuda a entender a sociedade em que vivemos. Como nos mostra Angela de Castro Gomes (1992), através da previdência social é possível identificar o acesso dos trabalhadores a um conjunto de direitos que definem a situação de cidadão, o padrão de associativismo entre capitalistas e entre trabalhadores, e também o tipo de regime político do país.

A conquista da previdência social está associada às conquistas da cidadania. Os direitos sociais foram sendo conquistados e integrados à noção de cidadania. Como indica Abranches (1992), os direitos sociais, diferentemente dos direitos civis e políticos, dependem de uma série de condicionantes econômicos e de uma determinada forma de organização da sua provisão. Eles precisam de uma burocracia para funcionar e raramente são autoaplicáveis.

Mas como foi criada a previdência social no Brasil? Vamos começar com a história, lembrando que a ideia inicial era criar fundos mútuos para atender às necessidades de categorias profissionais, quando ocorriam doenças, invalidez e morte.

Um decreto de 1º de outubro de 1821, do príncipe regente Pedro de Alcântara, foi o primeiro texto legal que registra tema ligado à previdência social no Brasil. O decreto concedia aposentadoria, na época chamada de jubilação, a mestres e professores com 30 anos de serviço. Entretanto, a primeira medida governamental que apresenta características previdenciárias data de 1888, quando, pelo Decreto nº 9.912-A, regulamentou-se o direito à aposentadoria dos empregados dos Correios. Eram exigidos 30 de anos de serviço e idade mínima de 60 anos.

No Brasil, a primeira instituição de previdência começou a funcionar em janeiro de 1835 — o Montepio Geral de Economia dos Servidores do Estado (Mongeral) —, para atender aos servidores públicos. Era uma instituição de caráter privado, e os benefícios eram cobertos por contribuições dos associados.

Até o início da década de 1920, "os sistemas previdenciários brasileiros eram privados e de cunho fechado, isto é, só eram acessíveis a indivíduos de uma mesma instituição, constituindo os chamados fundos mútuos e caixas beneficentes".[1]

---

[1] Faro, 1992:71.

O mutualismo foi um movimento associativo com o objetivo de prestar socorro aos associados em momentos de necessidade. As associações mutualistas ofereciam em geral pensões, indenizações, medicamentos ou atendimento hospitalar e financiavam funerais. Ao mesmo tempo, eram espaços que propiciavam lazer aos seus associados. Eram sustentadas por contribuições mensais dos sócios, donativos e, em alguns casos, subvenções públicas. Tinham base local ou regional. As de alcance nacional eram minoritárias. As associações mutualistas se organizavam por etnia ou por grupos sociais, como as dos italianos, portugueses, ex-escravos. Outras eram organizadas por local de trabalho, por categoria profissional, ou mesmo por trabalhadores de diversas profissões. O maior crescimento se deu entre 1920 e 1930, nos estados do Rio de Janeiro, São Paulo, Minas Gerais e Rio Grande do Sul, regiões predominantemente urbanas e industriais.[2]

Desde o começo do século XX, foram promulgadas várias leis e decretos com o objetivo de regular as questões sociais, como a Lei de Acidentes do Trabalho, de 15 de janeiro de 1919, que assegurava ao trabalhador e seus dependentes indenizações em caso de acidente ou doença profissional. Em 1919, com a assinatura do Tratado de Versalhes, o Brasil se comprometeu a observar certas medidas asseguradoras dos direitos e benefícios dos trabalhadores. Em função desse compromisso, foi implantada no país a previdência social. A primeira lei importante foi assinada em 24 de janeiro de 1923; tratava-se da lei conhecida como Lei Elói Chaves, em homenagem ao autor do projeto, pela qual foram instituídas as caixas de aposentadorias e pensões dos ferroviários empregados em companhias privadas. Essa lei foi a definidora das características das instituições de previdência criadas a partir de então e foi assinada pelo presidente Artur Bernardes. As caixas de aposentadorias e pensões beneficiavam poucas categorias profissionais.

As caixas dos ferroviários eram administradas por um conselho de administração formado por empregadores e empregados — mensalistas e diaristas — com mais de seis meses de casa, que eram sócios obrigatórios das caixas. O regime de contribuição era tríplice: os empregados contribuíam com 3% de seu salário mensal, a empresa com 1% de sua renda bruta e o governo federal com a receita arrecadada através da cobrança de taxas sobre os serviços ferroviários. Isso mostra que o sistema implantado no pós-1930 teve suas raízes nos anos 20.

A década de 1930 foi marcada por uma grande expansão da previdência social. Com a revolução, foi criado o Ministério de Trabalho, Indústria e Comércio, em novembro de 1930, ficando o Conselho Nacional do Trabalho e as caixas de aposentadoria subordinados ao novo órgão. Mas nem sempre a previdência esteve ligada ao Ministério do Trabalho, historicamente foi subordinada ao Ministério da Agricultura, embora o trabalhador rural não tivesse acesso aos seus benefícios.

O ano de 1933 marcou o início de uma nova fase na história do seguro social brasileiro. A orientação adotada a partir de então estabeleceu a organização previdenciária em torno de categorias funcionais de trabalhadores. Surgiram os institutos de aposentadoria e pensões, que conviveram com as caixas de aposentadorias. Assim, foi criado em 1933 o Instituto de Aposentadoria e Pensões dos Marítimos (IAPM), o primeiro no gênero. Logo em seguida surgiram o Instituto de Aposentadoria e Pensões dos Comerciários (IAPC), ainda em 1933, o Instituto de Aposentadoria e Pensões dos Bancários (IAPB), em 1934, o Instituto de Aposentadoria e Pensões dos Industriários (Iapi), em 1936, Instituto de Aposentadoria e Pensões dos Empregados de Transportes e Cargas (Iaptec). Os funcionários federais civis passaram, em 1938, a contar com o Instituto de Previdência e

---
[2] Viscardi, 2009.

Assistência dos Servidores do Estado (Ipase). Em 1939, foi criado o Instituto de Resseguros do Brasil. Com isso, trabalhadores urbanos com carteira assinada tiveram acesso aos benefícios da previdência social. Os autônomos e os trabalhadores domésticos não foram beneficiados, assim como todos os trabalhadores rurais. A heterogeneidade do sistema previdenciário, nesse período, era marcante. Cada instituto tinha uma estrutura específica de benefícios e contribuições. Assim, o IAPB oferecia um plano com nove tipos de benefícios, enquanto o Iapi oferecia um plano básico de quatro benefícios, apesar de apresentar uma alíquota de contribuições mais elevada do que a do IAPB. A presidência desses institutos era exercida por pessoas livremente nomeadas pelo presidente da República.

Wanderley Guilherme dos Santos sugere que o conceito-chave que permite entender a política socioeconômica pós-1930 é o conceito de cidadania. Segundo esse autor (1979:75), o conceito pode ser descrito como o da cidadania regulada:

> Por *cidadania regulada* entendo o conceito de cidadania cujas raízes encontram-se, não em códigos de valores políticos, mas em um sistema de estratificação ocupacional, e que, ademais, tal sistema de estratificação ocupacional é definido por norma legal. Em outras palavras, são cidadãos todos aqueles membros da comunidade que se encontram localizados em qualquer uma das ocupações *reconhecidas e definidas* em lei. A extensão da cidadania se faz, pois, via regulamentação de novas profissões e/ou ocupações, em primeiro lugar, e mediante ampliação do escopo dos direitos associados a essas profissões, antes que por expansão dos valores inerentes ao conceito de membro da comunidade. A cidadania está embutida na profissão e os direitos do cidadão restringem-se aos direitos do lugar que ocupa no processo produtivo, tal como reconhecido por lei.

Santos (1979:76) lembra ainda que em 1932 foi instituída a carteira de trabalho, que dava acesso a todos os direitos trabalhistas e na qual estava fixada a profissão do trabalhador. Desse modo, a regulamentação das profissões, a carteira profissional e o sindicato público eram os "três parâmetros no interior dos quais passa a definir-se a cidadania".

No final dos anos do Estado Novo, e com a redemocratização em 1945, os institutos passaram a diversificar seus planos, investindo tanto em benefícios pecuniários quanto em serviços nas áreas de saúde, assistência, alimentação e habitação. Foram construídos inúmeros conjuntos residenciais pelos institutos de previdência nas zonas urbanas, assim como hospitais, serviços de assistência a menores — os SAM, em 1941 —, a Legião Brasileira de Assistência (LBA), em 1942, que prestava assistência médica às pessoas necessitadas, proteção à maternidade e à infância. Essa ampliação de funções, porém, não foi acompanhada da necessária reformulação da sua gestão financeira.

Ao final da década de 1950 os institutos começaram a apresentar sérios problemas financeiros. Isso devido, de um lado, à ampliação dos serviços prestados e, de outro, à permanente dívida da União e dos empregadores.

Em 1960 foi aprovada a Lei Orgânica da Previdência Social, que uniformizou e ampliou os direitos dos segurados dos diferentes institutos. Até então, cada instituto ou caixa era regido por normas próprias. A unificação da gestão só se daria alguns anos depois, com a criação do Instituto Nacional de Previdência Social (INPS) em 1966. A Lei Orgânica da Previdência Social estabeleceu o auxílio-natalidade e aumentou as aposentadorias e pensões. O valor das contribuições e dos benefícios foi fixado em cinco salários mínimos. Por outro lado, ao conservar a mesma estrutura e o mesmo regime financeiro dos institutos, a lei agravou a crise que já vinha se manifestando. Com a aprovação dessa lei deu-se o desdobramento do Ministério do Trabalho, Indústria e Comércio, sendo criado o Ministério do Trabalho e Previdência Social e o Ministério de Indústria e Comércio.

A população desempregada e subempregada não contava com qualquer assistência. Também a população rural não recebia qualquer tipo de atendimento. Por outro lado, os institutos eram utilizados como recurso político, sendo muitas vezes manipulados por líderes sindicais que procuravam aumentar seu poder pessoal.

Em 1962, com a Lei nº 4.130, assinada pelo presidente João Goulart, foi suprimida a exigência da idade de 55 anos para a obtenção da aposentadoria por tempo de serviço. As consequências seriam sentidas alguns anos depois, com a concessão das chamadas aposentadorias precoces: as de pessoas relativamente jovens com plena capacidade de trabalho. A supressão da idade mínima para a aposentadoria, bem como a concessão de benefícios sem a correspondente fonte de custeio (as contribuições dos segurados), determinaram o grande déficit que a previdência enfrentaria a partir dos anos 1990.

Logo após a derrubada do governo de João Goulart, em abril de 1964, os militares assumiram o poder e decidiram reformular a previdência social, unificando-a num órgão central. O novo regime procurou imprimir à previdência social o predomínio administrativo-tecnocrático, excluindo a participação e a influência dos líderes sindicais e dos segurados nas decisões da política previdenciária. Havia uma enorme resistência à unificação dos institutos, porque alguns ofereciam melhores vantagens e serviços aos seus segurados do que outros.

Assim, em novembro de 1966, todos os institutos do setor privado foram fundidos em um único órgão, que centralizou todas as ações da previdência no Ministério do Trabalho e Previdência Social: o INPS.

Durante o regime militar, em 1971, no governo do general Médici, foi criado o Fundo de Assistência Rural (Funrural), que incluiu os trabalhadores rurais na previdência, passando estes a ter direito a aposentadoria e pensão e a assistência médica. Ainda durante o governo Médici, foram incluídos nos benefícios da previdência social as duas categorias até então excluídas: os empregados domésticos, em 1972, e os autônomos, em 1974.

Neste último ano, no governo do general Ernesto Geisel, foi criado o Ministério da Previdência e Assistência Social, desvinculado do Ministério do Trabalho, passando o INPS a ser vinculado ao novo ministério. Estava encarregado da concessão e da manutenção de benefícios — pecuniários e assistência médico-hospitalar — aos empregados e empregadores urbanos e rurais e seus dependentes. Com a criação do Ministério da Previdência, foi feita uma distinção em relação às funções do Ministério da Saúde.

Logo após a criação do Ministério da Previdência foi aprovado o Plano de Pronta Ação, destinado a tornar os serviços de saúde mais acessíveis aos beneficiários. Entre outras medidas, o INPS ampliou convênios com empresas, credenciou médicos para atendimento em seus próprios consultórios, estabeleceu convênios com estados da federação e prefeituras.

A legislação previdenciária ampliou os benefícios dos segurados e incluiu o salário-maternidade, até então de responsabilidade das empresas. Os maiores de 70 anos e os inválidos foram amparados e os trabalhadores rurais receberam o direito e auxílio por acidente de trabalho.

Em 1976, toda a legislação previdenciária foi reunida na Consolidação das Leis da Previdência Social. Em 1977, foram criadas duas autarquias vinculadas ao Ministério da Previdência: o Instituto Nacional de Assistência Médica da Previdência Social (Inamps), ao qual foi atribuída a prestação de assistência médica aos segurados, e o Instituto de Administração Financeira da Previdência e Assistência Social (Iapas), encarregado de toda a atividade financeira do sistema. As alterações introduzidas não surtiram, porém, os efeitos desejados. A crise financeira se agravou e a assistência médica continuou de baixa qualidade.

Em 1981, um "pacote previdenciário" foi baixado. Nele, os aposentados e pensionistas passaram a contribuir para a previdência, foi elevada a contribuição dos funcionários públicos e aumentada a contribuição das empresas sobre suas folhas de pagamento.

A previdência social na Constituição de 1988

A atual Constituição, promulgada em 5 de outubro de 1988, inseriu a previdência social em um sistema de proteção social mais amplo, no qual participam o Estado e a sociedade. No art. 194, do capítulo que trata da seguridade social, consta: "a seguridade social compreende um conjunto integrado de ações de iniciativa dos Poderes Públicos e da sociedade, destinados a assegurar os direitos relativos à saúde, à previdência e à assistência social".

A seguridade social não se resume à participação do Estado. Espera-se que a sociedade também contribua na promoção de ações que visem a concretização da seguridade social. Ela tem por objetivo proteger aqueles que podem contribuir e os que não podem contribuir para o sistema. O sistema anterior era o de seguro social, no qual parte dos riscos cabia à sociedade como um todo. A seguridade social compreende três áreas distintas: previdência social, assistência social e saúde, cada uma com princípios e normas próprios. Na área da previdência social, têm direito a benefícios e serviços os segurados e seus dependentes, sendo os seguintes os benefícios concedidos: aposentadoria (por idade, especial, por tempo de contribuição e por invalidez), auxílio-doença, auxílio-acidente, salário-maternidade, pensão por morte, auxílio-reclusão e salário-família. A assistência social deve ser prestada a quem dela necessitar, independentemente de contribuições. O auxílio é concedido à pessoa portadora de deficiência e ao idoso que comprovem não possuir meios de prover à própria manutenção ou que a família não tenha condições de prover. Na área da saúde, a seguridade social atende aos contribuintes e não contribuintes.

Na Constituição de 1988 está previsto que a sociedade brasileira deve ser solidária, o que implica a criação de mecanismos que obriguem a sociedade a contribuir para a realização do bem comum. É verdade que muito ainda precisa ser feito para que os preceitos constitucionais se transformem em realidade.

Foi previsto na Constituição que nenhum benefício que substitua o salário de contribuição ou o rendimento do trabalho do segurado pode ter valor mensal inferior ao salário mínimo (art. 201, §2º). No §7º do mesmo art. 201 fica assegurada a aposentadoria, no regime geral de previdência social, nos termos da lei, obedecidas as seguintes condições: I — 35 anos de contribuição, se homem, e 30 anos de contribuição, se mulher; II — 65 anos de idade, se homem, e 60 anos de idade, se mulher, reduzido em cinco anos o limite para os trabalhadores rurais de ambos os sexos e para os que exerçam suas atividades em regime de economia familiar, nestes incluídos o produtor rural, o garimpeiro e o pescador artesanal. A gratificação natalina dos aposentados e pensionistas tem por base o valor dos proventos do mês de dezembro de cada ano (art. 201, §6º). O professor que trabalhou na educação infantil e no ensino fundamental e médio, exclusivamente em tempo efetivo, tem uma redução de cinco anos para atingir os benefícios da aposentadoria, de acordo com o §8º do art. 201.

Abalado por fraudes, por denúncias de corrupção e prática clientelística e também pelas péssimas condições de trabalho de seus funcionários, em 12 de abril de 1990, pela Lei nº 8.029, foi extinto o Instituto Nacional de Previdência Social (INPS) e criado o Instituto Nacional de Seguridade Social (INSS), no governo Fernando Collor de Mello. O novo órgão resultou da fusão das estruturas do Instituto de Administração Financeira da Previdência e Assistência Social (Iapas) e do Instituto Nacional de Previdência Social (INPS) e ficou subordinado ao recriado Ministério do Trabalho e Previdência Social (MTPS).

Com o afastamento do presidente Collor e sua substituição pelo vice-presidente Itamar Franco, deu-se uma nova reorganização do setor previdenciário, sendo extinto o Ministério do Trabalho e Previdência Social e criado o Ministério da Previdência Social (MPS), que incorporou o INSS e a Empresa de Processamento de Dados da Previdência Social (Dataprev).

Em janeiro de 1995, pelo Decreto nº 1.644, o governo Fernando Henrique Cardoso transformou o Ministério da Previdência Social (MTS) em Ministério da Previdência e Assistência Social (MPAS).

A previdência social hoje

A Emenda Constitucional nº 20, de 1998, pode ser considerada o principal instrumento de mudanças nas regras de funcionamento da seguridade em geral, e da previdência em particular, desde a promulgação da Constituição. Foram extintas a aposentadoria por tempo de serviço, sendo substituída pela aposentadoria por tempo de contribuição — 30 anos para as mulheres e 35 anos para os homens —, sem exigência de idade mínima; a aposentadoria especial para professores universitários, permanecendo esse direito para os professores de primeiro e segundo graus; a aposentadoria proporcional para quem ingressasse no mercado de trabalho depois da promulgação da emenda. Para os que não consigam completar o tempo de contribuição exigido, foi estabelecida a possibilidade de aposentadoria por idade aos 65 anos (homens) e 60 anos (mulheres), com proventos proporcionais ao tempo de serviço e comprovação de um tempo mínimo de contribuição. Essa idade mínima foi reduzida em cinco anos no caso dos trabalhadores rurais de ambos os sexos que exerçam suas atividades em regime de economia familiar. O cálculo do benefício também foi alterado em 1999, pela Lei nº 9.876, passando o benefício a corresponder a 80% dos maiores salários de contribuição desde julho de 1994, com a aplicação do fator previdenciário, o que é obrigatório para a aposentadoria por tempo de serviço e opcional para a aposentadoria por idade.

Além desse sistema básico, foi instituído um sistema de previdência complementar, dos fundos de pensão, por empresa. Pode-se pensar no modelo dos IAPs. Foi restabelecida a possibilidade de categorias profissionais e associações também terem suas entidades previdenciárias, por meio da figura do instituidor.

Para saber mais, é preciso ler

ABRANCHES, Sérgio. Questão social, previdência e cidadania no Brasil. In: GOMES, Angela de Castro (Org.). *Trabalho e previdência:* sessenta anos em debate. Rio de Janeiro: FGV, 1992.

ABREU, Alzira Alves de. Instituto Nacional de Previdência Social (INPS). In: ABREU, Alzira Alves de et al. (Coords.). *Dicionário histórico-biográfico brasileiro pós-30*. Ed. rev. e atual. Rio de Janeiro: FGV, 2001a.

―――. Institutos de Aposentadoria e Pensões. In: ABREU, Alzira Alves de et al. (Coords.). *Dicionário histórico-biográfico brasileiro pós-30*. Ed. rev. e atual. Rio de Janeiro: FGV, 2001b.

――― et al. (Coords.). *Dicionário histórico-biográfico brasileiro pós-30*. Ed. rev. e atual. Rio de Janeiro: FGV, 2001.

FARO, Clóvis. Breve histórico da evolução do sistema previdenciário. In: GOMES, Angela de Castro (Org.). *Trabalho e previdência:* sessenta anos em debate. Rio de Janeiro: FGV, 1992.

FLEURY, Sonia; CARVALHO, Antônio Ivo de. Instituto Nacional de Assistência Médica da Previdência Social (Inamps). In: ABREU, Alzira Alves de et al. (Coords.). *Dicionário histórico-biográfico brasileiro pós-30*. Ed. rev. e atual. Rio de Janeiro: FGV, 2001.

GOMES, Angela de Castro (Org.). *Trabalho e previdência:* sessenta anos em debate. Rio de Janeiro: FGV, 1992.

HOCHMAN, Gilberto. Instituto Nacional de Seguridade Social (INSS). In: ABREU, Alzira Alves de et al. (Coords.). *Dicionário histórico-biográfico brasileiro pós-30*. Ed. rev. e atual. Rio de Janeiro: FGV, 2001.

PANDOLFI, Dulce Chaves et al. (Orgs.). *Cidadania, justiça e violência*. Rio de Janeiro: FGV, 1999.

SANTOS, Wanderley Guilherme dos. *Cidadania e justiça*. Rio de Janeiro: Campus, 1979.

SOUSA, Jorceli Pereira de et al. *80 anos de previdência social no Brasil* — um levantamento bibliográfico documental e iconográfico. Brasília: MPAS, 2002.

VISCARDI, Claudia Maria Ribeiro. Mutualismo. Verbete. In: ABREU, Alzira Alves de (Coord.). Dicionário histórico-biográfico da Primeira República. Rio de Janeiro: Cpdoc/FGV, no prelo.

11 As organizações do terceiro setor: para que servem, o que fazem

Luiz Carlos Merege

As organizações da sociedade civil, cuja história em nosso país se inicia com a colonização, sempre prestaram relevante serviço público, porém de forma pontual e modesta, se comparadas às atividades governamentais. Entretanto, uma verdadeira revolução vem ocorrendo na sociedade civil organizada para atender de modo mais marcante as demandas insatisfeitas na área social e para provocar mudanças em nossa sociedade.

São inúmeros os casos de organizações do terceiro setor que se expandiram muito além de suas pretensões iniciais, tendo em vista a enorme carência e as oportunidades de prestação de serviços sociais para a população. O surgimento de um número considerável de organizações estruturadas por iniciativas de cidadãos, fora do aparato formal do Estado, sem fins distributivos de lucros, autogovernadas e envolvendo indivíduos motivados a servir ao seu semelhante, muitas vezes de forma voluntária, criou massa crítica para caracterizar, por sua quantidade e importância na área social, um setor específico das atividades humanas.

A denominação "terceiro setor" surgiu de uma análise mais profunda das atividades dessas organizações. Tal denominação engloba atividades que não estão na órbita das atividades governamentais e muito menos se identificam com as atividades privadas — do setor agrícola, industrial ou de serviços —, como são tradicionalmente definidas pela metodologia das contas nacionais. Antes de serem conceituadas como um setor, as organizações da sociedade civil eram definidas por exclusão como não governamentais e não lucrativas. Porém, são organizações que, embora não tenham as características de apropriação privada de lucros, podem gerar superávits, prestam serviços públicos e sobrevivem basicamente da transferência de recursos de terceiros — famílias, governo ou empresas privadas. Por não se enquadrarem entre as categorias das atividades estatais ou das atividades de mercado, passaram a ser identificadas como um terceiro setor.

O terceiro setor se desenvolveu com tal velocidade que praticamente vem estimulando a criação de um novo mercado de trabalho para alimentar suas necessidades de profissionais especializados na área. Esse mercado vem crescendo tanto no caso de suas atividades-fim quanto no de suas atividades-meio.

Definição de terceiro setor

O terceiro setor é constituído por organizações criadas por iniciativas privadas que geram bens e serviços de caráter público. Essa característica marcante do terceiro setor é que o distingue dos outros dois setores tradicionais: o Estado e o mercado. Essa distinção baseia-se em uma visão conceitual da sociedade em que se dá relevância às possíveis formas de se constituir organizações.

Antes de tal concepção, a conceituação do terceiro setor utilizava o recurso da negação. Assim, empregava-se a denominação "não lucrativas" ou "não governamentais" para chamar a atenção para o fato de que existia um conjunto de organizações que não se encaixavam nas concepções de organizações governamentais e do mercado. Essa concepção pela negação tinha também o propósito de chamar a atenção para características próprias de tais organizações. No caso da denominação "não lucrativas", a preocupação era mostrar que nem todas as organizações têm como finalidade última a busca do lucro. Falava-se, então, que tais organizações tinham como objetivo último a promoção do bem aos indivíduos e à coletividade, e não a acumulação de capital, como acontece no setor de mercado. Se essa definição pela negação tinha o propósito de chamar a atenção para uma distinção econômica do setor, a outra definição pela negação — "não governamentais" — tinha um claro propósito político. Mediante essa definição passou-se a falar nas ONGs (organizações não governamentais) como organizações que se opunham às políticas estatais, principalmente no que dizia respeito aos direitos dos cidadãos, ao processo de concentração de renda e à ausência de políticas ambientalistas. Além dos protestos de tais organizações, que se intensificaram no Brasil durante o período ditatorial, as ONGs tinham uma agenda propositiva, tanto política, na qual se destacava a luta pelas liberdades democráticas, quanto econômica, ao proporem modelos alternativos de desenvolvimento econômico com cunho distributivo de renda.

Qual a grande barreira para se conceituar o terceiro setor? Por que o terceiro setor não tinha visibilidade e não era reconhecido como um setor com características próprias?

Os estudiosos atualmente reconhecem que o terceiro setor se constituiu muito antes do Estado e do mercado, sendo reconhecido por muitos teóricos como, historicamente, o primeiro setor. O registro de iniciativas organizadas por seres humanos para atender aos mais necessitados é encontrado tanto na Grécia quanto na Roma antigas. No Brasil, as primeiras iniciativas na área partiram da Irmandade de Misericórdia, com a criação das santas casas — a primeira datando de 1543 e estabelecida em Santos, São Paulo —, e que tinham como principal finalidade cuidar dos enfermos e alimentar os famintos.

Assim como o oxigênio sempre existiu no ar, mas só foi identificado por Lavoisier no século XVIII, o terceiro setor, apesar de sua existência secular, não era reconhecido como um setor com características próprias. Se o oxigênio é fundamental à vida, o terceiro setor tem sido o elo principal da vida em sociedade, daí a importância do reconhecimento de sua existência.

A maior barreira para se conceituar o setor originava-se do fato de a sociedade ser vista a partir de um conceito puramente econômico. A teoria econômica construiu um paradigma sobre a estrutura setorial da sociedade que resultou nas contas nacionais, o registro contábil dos bens e serviços finais produzidos em um país durante determinado ano. Nas contas nacionais as atividades econômicas são classificadas em três grandes setores, denominados genericamente agricultura, indústria e serviços. Pois bem, sendo o terceiro setor um setor que majoritariamente oferece serviços à população, ele aparece no setor serviços, misturado com os serviços oferecidos pelo governo e pela iniciativa privada. Assim, uma escola pública ou privada não é distinguida de uma escola pertencente ao terceiro setor, uma vez que todas oferecem um serviço que tem características comuns — a educação.

Esse forte paradigma não permitia que se vissem as características peculiares das organizações do terceiro setor. Kuhn (1997) afirmava que a predominância de um paradigma dificulta o avanço do conhecimento científico e somente quando os conceitos não conseguem explicar a realidade é que surge um novo paradigma, que tende a substituir o velho.

Foi exatamente o que aconteceu no final dos anos 1980 e início dos 90, quando se começou a questionar por que o terceiro setor não era identificado nas contas nacionais. Embora o setor tenha sido identificado, já em 1987, em um clássico artigo de Marc Nerfin que trazia o sugestivo título "Nem príncipe, nem mercador: cidadão — uma introdução ao terceiro sistema", foi somente com a publicação do já clássico *The emerging sector: an overview*[1] que se conceituou um "terceiro setor" que agrega um grande complexo de instituições, que se diferenciam daquelas que constituem o Estado e o mercado, ou o setor público e o privado. Segundo Salamon e Anheier (1994), esse setor é composto por:

> a) organizações estruturadas; b) localizadas fora do aparato formal do Estado; c) que não são destinadas a distribuir lucros auferidos com suas atividades entre os seus diretores ou entre um conjunto de acionistas; d) autogovernadas; e) envolvendo indivíduos num significativo esforço voluntário.

Essa definição procura chamar a atenção para as características peculiares das organizações do terceiro setor, inclusive para o fato de que elas podem, sim, ser lucrativas, desde que o lucro não seja apropriado como no setor de mercado, mas utilizado para viabilizar as atividades-fim da organização. Essa afirmação aponta para a necessidade de o setor ter uma denominação própria, eliminando o uso do termo "não lucrativo". A partir de então, o setor vem recebendo diferentes denominações, como: setor independente, setor do voluntariado, setor da caridade e terceiro setor. No Brasil, esta última denominação acabou prevalecendo e sendo adotada. Hoje, o terceiro setor é amplamente citado como um dos pilares de nossa sociedade.

A conceituação do terceiro setor, sua mensuração e a constatação de sua importância social e econômica resultaram em uma importante mudança na concepção da base organizacional de nossa sociedade. O modelo bissetorial, composto pelos dois grandes conjuntos de organizações públicas e privadas, cedeu lugar a um modelo trissetorial. A figura a seguir ilustra essa importante mudança do reconhecimento da existência de um terceiro setor.

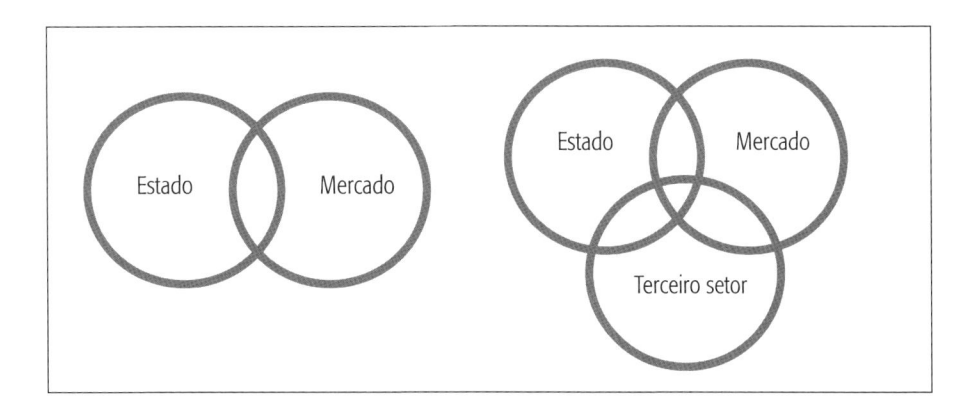

---

[1] Ver Salamon e Anheier, 1994.

O modelo trissetorial ilustra que, entre os três setores, aos pares, existem áreas em comum que podem ter diversos significados. A título de exemplo, pode-se dizer que a área comum entre o terceiro setor e o mercado seria formada por organizações que os estudiosos ainda discutem se pertencem ao terceiro setor ou ao mercado, como as cooperativas e os sindicatos. Por outro lado, a interseção pode também ilustrar a possibilidade de parcerias entre os setores, indicando objetivos sociais comuns. Existe uma área comum aos três setores que pode ser utilizada para simbolizar objetivos ou ações em que existe uma convergência de interesses. Como esse modelo tem sido relacionado à busca por justiça social, igualdade e solidariedade, pode-se colocar nessa área comum aos três setores a promoção do ser humano como objetivo máximo, no qual se pautam as políticas e ações intersetoriais. O tamanho dos círculos também pode ser utilizado com finalidades comparativas para ilustrar, por exemplo, a dimensão econômica de cada setor de determinado país, estado, região ou município. Tratarei da dimensão econômica do setor em outra seção.

Esse modelo não tem os conceitos econômicos como referência principal. Foi elaborado a partir de um enfoque classificatório, que tem como principal preocupação subdividir a sociedade em setores identificados por um tipo particular de organização. Para esse objetivo, as organizações são classificadas de acordo com a natureza de seus agentes (privados ou públicos) e com sua finalidade última, ou seja, se têm uma finalidade pública ou privada. Rubem César Fernandes (1994) ilustra didaticamente essa classificação através do quadro 1.

Quadro 1
O SISTEMA TRISSETORIAL

Agentes	Finalidade	Setor
Privados	Privada	Mercado
Públicos	Pública	Estado
Privados	Pública	Terceiro setor

Fonte: Fernandes, 1994:21.

Esse quadro ilustra claramente a natureza particular do terceiro setor, que apresenta, concomitantemente, características dos outros dois setores. O quadro nos diz que o terceiro setor é constituído a partir de uma iniciativa privada, ou seja, qualquer pessoa pode criar uma organização do setor, mas que a finalidade dessa organização, em última instância, é o atendimento da população. Assim como o Estado, o terceiro setor tem uma finalidade pública. Essa constatação ampliou a noção de atividade pública, que até recentemente era reconhecidamente uma ação exclusiva do Estado. A sociedade civil, ansiosa por melhorias nas condições de vida, não tendo paciência para esperar a ação governamental, decide se organizar para oferecer um serviço à comunidade. Com esse modelo, as ações públicas deixaram de ser centradas no Estado e passaram a ser objeto da ação de grupos de pessoas da sociedade civil, o que alguns autores denominam "área de ação pública não estatal".

Os setores apresentam, individualmente, uma característica predominante que os identifica. A característica predominante do Estado está associada ao seu poder político, enquanto o mercado, ou o setor privado, é facilmente reconhecido por seu poder econômico. E o terceiro setor, o que se reconhece nele como seu maior capital? O terceiro setor ganhou respeitabilidade e credibilidade por ser depositário de poder moral, sendo os valores e princípios humanitários que movem a sua ação seu precioso capital. Dessa forma, a questão econômica pode afetar a vida de uma organização do terceiro setor, mas sua existência depende fundamentalmente de sua credibilidade e do respeito que inspira na sociedade onde atua. A morte de uma organização é inevitável quando ela viola princípios éticos e morais, e essas organizações, assim como as governamentais e privadas, não estão livres de atos escusos ou de serem utilizadas para encobrir atos criminosos.

A simbologia do modelo trissetorial representado nos círculos que se interceptam também pode estar associada às características de poder específicas de cada setor. Em termos de seu poder moral, representado pelos mais nobres valores e princípios humanitários, o terceiro setor pode influenciar os outros dois, assim como os poderes econômico e político podem atuar sobre o "capital" do terceiro setor, influenciando-o em uma direção ou outra. A força do terceiro setor repousa em seu poder moral e este pode ser o principal elemento para a construção de uma sociedade justa e igualitária. O setor privado passou a ser influenciado por essa característica marcante do terceiro setor nos últimos anos, dando origem ao movimento da responsabilidade social empresarial em nosso país.

Finalmente, os leitores devem estar se perguntado que tipos de organizações fazem parte do terceiro setor. O debate sobre o conceito de terceiro setor apenas começou, e teremos a oportunidade de examinar outros enfoques que consideram outras concepções do que seria esse setor, o que vem resultando em um riquíssimo debate entre os estudiosos. Destacam-se nesse debate a concepção norte-americana, a europeia e a latino-americana. Um dos pontos de divergência entre as concepções diz respeito à inclusão ou não de determinadas organizações no setor. O quadro 2 ilustra parcialmente esse ponto específico do conceito de terceiro setor.

Quadro 2
UNIVERSO DAS ORGANIZAÇÕES

Fundações	Cooperativas
Institutos	Sociedades mútuas
Conselhos profissionais	Sindicatos
Ordens profissionais	Empresas autogeridas
Associações comunitárias	Movimentos populares
Sociedades beneficentes	Religiões
Clubes sociais recreativos	
Clubes esportivos	
Entidades caritativas	

O enfoque norte-americano enfatiza que o setor é constituído pelas organizações que aparecem no lado esquerdo do quadro 2. A visão europeia se pauta nos princípios da economia social ou solidária e inclui o terceiro setor em uma concepção mais ampla, ao lado das cooperativas, das sociedades mútuas e das empresas autogeridas. Estudiosos latino-americanos incluem no terceiro setor as religiões e os movimentos sociais, tendo em vista a importância das religiões em ações sociais e da tradição dos movimentos sociais populares em nosso continente. A não inclusão de movimentos populares pelos estudiosos norte-americanos advém do fato de essas manifestações de cidadania não serem formalmente constituídas, com registro em cartório e contabilidade oficial. Outro argumento frequentemente utilizado para a exclusão dos movimentos populares refere-se a sua grande instabilidade no que diz respeito a sua perspectiva de vida. Os movimentos sociais surgem em torno de uma reivindicação, como, por exemplo, a instalação de uma escola em determinada comunidade;

mas, assim que essa demanda é atendida, o movimento tende a desaparecer. A discussão em torno das visões europeia e norte-americana será aprofundada na seção a seguir.

Diferentes visões

A necessidade de uma definição para o terceiro setor surgiu do fato de que, embora ele possua características próprias que o diferenciam do Estado e do setor de mercado, não era destacado como um setor da economia, aparecendo camuflado no setor de serviços, no conceito das contas nacionais dos países.

A definição do terceiro setor tem gerado muita controvérsia dentro e fora do mundo acadêmico. Por questões práticas, o que significa ter em vista a dimensão econômica do setor, a definição tem hoje duas correntes predominantes, que procuram estabelecer as fronteiras entre o terceiro setor, o setor privado e o Estado.

A corrente europeia identifica o terceiro setor com a economia social, que engloba os seguintes setores: a) cooperativismo (no qual se identifica a figura do trabalhador com a do empresário); b) mutualismo (no qual se identifica o uso de serviços com a adesão à organização); e c) associativismo (no qual predomina a forma livre de associação dos cidadãos).

Segundo Jacques Defourny,[2] a economia social compreende todas as organizações que, por questões éticas, seguem os seguintes princípios:

- colocar a prestação de serviços aos seus membros ou à comunidade acima da simples procura por lucro;
- ter autonomia administrativa;
- adotar um processo democrático na tomada de decisões;
- dar primazia às pessoas e ao trabalho sobre o capital na distribuição dos resultados das atividades.

A linha de pensamento norte-americana, identificada com o Center for Policy Studies, da Johns Hopkins University, define o terceiro setor como constituído de:

- organizações estruturadas;
- localizadas fora do aparato formal do Estado;
- que não se destinam a distribuir lucros auferidos com suas atividades entre seus diretores ou entre um conjunto de acionistas;
- autogovernadas;
- que envolvem indivíduos num significativo esforço voluntário.

A fim de exemplificar as implicações práticas dessas duas correntes, pode-se considerar as diferenças na identificação do terceiro setor. A corrente norte-americana tem como um dos elementos-chave para a definição do terceiro setor o fato de ele ser formado por organizações que não se destinam a distribuir lucros auferidos com suas atividades entre seus diretores ou entre um conjunto de acionistas. Para a corrente europeia, que tem como referência a busca da democracia

---
[2] Ver Defourny, Develtere e Fonteneau, 1999.

econômica, é fundamental a inclusão de organizações coletivas que tenham como princípio básico a distribuição do lucro entre os seus diretores e/ou associados. Assim, para essa corrente, o cooperativismo e o mutualismo se constituem em setores-chave para a constituição do terceiro setor, além do associativismo.

Para os teóricos da economia social, o terceiro setor é uma oportunidade para mudar os princípios rígidos do capitalismo e, consequentemente, se constitui no embrião de uma nova ordem, a democracia econômica, na qual não deve prevalecer a ideologia do lucro sobre o atendimento das pessoas ou sobre a comunidade. Nesse sentido, a visão da economia social toma mais a direção de uma mudança na natureza do capitalismo. Aqui, a solidariedade seria um valor hegemônico nas relações socioeconômicas, em vez de simplesmente coexistir com as regras e valores capitalistas. Essa corrente dá primazia às pessoas e ao trabalho sobre o capital na distribuição dos resultados das atividades econômicas. No Brasil, a chamada economia solidária vem sendo considerada uma prática inovadora no campo da democracia econômica, onde diversas experiências vêm ocorrendo no campo do cooperativismo, da autogestão de empresas, do crédito e do comércio solidário.[3]

Na visão norte-americana, o terceiro setor aparece como mais um setor do capitalismo, tendo, entretanto, características próprias. É considerado um elemento-chave para a solução dos graves problemas da era pós-industrial, indispensável para contrabalançar os inevitáveis danos sociais, ambientais e econômicos advindos da própria natureza do capitalismo. Essa corrente não questiona o sistema capitalista e suas regras de funcionamento. Nesse caso, o terceiro setor assume um papel estratégico para a permanência do sistema, uma vez que estaria cuidando de suas "enfermidades" e, dessa forma, evitando principalmente um desastre social-ecológico.

Em ambos os casos, ficam fora da definição as "ações" de caráter privado, associativo ou voluntarista, geralmente informais. Esse subsetor informal da sociedade civil é imenso, mas impossível de ser mensurado, uma vez que as organizações não são legalmente constituídas, não apresentam registro de suas atividades (contabilidade, por exemplo) e revelam uma grande dinâmica no que diz respeito ao nascimento e morte, isto é, surgem e desaparecem com grande dinamismo, sem deixar registros formais de sua existência. Entretanto, para os estudiosos latino-americanos, esse subsetor informal corresponderia à parte submersa do iceberg do terceiro setor, a maior, mais dinâmica e a que provocaria as mudanças mais significativas na sociedade.

Considerando tanto a definição europeia quanto a da Johns Hopkins, isto é, considerando as organizações formais constituídas por iniciativa privada, mas voltadas para a geração de bens e serviços de caráter público, é possível mensurar esse setor.

O conceito norte-americano foi aplicado, em um primeiro momento, para mensurar o terceiro setor em seis países desenvolvidos — Estados Unidos, Itália, Alemanha, Inglaterra, Japão e França — e em um país do Leste europeu — a Hungria — no início da década de 1990. Mais recentemente, o conceito foi aplicado em países da América Latina, África e Ásia. No caso do Brasil, os primeiros resultados oficiais da pesquisa aparecem em uma publicação do Instituto de Estudos da Religião (Iser).[4]

---

[3] Singer e Souza, 2000.
[4] Landim e Beres, 1999.

O conceito da Johns Hopkins acabou, por questão de articulação e investimento em pesquisas de campo, prevalecendo sobre o conceito de economia social, a ponto de servir como referência para o departamento de estatística das Nações Unidas na elaboração de uma metodologia de levantamento de informações através das contas nacionais. Durante aproximadamente quatro anos, o Center for Civil Society Studies da Jonhs Hopkins, liderado pelo professor Lester M. Salamon, trabalhou com a Divisão de Estatísticas das Nações Unidas para elaborar um sistema de contas-satélite que permitisse levantar informações econômicas e sociais sobre o terceiro setor. A Divisão de Estatísticas da ONU publicou, em março de 2002, um documento intitulado *Handbook on non-profit institutions in the system of national accounts* (*Manual sobre instituições não lucrativas no sistema de contas nacionais*), que foi testado em 12 países.[5] Esse constitui um avanço importantíssimo para que os países possam levantar oficialmente informações sobre o terceiro setor simultaneamente à pesquisa tradicional das contas nacionais. Esse fato ilustra que o novo paradigma conceitual sobre o terceiro setor acabou por modificar o velho paradigma das contas nacionais, que não davam visibilidade a essa área.

O terceiro setor no Brasil

O desenvolvimento do terceiro setor no Brasil teve importante papel na construção sociopolítica e na democracia econômica. Ao contrário dos EUA, a sociedade civil brasileira era inexpressiva quando comparada à histórica influência e dominação do Estado. Durante o século XX, o Brasil foi governado principalmente por ditaduras, com curtos períodos de democracia política.

Com a viabilização da democracia em 1985, o Brasil passou do controle estatal para uma maior participação da sociedade, o que foi fortalecido com a Constituição de 1988. O poder econômico estatal enfraquecido e a sociedade civil, tradicionalmente caracterizada pela expectativa de receber todos os benefícios do Estado, começaram a se organizar mais intensivamente do que no passado, formando organizações não lucrativas. Problemas sociais como concentração de renda, desemprego, pobreza e assustadores níveis de violência levaram a sociedade civil a se mobilizar. A educação foi vista como a área-chave para a melhora do nível de emprego e, consequentemente, da qualidade de vida em todos os aspectos. A partir da década de 1980, o terceiro setor cresceu exponencialmente, o que o caracteriza como um setor jovem, porém robusto. Para a sociedade civil, a década representou um enorme ganho no que diz respeito à garantia dos direitos políticos, civis, econômicos e sociais.

No início da década de 1990 não se falava nesse conceito e ele não fazia parte da produção de conhecimento sobre as organizações da sociedade civil. Agora, existe um sentimento de que as organizações da sociedade civil pertencem a um setor e, por consequência, deseja-se saber seu tamanho, sua participação no PIB e na geração de empregos, o perfil do profissional que nele atua e o tamanho de seu público direto e indireto, entre outras tantas e importantes questões. Pesquisar esse universo tornou-se prioridade, pois, sem essas informações, é impossível saber a verdadeira identidade econômico-social do setor e, portanto, realizar comparações com os outros dois setores: o estatal e o privado.

---

[5] Disponível em: <www.jhu.edu/~gnisp/>.

Como pode um setor ser mobilizado e aperfeiçoado sem que se conheça sua natureza e estrutura? O Instituto de Estudos da Religião (Iser) do Rio de Janeiro foi responsável por importantes estudos pioneiros sobre o terceiro setor no Brasil. Em 1994, Rubem César Fernandes fez um levantamento pioneiro, focado nas características históricas do terceiro setor no Brasil que resultou no livro *Privado, porém público: o terceiro setor na América Latina*.

O estudo publicado em 1999 por Landim e Beres, por intermédio do Projeto Comparativo do Setor Não Lucrativo da Johns Hopkins, era, até recentemente, o único trabalho de referência estatística que tratava do setor não lucrativo brasileiro. Esse estudo fez parte do projeto ampliado do Center for Policy Studies da Johns Hopkins University e permite uma comparação com os resultados obtidos na pesquisa pioneira realizada em sete países e publicada em 1994 por esse centro de pesquisa.

O objetivo da metodologia da Johns Hopkins era obter informações para avaliar, por critérios econômicos, o terceiro setor, principalmente no tocante a sua participação no PIB e na geração de emprego. Outras informações importantes sobre a natureza do terceiro setor também apareceram, principalmente quanto ao seu perfil e principais fontes de recursos.

Com relação ao PIB, a pesquisa realizada por Landim e Beres revelou que o terceiro setor participava com cerca de 1,5% do produto do país, em moeda de 1995. Isso correspondia a cerca de R$ 10,9 bilhões, que, para aquele ano, significava uma quantia muito semelhante em dólares.

Na pesquisa realizada nos referidos sete países, as participações são as que figuram no gráfico 1.

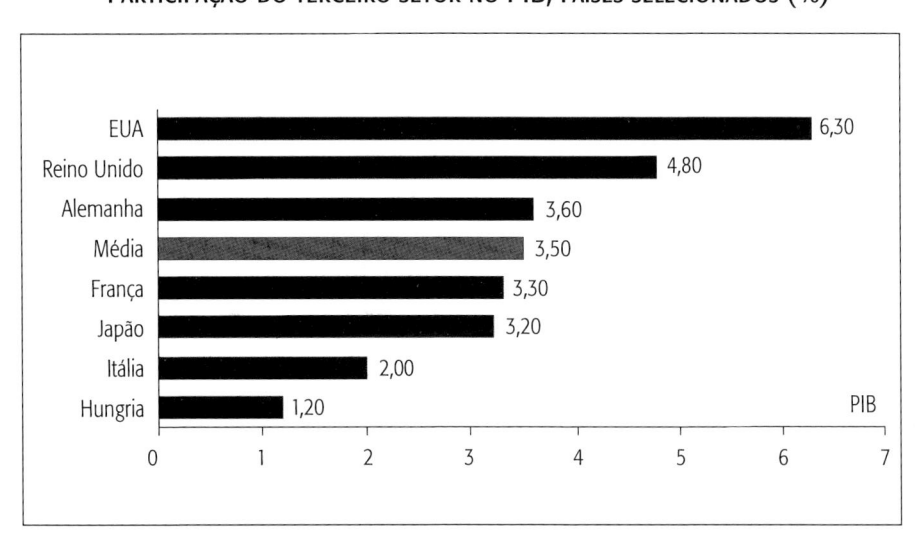

Gráfico 1
PARTICIPAÇÃO DO TERCEIRO SETOR NO PIB, PAÍSES SELECIONADOS (%)

País	PIB (%)
EUA	6,30
Reino Unido	4,80
Alemanha	3,60
Média	3,50
França	3,30
Japão	3,20
Itália	2,00
Hungria	1,20

Nota-se que a participação do terceiro setor no PIB brasileiro era bastante modesta se comparada à dos outros países. Tendo em vista a dimensão da economia brasileira, pode-se afirmar que o terceiro setor tinha possibilidades de expansão, podendo, para se igualar à média dos países industrializados, mais que dobrar de tamanho.

Quando se observa o crescimento do emprego no setor é que fica clara sua possibilidade de ocupar um espaço maior na economia brasileira. A tabela 1 mostra o espetacular crescimento da população ocupada no setor entre os anos de 1991 e 1995.

Tabela 1
CRESCIMENTO DO TOTAL DE PESSOAL OCUPADO NAS ORGANIZAÇÕES PRIVADAS SEM FINS LUCRATIVOS
1991-1995

População	1991	1995	Nº	% de crescimento
População ocupada total	55.293.316	66.277.014	10.983.689	19,86
População ocupada no setor SFL	775.384	1.119.533	344.149	44,38

Fonte: Pesquisa comparativa Johns Hopkins-Iser.

Enquanto o crescimento da população ocupada na economia brasileira foi de cerca de 20%, no terceiro setor esse crescimento foi mais que o dobro, ou seja, cerca de 44%.

Percebe-se o perfil do terceiro setor ao se examinar a distribuição da geração de emprego entre suas diversas atividades. Observe a tabela 2.

Tabela 2
TOTAL DO PESSOAL OCUPADO COM REMUNERAÇÃO, SEGUNDO ÁREAS DE ATIVIDADES

Áreas de atividades	1995	%
Cultura e recreação	175.540	15,7
Educação e pesquisa	381.098	34,0
Saúde	184.040	16,4
Assistência social	169.663	15,2
Ambientalismo	2.499	0,2
Desenvolvimento e defesa de direitos	13.721	1,2
Religião	93.769	8,4
Associação profissional	99.203	9,9
Total	1.119.533	100,0

Fonte: Pesquisa comparativa Johns Hopkins-Iser.

Pela distribuição do emprego no setor, verifica-se que as áreas de educação e pesquisa, cultura e recreação, e saúde eram as mais importantes no Brasil. A área que apresentava a mais modesta participação era a dedicada ao ambientalismo.

O gráfico 2 nos dá uma ideia do que representa a participação do terceiro setor no total de pessoal ocupado no Brasil em comparação com outros países.

Nota-se que a participação do terceiro setor no total de pessoal empregado no Brasil está bastante abaixo da média, o que indica novamente que o setor tem grande possibilidade de expansão na economia brasileira. Em alguns países, como Países Baixos, Irlanda e Bélgica, o terceiro setor já representa mais de 10% do emprego.

Gráfico 2
PARTICIPAÇÃO DO SETOR SEM FINS LUCRATIVOS NO TOTAL DE PESSOAL OCUPADO, PAÍSES SELECIONADOS, 1995 (%)

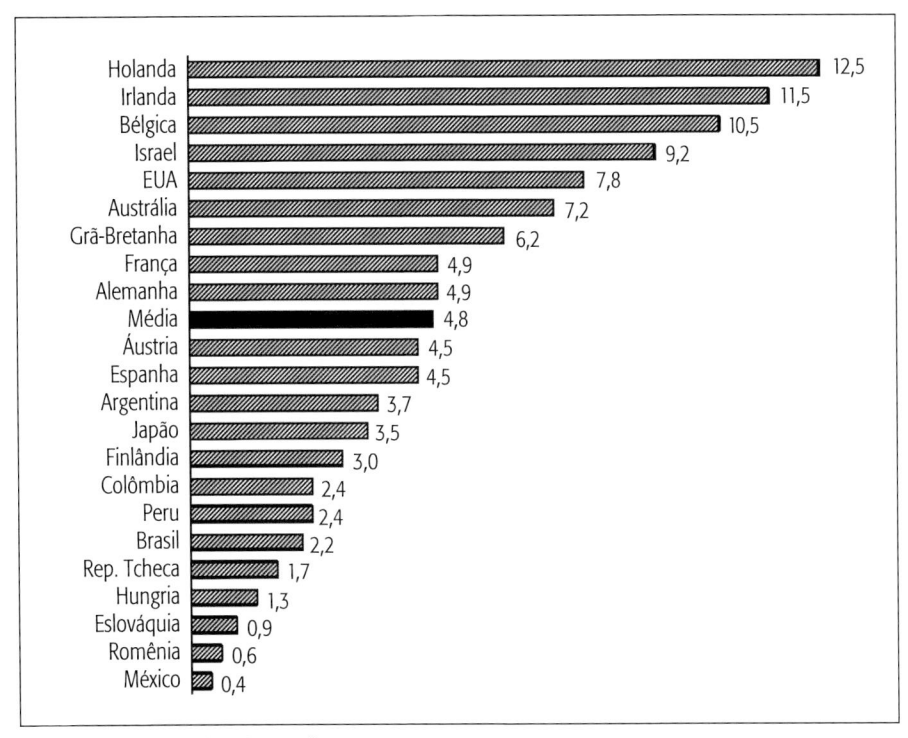

País	%
Holanda	12,5
Irlanda	11,5
Bélgica	10,5
Israel	9,2
EUA	7,8
Austrália	7,2
Grã-Bretanha	6,2
França	4,9
Alemanha	4,9
Média	4,8
Áustria	4,5
Espanha	4,5
Argentina	3,7
Japão	3,5
Finlândia	3,0
Colômbia	2,4
Peru	2,4
Brasil	2,2
Rep. Tcheca	1,7
Hungria	1,3
Eslováquia	0,9
Romênia	0,6
México	0,4

Fonte: Pesquisa comparativa Johns Hopkins-Iser.
Nota: Emprego não agrícola; excluída a área religião.

Com relação às origens dos recursos que mantêm as atividades do setor, registrou-se que a principal fonte no Brasil são as receitas próprias, que contribuem com cerca de 68% do total. A contribuição de outras fontes pode ser visualizada no gráfico 3.

Gráfico 3
ORIGEM DOS RECURSOS DE ORGANIZAÇÕES PRIVADAS SEM FINS LUCRATIVOS

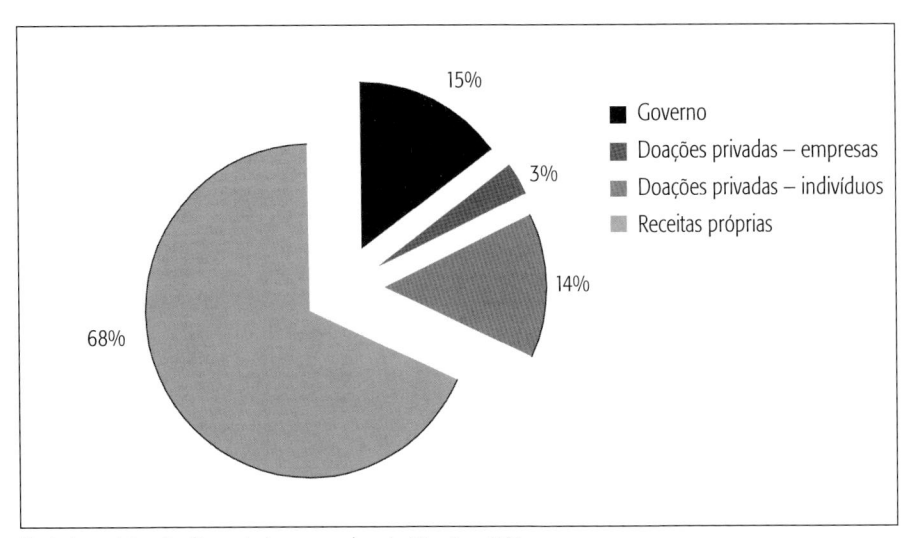

Fonte	%
Governo	15%
Doações privadas – empresas	3%
Doações privadas – indivíduos	14%
Receitas próprias	68%

Fonte: Iser e Johns Hopkins, estudo comparado entre 22 países, 1995.

Era modesta a participação do governo e das doações privadas — tanto de indivíduos quanto de empresas — na formação da renda necessária para as atividades do setor no Brasil. Compare-se, no gráfico 4, com a média apresentada para os sete países já mencionada.

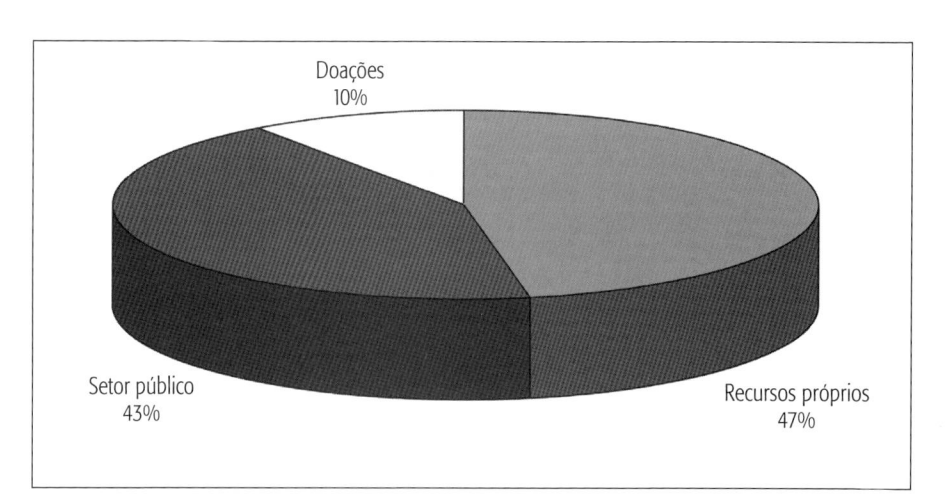

Gráfico 4
FONTES DE RECURSOS DO SETOR NÃO LUCRATIVO

- Doações 10%
- Setor público 43%
- Recursos próprios 47%

Os recursos próprios se constituem, na realidade, de taxas e pagamentos que as organizações recebem pela venda de serviços ou outros produtos que efetuam em processos de geração de renda, ou seja, são receitas próprias. Existe uma considerável participação na transferência de recursos públicos naqueles países, contrastando com a modesta participação do setor público na formação da renda do terceiro setor no Brasil. As doações privadas têm uma participação mais modesta naqueles países (cerca de 10%), se comparadas com o Brasil, onde representam cerca de 17%.

Até recentemente, o conceito ainda não estava sendo usado nas práticas de levantamento de dados econômicos oficiais, principalmente naqueles referentes às contas nacionais.

Desde 1948, quando a contabilidade nacional foi implementada pela Fundação Getulio Vargas, o método que vinha sendo empregado não permitia que as informações referentes às organizações da sociedade civil pudessem ser computadas separadamente. A tradicional metodologia das contas nacionais significava um forte paradigma, que permaneceu intocável até março de 2002, quando o Departamento de Estatística da ONU admitiu a importância de se calcular, em separado, o valor movimentado pelo terceiro setor. Até então, a metodologia apresentava uma grave distorção, já que tinha uma regra para o cômputo das organizações sociais que camuflava suas atividades. Essa regra determinava que, nos levantamentos estatísticos, aquelas organizações que recebessem mais de 50% de suas receitas como doações do Estado fossem consideradas estatais e aquelas com mais de 50% de receitas advindas de empresas ou famílias acabassem classificadas como do setor privado. Por essa razão, nenhum país do mundo apresentava em separado as informações agregadas sobre o terceiro setor. A ONU denominou "conta-satélite do setor não lucrativo" a metodologia que, agora, orienta os institutos de pesquisa dos países a levantarem as informações sobre as atividades desse setor.

A batalha para substituir o velho paradigma iniciou-se nos primeiros anos da década de 1990, quando o Centro de Estudos da Sociedade Civil da Universidade Johns Hopkins, liderado pelo professor Lester Salamon, lançou o Projeto Comparativo do Setor Não Lucrativo, que congregava pesquisadores de sete países e lançava a base metodológica conceitual que orientaria a pesquisa sobre o caráter estrutural e operacional do setor. O projeto comparativo evoluiu e, recentemente, envolvia pesquisadores de 37 países. A credibilidade que esse movimento acadêmico angariou para si é que permitiu dar início, no final dos anos 1990, a pressões, lideradas pelo professor Lester, para que o Departamento de Estatística da ONU considerasse a reformulação do sistema de contas nacionais, incluindo uma nova conta específica para o terceiro setor. Em março de 2002, a ONU lançou o *Handbook on non-profit institutions in the system of national accounts* (*Manual sobre instituições não lucrativas do sistema de contas nacionais*), que passou a ser um referencial para as pesquisas que desde então são realizadas sobre o setor.

O Centro de Estudos do Terceiro Setor (Cets) da Escola de Administração de Empresas de São Paulo (Eaesp), da FGV, tornou-se um dos protagonistas do processo de convencimento do IBGE a adotar a nova metodologia. Em setembro de 2004, o Cets, em parceria com o Centro de Estudos da Sociedade Civil da Universidade Jonhs Hopkins, organizou uma reunião em São Paulo com lideranças dos principais centros de estudos brasileiros, o que resultou em uma manifestação coletiva, encaminhada ao IBGE, solicitando que fosse considerada a possibilidade de se incluir nas contas nacionais a participação das organizações sociais.

O IBGE adotou a metodologia da ONU para o levantamento de informações sobre o setor nas futuras pesquisas censitárias realizadas pelo instituto, implementando, dessa forma, uma conta específica para o terceiro setor na contabilidade nacional brasileira. Com essa decisão, o Brasil se juntou a outros 12 países — Argentina, Austrália, Bélgica, Canadá, Estados Unidos, França, Israel, Itália, Nova Zelândia, Peru, Quênia e a República Tcheca —, que se comprometeram, nos últimos dois anos, a adicionar às suas estatísticas nacionais uma conta-satélite do setor, revelando, finalmente, sua natureza e importância nas economias modernas. O Departamento de Estatística da ONU recomenda, em seu manual, que sejam levantadas informações das organizações caracterizadas como associações e como fundações. O manual aconselha que cada país inclua, segundo seu próprio critério, organizações de cunho religioso, político ou mesmo informais.

Adotando a metodologia da ONU e para demonstrar sua importância, coordenei a realização de um censo do terceiro setor no estado do Pará em 2004, no qual, além das organizações formais, foram também pesquisadas as informais, assim como as vinculadas a religiões e a partidos políticos. Foram pesquisadas 2.180 organizações da Região Metropolitana de Belém, sendo 1.696 formais e 484 informais. O setor apresenta um crescimento explosivo a partir do início da década de 1980, uma vez que 77% das organizações foram criadas a partir de então. São organizações pequenas, pois 82% delas têm até 10 colaboradores. Somente 18% poderiam ser classificadas como de tamanho médio, pois empregam entre 11 e 100 pessoas. Entretanto, ocupam 17.960 pessoas, predominando os voluntários, pois foram contabilizados 14.540 nessa categoria. São 2.417 os funcionários remunerados. O setor ainda conta com 368 comissionados, 556 prestadores de serviço e somente 79 estagiários. O voluntariado exercido no setor revela uma admirável participação cidadã nos municípios pesquisados. Chama a atenção o volume de recursos movimentados por essas organizações, que atingiram R$ 167,7 milhões/ano, pois as prefeituras dos seis municípios pesquisados, excetuando-se a de Santa Isabel, aplicaram juntas em fins semelhantes o valor de R$ 201 milhões! Os recursos próprios respondem por 67% do total e provêm de receitas de atividades geradoras de renda, tais como venda de serviços, jantares, bazares e festas. As doações de pessoas físicas e jurídicas perfazem 18% dos recursos movimentados pelo setor, originando-se 10% de transferências governamentais. A principal área de atuação do terceiro setor na Região Metropolitana de Belém é a de "desenvolvimento comunitário", que concentra 23% das organizações, o que revela uma admirável capilaridade, pois sua presença é notada em todas as comunidades. Essa área é secundada pela de "cultura e recreação", na qual atuam 17% do universo cadastrado. Em terceiro lugar, aparece a área de "associações profissionais, de classe e sindicatos", onde se concentram 15% das instituições. "Religião", "assistência e promoção social" e "educação e pesquisa" são outras áreas importantes, já que nelas foram encontradas, respectivamente, 14%, 12% e 10% das organizações atuantes. "Saúde", "meio ambiente" e "defesa de direitos" são as atividades com o menor número de organizações, o que de certa forma constitui uma contradição, tendo em vista que são áreas com graves problemas a resolver.

No final de 2004, o IBGE anunciou a finalização de um estudo realizado em parceria com a Associação Brasileira de Organizações Não Governamentais (Abong) e o Grupo de Institutos, Fundações e Empresas (Gife), intitulado "As fundações privadas e associações sem fins lucrativos no Brasil — 2002".[6] O trabalho, realizado a partir do Cadastro Central de Empresas (Cempre) do IBGE e levando em consideração a metodologia da ONU para a seleção das organizações, é um marco histórico para a análise do papel da sociedade civil organizada na construção de uma nova realidade social brasileira, uma vez que a única referência estatística sobre o setor era o estudo realizado pelo Iser e publicado em 1999. Perguntas como que tipo de organizações constituem o terceiro setor, como estão estruturadas, quantas são, onde estão localizadas, qual seu papel na implementação de políticas públicas, quando surgiram, quanto geram de emprego e renda, qual o perfil salarial e a tendência de crescimento do setor foram respondidas, revelando a pujança e o dinamismo ímpar da cidadania empreendedora.

Vale a pena citar algumas informações importantíssimas oferecidas pelo estudo. De 1996 a 2002, o número de organizações passou de 105 mil para 276 mil, registrando um magnífico crescimento de 163%, sendo 62% das entidades criadas a partir de 1990. A maioria delas se encontra no Sudeste (44%), concentrando-se em São Paulo (21%) e Minas Gerais (13%). Essas organizações empregavam cerca de 1,5 milhão de pessoas em 2002, gerando, portanto, três vezes mais emprego do que o governo federal. A movimentação de recursos para pagamento de salários e outras despesas alcançou a cifra de R$ 17,5 bilhões. São organizações pequenas, pois 77% delas não possuem qualquer empregado e somente 7% contam com 10 ou mais pessoas remuneradas. Com relação à estrutura do setor, o estudo revelou que as organizações religiosas correspondem a 25,5% do total, sendo seguidas pelas entidades que se dedicam ao desenvolvimento e defesa dos direitos (16,4%) e pelas associações patronais profissionais (16%). Cultura e recreação, assistência social, assim como educação e pesquisa, que sempre se destacam como as principais áreas de atividades no terceiro setor, registraram, surpreendentemente, 13,6%, 11,6%, e 6%, respectivamente.

Cabe chamar a atenção para o fato de que se trata de um estudo baseado em dados secundários, que necessitaram de um tratamento delicado e laborioso, não constituindo, portanto, um levantamento censitário — o que seria o ideal. O estudo não adotou plenamente a metodologia da ONU, uma vez que foram eliminadas as organizações políticas, os sindicatos e as informais. A metodologia da ONU aconselha a inclusão nos levantamentos das organizações informais, que, em nosso continente, constituem um número bastante significativo, como demonstrou o censo realizado no estado

---

[6] Disponível em: <www.ibge.com.br>.

do Pará. Essas informações são importantes para que as políticas públicas estejam voltadas para a formalização e o fortalecimento dessas organizações.

Algumas informações preliminares de uma nova pesquisa publicada pelo IBGE em 2008, e que se refere a dados de 2005, revelam que o setor continua crescendo, quando comparado com as informações de 2002, publicadas em 2004. O número de organizações passou de 276 mil para 338 mil, o que significa um crescimento de 22,4%. O número de trabalhadores assalariados atingiu 1,7 milhão, mais da metade (57,1%) na região Sudeste — 32,4% no estado de São Paulo. A remuneração dos que trabalham formalmente no setor saltou de R$ 17,5 bilhões para R$ 24,3 bilhões, representando um crescimento de 38,8% na folha de pagamento do setor. Essa impressionante evolução do mercado de trabalho faz do terceiro setor uma área estratégica para a geração de empregos, pois, caracterizando-se como setor de mão de obra intensiva, seu crescimento se dá com a criação crescente de novos postos de trabalho.

Na última década, o crescimento do setor foi explosivo no Brasil, segundo as pesquisas realizadas pelo IBGE: de 105 mil organizações em 1996 a 276 mil em 2002 e a 338 mil em 2005! Comparando-se com a primeira pesquisa, o crescimento em pouco menos de uma década foi de aproximadamente 215%, apesar de uma leve desaceleração nos últimos três anos. Embora a taxa de crescimento mais recente seja um pouco menor, o setor continuou em sua trajetória ascendente, que o destaca como um dos mais dinâmicos de nossa sociedade.

Mais surpreendente foi a evolução do terceiro setor nos Estados Unidos, já que dos US$ 341 bilhões em 1990, a movimentação de recursos saltou para US$ 1,76 trilhão em 2003, representando cerca de 13% do PIB norte-americano.

Desenvolvimento sustentável: oportunidade histórica para o terceiro setor

O conceito de desenvolvimento sofreu uma evolução significativa nas últimas décadas. Primeiramente, abandonou-se o conceito de crescimento econômico, aquele que nos dizia que bastaria um país acumular riqueza que o bem-estar estaria garantido para todos. A história econômica dos países que atingiram altas taxas de crescimento demonstrou que a simples acumulação de capital produtivo e bens não seria suficiente para que a democracia econômica fosse atingida espontaneamente.

O Brasil pode ser citado como exemplo do fracasso da teoria de fazer crescer o bolo para então dividi-lo. O bolo de fato cresceu, o país tornou-se uma potência econômica, colocando-se entre as 10 maiores no *ranking* mundial. A renda *per capita* aumentou significativamente e, hoje, quase atingimos o patamar de país desenvolvido, mas a população em geral não desfrutou da riqueza acumulada. A concentração de renda foi brutal no modelo brasileiro de crescimento, excluindo a grande maioria de nossa população de uma vida digna.

Tanto o crescimento do PIB quanto o da renda *per capita* não revelam o verdadeiro padrão de vida dominante em nosso país. Estudiosos que se preocuparam com a incapacidade desses indicadores de revelar a situação social de um país criaram novos conceitos de desenvolvimento, que foram acompanhados pela elaboração de novos indicadores para mapear o estágio de uma comunidade ou de um país. Graças ao trabalho de Mahbub ul Haq, que contou com a colaboração de Amartya Sen, Prêmio Nobel de Economia em 1998, foi idealizado um indicador que vai além da dimensão puramente econômica — o índice de desenvolvimento humano, conhecido como IDH. Seu valor vai de zero, o que seria uma situação de extremo atraso, até a unidade, que seria o estágio ideal de desenvolvimento humano.

Paralelamente aos estudos sobre indicadores de desenvolvimento, foram elaboradas e testadas teorias sobre a nossa capacidade de atuar em variáveis que são estratégicas para a melhoria das condições de vida, como a educação e a saúde. Apesar das controvérsias sobre a teoria do capital social,[7] ela tem inspirado uma reformulação nos modelos de desenvolvimento, incluindo como variável estratégica o fortalecimento das organizações da sociedade civil, assim como interconexões entre elas e entre as pessoas de uma comunidade, com a finalidade de estimular ações coletivas. Quanto mais desenvolvida e rica a teia de organizações sociais e o envolvimento de pessoas nessa teia, maior o desenvolvimento humano e econômico. Não se trata apenas da disponibilidade de recursos para serem socializados, mas das pessoas que estão de alguma forma ligadas a uma rede de organizações, formais ou informais. O relacionamento entre vizinhos, o envolvimento com atividades de lazer, ser associado ou voluntário em organizações da sociedade civil, partidos políticos, associações religiosas e sindicatos são listados como importantes para a existência de condições para a interação dos indivíduos e o fortalecimento dos laços pessoais na vida comunitária. A saúde cívica de uma comunidade depende da existência ou não desse capital social. Os estudos empíricos demonstram que problemas sociais como pobreza, criminalidade, desemprego, analfabetismo etc. estão altamente relacionados com a disponibilidade ou não de capital social. Por esse motivo, torna-se importante, para o desenvolvimento local, um mapeamento de como os indivíduos interagem entre si e de como estão envolvidos em organizações da sociedade civil.

Com a realização de pesquisas censitárias sobre o tamanho do terceiro setor no Brasil e considerando a conceituação de capital social, pode-se estabelecer um novo indicador para mensurar a intensidade da existência do capital social em municípios, estados e mesmo no país como um todo. Os estudos realizados pelo Iser (1999) e pelo IBGE (2004 e 2008) permitem uma estimativa da existência de 1,6 organização para cada mil habitantes do Brasil. No Canadá, essa proporção é surpreendente, já que existem cinco organizações por mil habitantes. Se tivéssemos a mesma pujança do terceiro setor canadense no Brasil, deveríamos contar com um número três vezes maior de organizações, ou seja, em vez de 338 mil organizações, deveríamos ter pelo menos 900 mil! Embora a já considerável dimensão dos dados agregados do terceiro setor brasileiro nos surpreenda, tal informação é importantíssima, pois revela que este certamente poderá crescer de forma espetacular.

A quase completa destruição do Estado providência, como consequência das políticas neoliberais que se seguiram ao período em que prevaleceu o denominado Consenso de Washington, foi acompanhada por um extraordinário crescimento do terceiro setor.

A minimização do Estado tornou-se meta planetária a partir dos anos 1980, e a privatização de inúmeras atividades foi um dos meios utilizados para se restringir as atividades estatais aos campos clássicos da segurança, da justiça e da defesa territorial. Na área social, assistiu-se a um perverso processo da privatização de serviços sociais, no qual a previdência privada tornou-se o carro-chefe, seguido pelos serviços de saúde e educação.

No Brasil, o sonho do *welfare state* jamais se tornou realidade e nunca se tornará, pois essa concepção de um Estado que destinaria a maioria de seus recursos para o bem-estar social jamais

---

[7] Ver Putnam, 2002.

fez parte de projetos para a nossa população e o seu *momentum* histórico já passou. Nesse cenário, falou-se inclusive na *welfare society*, ou sociedade do bem-estar social, na qual o terceiro setor deveria assumir os serviços sociais negligenciados pelo Estado e aqueles desprezados pelo mercado. Essa hipótese de descentralização radical das políticas sociais foi duramente criticada, já que jamais a sociedade civil teria ou terá capacidade para atender de forma universal à população em todos os seus direitos a moradia, saúde, saneamento, educação e tantos outros garantidos pela nossa Constituição e pelos direitos universais do homem.

Para muitos críticos da supremacia do mercado sobre o Estado, o crescimento do terceiro setor teria sua explicação em uma política deliberada neoliberal, na qual o fortalecimento do setor seria importante instrumento para minimizar os gastos sociais governamentais. Os estudos demonstram que a política neoliberal explica em parte o crescimento explosivo do terceiro setor, já que outros fatores são tão ou mais importantes para justificar tal fenômeno. Entre esses fatores, destacam-se: a) a indignação dos cidadãos quanto à situação de miséria de considerável parcela da população e a possibilidade de combater tal situação por meio das organizações sociais; b) a redução significativa das taxas de crescimento dos países pós-crises do petróleo, gerando uma enorme massa de excluídos; c) a urbanização acelerada, que acompanha o processo de crescimento dos países; d) os meios de comunicação, que difundem projetos sociais e seus resultados positivos, inspirando novos empreendedores sociais; e) as garantias constitucionais, que estimulam os cidadãos na criação de organizações; e f) a internet, que possibilita a troca de experiências e o acesso dos cidadãos às informações sobre as áreas em que as organizações sociais atuam em determinado país e que podem ser replicadas.

No cenário contemporâneo, marcado pelo fracasso do modelo neoliberal, que resultou em um Estado frágil, portanto, incapaz de assumir totalmente suas responsabilidades sociais, propõe-se um novo modelo de política social, batizado de *welfare mix* ou *welfare pluralism* — uma forma de gestão compartilhada das ações sociais pelos três setores. Embora as responsabilidades compartilhadas devam ser assumidas pela reconstrução dos papéis dos setores nesse novo sistema, o Estado deve liderar esse processo no que diz respeito à definição, à regulamentação e à implementação de políticas sociais.

Não existem exemplos, no caso brasileiro, de experiências em que o setor público tenha considerado, como parte integrante de um plano de desenvolvimento, a inclusão das alianças intersetoriais como estratégia fundamental. Registram-se, em nosso país, inúmeros casos de parcerias entre o setor público e o terceiro setor, com o objetivo de implementar ações em áreas específicas, mas são raríssimos os projetos em que os três setores atuem em conjunto para minorar problemas sociais. Nota-se que, aos poucos, e muito recentemente, os governantes passaram a incluir em seus discursos a importância de se unir os recursos e saberes dos três setores em ações compartilhadas que resultem na melhoria do padrão de vida da população.

Diante da potencialidade que esse novo arranjo oferece para a resolução de problemas sociais, é impossível não considerar o terceiro setor como componente indispensável em qualquer programa de desenvolvimento econômico e social, o que ainda, infelizmente, não aconteceu em nosso país, mas que certamente ocorrerá.

Apesar da descrença geral em nossos políticos e nos programas de seus partidos, não se pode negligenciar a importância do sistema de representação para que as aspirações da sociedade possam se concretizar. Já dizia o poeta que o pior analfabetismo é o analfabetismo político. A participação política não é fundamental apenas durante o período eleitoral, deve ser uma ação permanente de conscientização das pessoas para que elas se tornem sujeitas de seu próprio destino. A utopia política nos levava a uma visão de que a alienação das pessoas seria varrida de suas cabeças e de que a participação política seria maciça e apoiada em ações que revolucionariam as ordens econômicas, sociais, culturais e de convivência comunitária.

A reconquista da democracia a partir de 1984 e a Constituição cidadã de 1988 redobravam a esperança de que a utopia se tornaria uma realidade. A renovação política, com o surgimento de novos partidos que captam as aspirações dos movimentos operários e dos movimentos sociais que floresceram durante o período ditatorial, resultou em revolucionários programas de governo. Os partidos de esquerda conseguiram dessa forma mobilizar de maneira eletrizante parcela significativa da população, mas, quando conquistaram o poder, suas bandeiras de luta foram apenas parcialmente implementadas ou ignoradas por completo. A frustração foi tão grande quanto a dedicação voluntária de milhares de militantes por uma causa política.

Esse cenário tornou-se propício para que todos aqueles que aspiravam a uma transformação da sociedade buscassem formas alternativas de atuação. Transformar uma indignação em um processo de mudança da realidade era algo impossível para qualquer ser deste país até a descoberta do terceiro setor. A ação pública só era identificada com as atividades do Estado; daí a necessidade de estarmos vinculados a um partido político para que este servisse de intermediário entre as nossas aspirações e o poder de ação de um governo.

O terceiro setor surgiu como um atalho entre a nossa vontade transformadora e a ação necessária sobre a realidade. A admirável possibilidade legal de qualquer pessoa criar uma organização em defesa de uma causa e de essa pessoa poder atuar diretamente no combate às injustiças sociais, econômicas, culturais, raciais, ou pela preservação do meio ambiente, explica o impressionante crescimento das organizações do terceiro setor. Se eu posso atuar, por que esperar que o Estado atue por mim? Foi isso que passou a habitar o consciente coletivo.

Não resta dúvida de que a revolução associativa que dominou não só o Brasil, mas o mundo, tornou-se um fenômeno que alterou completamente o pensar e o agir público contemporâneo. Algumas vezes de forma distorcida, como quando muitos defendem a ideia de que o Estado se tornou um ator secundário na arena social. Nada mais estúpido que tal pensamento. A sociedade civil, por mais que cresça e apareça, jamais poderá substituir o Estado em seu poder transformador. Uma ONG ou uma rede de ONGs ambientalistas pode organizar um espantoso movimento pela despoluição de nossos rios, mas jamais terá o poder de fazer com que as indústrias poluidoras reduzam a zero o impacto que causam na natureza. Torna-se necessário que o Estado, por meio de leis e decretos, determine que tais empresas acabem com a poluição ou sejam penalizadas se continuarem com suas atividades. As soluções estruturais só podem ser dadas pelo Estado.

As organizações do terceiro setor podem e devem ter como uma prioridade em suas agendas uma atuação coletiva que leve a uma maior influência sobre a atuação do Estado. Os períodos eleitorais se constituem em um ambiente propício para que as organizações se unam em torno de temas que são caros a sua missão e que podem, portanto, ser apresentados como uma demanda política. Dessa forma, pode-se atuar no sentido de construir o Estado que queremos e merecemos.

Considerações finais

Este capítulo chama a atenção para um fenômeno recente ocorrido na sociedade brasileira e que tem provocado extraordinárias mudanças não só no campo social, como também nos campos econômico, político e ambiental. A visibilidade que o terceiro setor atingiu em tão curto espaço de tempo está relacionada ao seu potencial de revolucionar o modo de fomentar políticas públicas, em que a governança compartilhada passou a ser uma alternativa para a solução de nossos problemas sociais. Procurei ressaltar os mais expressivos impactos que esse nascente setor tem provocado e que são resumidos a seguir.

- potencial de crescimento: os números sobre o terceiro setor no Brasil demonstram claramente o seu crescimento exponencial e a existência ainda de uma ampla possibilidade de expansão, que resultará em uma maior participação no PIB;
- possibilidade de ser um setor gerador de emprego: tendo em vista o processo de exclusão social que se intensificou no Brasil e nos países da América Latina. O setor é por natureza mão de obra intensivo. São pessoas que atendem a pessoas na prestação de inúmeros serviços sociais e que não podem ser substituídas por máquinas;
- atuação permanente e imediata na melhoria geral da vida: o terceiro setor apresenta a possibilidade de atuação permanente, fora do aparelho de Estado, para que a condição de vida da população excluída melhore. O ativismo político poderá ser acompanhado de ações concretas de intervenção na transformação das pessoas e da sociedade;
- convergência de interesses: o terceiro setor pode aglutinar setores em causas de interesse comum, mesmo que mantenham uma situação de antagonismo de interesses, por exemplo, na área econômica. O antagonismo capital-trabalho pode continuar existindo na disputa por uma melhor distribuição de renda, mas isso não impede que empresas se dediquem a uma causa social e que possam estar ao lado dos trabalhadores nessa causa;
- ampliação da base de atuação política: além de envolver trabalhadores, pode também contar com o envolvimento de empresários progressistas, grande segmento da classe média sensível aos problemas sociais;
- mobilização em torno de temas mais amplos do que o simplesmente econômico: vida comunitária, harmonia social, segurança, desenvolvimento humano, melhoria da vida cultural, que contribuem para a criação de uma democracia econômica;
- formação de redes de ativismo político: o terceiro setor tem demonstrado possuir grande poder de mobilização para o ativismo político questionador da ordem econômica predominante. Através de sua tradição de atuação em rede, centenas de organizações podem ser mobilizadas em torno de temas críticos para a melhoria das condições ambientais e de vida em nossa sociedade;
- relações intersetoriais: o Estado encontra no terceiro setor um parceiro importante para a implementação de políticas públicas, tendo em vista a sua capilaridade, seu contato com distintas classes sociais e sua distribuição espacial pulverizada.

Para saber mais, é preciso ler

BRASIL. Governo do Pará. *Censo do terceiro setor do Pará:* relatório. Belém: Programa de Articulação pela Cidadania, 2006.

CABRAL, Eloísa Helena de Souza. *Terceiro setor:* gestão e controle social. São Paulo: Método, 2007.

COELHO, Simone de Castro Tavares. *Terceiro setor:* um estudo comparado entre Brasil e Estados Unidos. São Paulo: Senac-SP, 2000.

DEFOURNY, Jacques; DEVELTERE, Patrick; FONTENEAU, Bénédicte (Dirs.). *L'économie sociale au Nord e au Sud.* Paris: De Boeck & Larcier, 1999.

D'ORFEUIL, Henri Rouillé. *Economia cidadã:* alternativas ao neoliberalismo. Petrópolis: Vozes, 2002.

DRUCKER, Peter. *Administração de organizações sem fins lucrativos:* princípios e práticas. São Paulo: Pioneira, 1994.

FERNANDES, Rubem César. *Privado porém público:* o terceiro setor na América Latina. Rio de Janeiro: Relume-Dumará, 1994.

HUDSON, Mike. *Administrando organizações do terceiro setor:* o desafio de administrar sem receita. São Paulo: Makron Books, 1999.

IBGE. *As fundações privadas e associações sem fins lucrativos no Brasil —* 2002. Rio de Janeiro: IBGE, 2004.

IOSCHPE, Evelyn Berg (Org.). *3º setor:* desenvolvimento social no Brasil. São Paulo: Paz e Terra, 1997.

KUHN, Thomas S. *A estrutura das revoluções científicas.* 5. ed. São Paulo: Perspectiva, 1997.

LANDIM, Leilah; BERES, Neide. *As organizações sem fins lucrativos no Brasil:* ocupação, despesas e recursos. Rio de Janeiro: Nau, 1999.

MEREGE, Luiz Carlos. *Terceiro setor:* a arte de administrar sonhos. São Paulo: Plêiade, 2009.

———; BARBOSA, Maria Nazaré Lins. *3º setor:* reflexões sobre o marco legal. Rio de Janeiro: FGV, 1998.

MOUSSALLEM, Márcia. *Associações privadas sem fins econômicos:* da filantropia à cidadania. São Paulo: Plêiade, 2008.

PUTNAM, Robert D. *Comunidade e democracia:* a experiência da Itália moderna. Rio de Janeiro: FGV, 2002.

RIFKIN, Jeremy. *O fim dos empregos.* São Paulo: Makron Books, 1995.

SALAMON, Lester M.; ANHEIER, Helmut K. *The emerging sector:* an overview. Baltimore: Johns Hopkins University Press, 1994.

——— et al. *Global civil society:* dimensions of the nonprofit sector. Baltimore: Johns Hopkins Center for Civil Society Studies, 1999.

SEN, Amartya. *Desenvolvimento como liberdade.* São Paulo: Companhia das Letras, 2000.

SINGER, Paul; SOUZA, André Ricardo. *A economia solidária no Brasil.* São Paulo: Contexto, 2000.

TOCQUEVILLE, Alexis de. *A democracia na América.* Belo Horizonte: Itatiaia, 1962.

YUNUS, Muhammad. *Um mundo sem pobreza:* a empresa social e o futuro do capitalismo. São Paulo: Ática, 2008.

12 A mídia no Brasil: coparticipante na construção da cidadania

Alzira Alves de Abreu

A mídia ocupa lugar de destaque quando falamos de cidadania. O termo "mídia" quer dizer meios de comunicação de massa, entre os quais temos jornais, revistas, rádio, televisão, livros, filmes, discos, painéis eletrônicos, internet etc. A expansão dos meios de comunicação leva até o homem comum todos os acontecimentos, inovações e mudanças que ocorrem no país e no mundo, o que lhe permite ter acesso também à noção de seus direitos.

Hoje não se põe mais em dúvida que a mídia se tornou uma das principais forças que interferem no funcionamento e na transformação da nossa sociedade. Essa força exercida pela mídia levou à criação de uma nova denominação para a sociedade atual, como "sociedade da informação" ou "sociedade da comunicação". Essas denominações exprimem o sentimento de que é possível observar o coletivo a partir do ângulo do papel que exercem os jornais, o rádio, a televisão e a internet.

Como explicar a importância que adquiriram, no debate público, o acesso à justiça e a defesa dos direitos dos cidadãos? Como justificar a relevância que a luta pela cidadania assumiu na legitimação da ação dos jornalistas? É também importante explicar por que a informação só recentemente tornou-se estrela de primeira grandeza para o exercício da cidadania.

Uma das explicações para essas questões é que a luta pelos direitos do homem, ao longo do século XX, foi colocada em segundo plano por ser considerada uma luta burguesa. Com a queda do muro de Berlim, em 1989, e o fim do regime comunista da União Soviética e dos países do Leste europeu, deu-se a reconversão da ideologia socialista em benefício dos direitos do homem, em defesa da construção da cidadania, das minorias, dos novos movimentos sociais. A luta por justiça ganhou proeminência e substituiu a militância revolucionária. Hoje as pessoas se engajam na construção da cidadania e na extensão dos direitos humanos a todos. A ação da mídia orientou-se no sentido de servir aos interesses concretos dos cidadãos, a responder às preocupações de seus leitores ou de sua audiência — é o "jornalismo cidadão".

A mídia revela as transformações que se operam no regime democrático-liberal através da divulgação cotidiana dos acontecimentos e do acompanhamento da atuação e do comportamento dos atores sociais. A mídia também introduz no sistema social novas formas de pensar, elabora e interpreta aspirações e demandas da sociedade, ou seja, enquanto ator social participa de todo o processo político.

É notável a influência exercida pela mídia sobre as democracias, fenômeno novo que se desenvolveu ao longo das últimas décadas do século XX. Norberto Bobbio (2000:204-205) nos ensina que "a característica da democracia é a publicidade dos atos do governo, pois somente quando o ato é público os cidadãos estão em condições de julgá-lo e, portanto, de exercer diante dele uma das prerrogativas fundamentais do cidadão democrático, o controle dos governantes". A informação é um dos elementos fundamentais para que o indivíduo exerça plenamente os seus direitos. A mídia tem por função dar visibilidade à "coisa pública", e a visibilidade é uma condição da democracia. Não por acaso as primeiras medidas dos regimes autoritários, ditatoriais, visam a liberdade de informação, sendo a censura imediatamente imposta aos meios de comunicação. A informação transmitida pela mídia permite ao cidadão alargar o seu conhecimento sobre as questões públicas, evidentemente não sobre o todo, mas sobre parte do que se passa na sociedade.

Quando examinamos as condições necessárias ao pleno funcionamento da democracia, surgem como cruciais a liberdade de expressão e fontes alternativas de informação. São estes, entre outros, os requisitos para que um grande número de pessoas tenha igual oportunidade de controlar e contestar a conduta do governo e para que seja possível o exercício da oposição. Esses requisitos estão sujeitos às leis do mercado midiático, como o poder dos anunciantes ou dos acionistas das empresas que financiam a mídia, o poder político e o poder dos leitores, dos ouvintes e dos telespectadores.

A mídia exerce profunda influência na formação do pensamento político e social. Contudo, não se deve pensar que é possível analisar a mídia independentemente de outros processos históricos e sociais mais amplos.

Mas outra dependência deve ser examinada: a adesão dos jornalistas a determinados valores, crenças e ideologias que interferem na seleção e no tratamento dado à informação. A liberdade da mídia e as dificuldades a ela associadas são normalmente consideradas resultado de pressões políticas, econômicas, e de sua subordinação aos interesses e valores das elites políticas dominantes. Poucos estudos se preocupam em analisar o papel consciente e voluntário dos jornalistas, sua adesão a movimentos ou partidos políticos e suas visões de mundo.

A parcialidade política pode estar ligada a simpatias partidárias ou a convicções ideológicas dos jornalistas, ou à orientação própria do tipo de empresa jornalística ou a determinantes comerciais.

Deve-se chamar a atenção para a visão simplista de algumas análises, como a de que a televisão domina a política. Certas análises tentam passar a ideia de que a mídia impõe suas opções políticas à opinião pública. Como mostra Manuel Castells (1999), isso não acontece porque "as mídias são extremamente diversas". Suas relações com a política e a ideologia são altamente complexas.

Por outro lado, muitas vezes se considera que a opinião pública é uma receptora passiva de mensagens e facilmente manipulável. Essa tese pode ser refutada, segundo Castells (1999), com o argumento de que há um processo de interação de mão dupla entre a mídia e sua audiência no que diz respeito ao impacto real das mensagens, que são distorcidas, apropriadas e muitas vezes subvertidas pelo público.

Ainda de acordo com Castells, não se deve esquecer que os meios de comunicação têm suas raízes na sociedade e que seu grau de interação com o processo político é muito indefinido, dependendo do contexto, das estratégias dos atores políticos e de interações específicas entre uma série de aspectos sociais, culturais e políticos.

Na política democrática, para ser eleito é necessário obter a maioria dos votos dos cidadãos. Os cidadãos, para conhecer seus candidatos e suas propostas políticas, dependem da mídia. Hoje, a televisão é uma das fontes de informação de maior credibilidade. Assim, os partidos políticos e os candidatos a representantes da população usam a mídia para chegar até o eleitor.

Por outro lado, Castells (1999:372-374) indica que, sem a presença da mídia, as propostas políticas ou os candidatos não têm qualquer chance de obter uma ampla base de apoio. Todas as formas políticas têm de passar pela mídia para influenciar o processo decisório. Bons índices de audiência são fundamentais, porque a principal fonte de renda da mídia é a publicidade. Altos índices de audiência exigem um meio de comunicação atraente e, no caso de notícias, credibilidade. Sem esta, as notícias não têm qualquer valor, em termos seja de dinheiro, seja de poder. A credibilidade exige certo distanciamento em relação a opções políticas. A mídia precisa manter-se próxima da política e do governo para ter acesso às informações. Por outro lado, deve também assumir uma posição neutra ou distanciada para preservar sua credibilidade, atuando como intermediária entre cidadãos e partidos. Não se pode esquecer que a mídia leva aos eleitos a opinião dos eleitores, suas demandas, insatisfações e aplausos.

Hoje, os políticos sofrem uma pressão cada vez maior dos acontecimentos e da mídia. Eles são obrigados a responder às solicitações dos jornalistas e de construir suas imagens levando em consideração o resultado de pesquisas de opinião; sua estratégia eleitoral é dependente da lógica midiática. Para ser eleito, o político precisa dos conselhos profissionais de um especialista em comunicação. O público, por outro lado, é chamado permanentemente a dar sua opinião sobre o político, o partido, os programas etc. As pesquisas de opinião exercem forte pressão sobre os responsáveis políticos.[1]

Falar de mídia e poder nas últimas décadas no Brasil é falar da história do país, já que a mídia é produto de um contexto geral, no qual os fatores econômicos, políticos, sociais e culturais são determinantes em sua estruturação e em seu funcionamento. Também as transformações que ocorreram recentemente na mídia no Brasil têm de ser pensadas como uma resposta às mudanças nas bases tecnológicas das indústrias midiáticas introduzidas nas sociedades ocidentais, embora a amplitude, a penetração e o tempo de introdução de novas tecnologias possam apresentar um grande descompasso.

A mídia no Brasil

Um aspecto importante a ser ressaltado sobre o funcionamento da democracia brasileira na atualidade é a ampliação do papel da mídia como uma das mais relevantes instituições coparticipantes na construção da cidadania.

Se voltarmos o olhar para a imprensa da Primeira República no Brasil (1889-1930), observaremos que os primeiros anos da República foram marcados por uma série de dificuldades políticas e econômicas. Houve uma radicalização nas posições políticas, o que se manifestou através de revoltas e contestações. A imprensa retratava essa situação e, em geral, se posicionava ante as diversas opiniões.

---

[1] Rieffel, 2005:14-15.

Várias inovações técnicas foram introduzidas no jornalismo no período republicano, como a chegada das máquinas de escrever e de novas máquinas de impressão, o que permitiu a utilização de fotografias. Ao mesmo tempo, o telégrafo propiciou o recebimento de informações do exterior e as empresas jornalísticas passaram a comprar notícias de agências internacionais. Os anúncios pagos ocuparam grande espaço nos jornais. E a poesia começou a ser empregada para divulgar as vantagens de um produto ou de uma loja varejista. Escritores de grande prestígio como Olavo Bilac, Casemiro de Abreu, Emílio de Menezes, Bastos Tigre, Coelho Neto, Guilherme de Almeida, Orígenes Lessa e muitos outros foram responsáveis por algumas das mais importantes páginas de propaganda publicadas nos jornais do país.

Ao longo da Primeira República, as mudanças introduzidas gradativamente na imprensa obrigaram os literatos, que tinham grande presença nas redações, a trocar os jornais pelas redações de revistas. Houve a substituição, nos jornais, do folhetim pelo colunismo e pela reportagem.

Nesse período, as revistas abriram grande espaço para os grandes caricaturistas, que se dedicavam à crítica dos costumes e da política. Foi o período áureo de Raul Pederneiras, Kalixto e J. Carlos. O humor também se destacou, com a atuação de Aparício Torelly, que criou o jornal *A Manha*. Outros tipos de jornalismo surgiram, como a imprensa feminina, a imprensa negra e a imprensa operária, o que permitiu ampliar o conhecimento sobre as reivindicações desses grupos sociais.

A Revolução de 1930 trouxe grandes transformações para a imprensa. O rádio se destacou na década de 1930 como meio de informação e de entretenimento. Logo após a vitória da revolução, ainda no governo provisório, teve início a censura à imprensa. Mas foi no Estado Novo, com a Constituição de 1937, que a imprensa sofreu grande repressão. Todos os meios de comunicação e de expressão, como o teatro, o cinema, o rádio, e os jornais, foram submetidos a censura prévia, e não só isso: foi atribuído à imprensa o exercício de uma função de caráter público, o que obrigava todos os jornais a publicar comunicados do governo. O não cumprimento dessa exigência levava à prisão o diretor do jornal. O Departamento de Imprensa e Propaganda (DIP) ficou encarregado de executar tais medidas. Em 1940, passou a ser exigido o registro no DIP para a importação de papel de imprensa. Nesse período, dezenas de jornais deixaram de circular e centenas não conseguiram registro. O jornal *O Estado de S. Paulo* sofreu intervenção e Júlio de Mesquita Filho, seu proprietário, teve de partir para o exílio.

A II Guerra Mundial (1939-1945) e a entrada dos Estados Unidos na guerra, em 1941, levaram o Brasil a se colocar ao lado dos Aliados. Para informar a população sobre o que ocorria na guerra, surgiu o *Repórter Esso,* na Rádio Nacional do Rio de Janeiro, que divulgava informações vindas da UPI. O *Repórter Esso* tornou-se o mais popular informativo do rádio.

A derrubada do governo Vargas em 1945 teve início através da imprensa, com a publicação de uma entrevista feita pelo então repórter Carlos Lacerda com o ex-ministro de Getúlio Vargas, José Américo de Almeida, que declarou seu apoio a eleições presidenciais sem a participação de Vargas. A entrevista foi publicada no jornal *Correio da Manhã,* em 24 de fevereiro de 1945.

Até os anos 1950, o rádio e a imprensa escrita detiveram o monopólio da informação. A televisão, hoje onipresente, apenas engatinhava — basta dizer que a primeira emissora do país e da América Latina, a TV Tupi de São Paulo, de propriedade de Assis Chateaubriand, foi inaugurada em setembro de 1950. Os jornais de grande circulação eram vespertinos e se concentravam no Rio de Janeiro e em São Paulo, o que por si só era um claro indicador da importância política e econômica dos dois centros.

No segundo Governo Vargas (1951-1954), a imprensa teve papel destacado na crise política que levou ao suicídio de Getúlio Vargas. Os principais órgãos de imprensa, salvo algumas exceções, atuaram decisivamente tanto na formação de um consenso a respeito da crescente inviabilidade política do prosseguimento do mandato do presidente, quanto na intermediação do diálogo e da articulação entre os diferentes grupos das elites políticas para a resolução do impasse. A imprensa fez um apelo à manutenção da ordem constitucional, ou seja, ao respeito à lei. Pediu a renúncia de Vargas e a continuidade constitucional através da posse de seu vice-presidente.

A década de 1950 assistiu também ao lançamento de jornais que foram precursores da modernização do jornalismo brasileiro, e à reforma de outros que atuavam desde o início da República e então ganharam novo fôlego. A *Última Hora,* criada em 1951, foi um dos jornais mais inovadores do período, por adotar técnicas de comunicação de massa até então desconhecidas no Brasil, uma diagramação revolucionária e grande racionalidade na gestão empresarial. O *Diário Carioca*, jornal mais antigo, que mantinha um grupo de jornalistas altamente qualificado, foi igualmente inovador ao introduzir, também em 1951, o uso do *lead* — o parágrafo inicial da notícia, onde devem estar respondidas as questões: Quem? O quê? Onde? Quando? Como? Por quê? Foi ainda o *Diário Carioca* o primeiro a empregar uma equipe de copidesque em sua redação, desempenhando papel de formador de novos quadros para a imprensa.

Em 1956, o *Jornal do Brasil*, que durante muitos anos foi tido como um "boletim de anúncios", deu início à sua reforma, com a criação do suplemento dominical, o SDJB, que recebeu a colaboração de poetas, escritores, artistas plásticos, todos jovens de vanguarda ligados ao movimento concretista. Seu sucesso foi tal que a direção do jornal decidiu aprofundar a reforma. Surgiram o caderno C, de classificados, e o caderno B, dedicado às artes, ao teatro e ao cinema. Em 1962, a redação foi reestruturada e foram criadas as editorias especializadas na cobertura de temas como política, economia, esportes, cidade, internacional etc. A reforma do *JB* teve grande impacto e serviu de exemplo para as transformações subsequentes da imprensa brasileira.

Uma das marcas do jornalismo dos anos 1950 foi a paixão política. O debate político conduzido pelos partidos de maior penetração nacional dominou o espaço de todos os jornais, o que os levou muitas vezes a ter papel ativo nas crises que abalaram o país.

O jornalismo de combate, de crítica, de doutrina e de opinião convivia com o jornal popular, que tinha como característica grande espaço para o *fait divers* — a notícia menor, relativa aos fatos do cotidiano, a crimes, acidentes etc. —, a crônica e o folhetim. A política não estava ausente, mas era apresentada com uma linguagem pouco objetiva. Esse jornalismo de influência francesa acabaria por ser substituído pelo modelo norte-americano: um jornalismo que privilegia a informação e a notícia, e que separa o comentário pessoal da transmissão objetiva e impessoal da informação.

A atuação da imprensa em todo o processo que levou à queda do regime constitucional, em 31 de março de 1964, foi fundamental. Ela foi um dos vetores da divulgação do fantasma do comunismo, e esse fantasma foi utilizado como uma das principais justificativas para a derrubada do governo. Ao mesmo tempo, a imprensa exacerbou a divulgação de notícias sobre a existência de um caos administrativo e participou, em seguida, da divulgação da ideia de que era imperiosa a necessidade do restabelecimento da ordem mediante uma "intervenção militar".

Ao longo do período autoritário (1964-1985), os meios de comunicação sofreram forte intervenção dos militares, que adotaram uma política deliberada de modernização do setor. Ao lado da imposição da censura, a modernização da mídia fazia parte de uma estratégia ligada à ideologia da segurança nacional. Era essencial a implantação de um sistema de informação capaz de "integrar" o país.

Outro aspecto a ser lembrado sobre o período ditatorial é o investimento do regime militar na propaganda política utilizando técnicas modernas de comunicação de massa. Houve um esforço no sentido de mobilizar a sociedade em torno de um projeto nacional de desenvolvimento. Difundiu-se uma visão otimista e ufanista do país e propagou-se a crença de que o Brasil, em curto espaço de tempo, poderia integrar a categoria das nações desenvolvidas. As campanhas publicitárias se destacavam por terem um cunho educativo e cívico. Os militares usaram muito o "poder das imagens", em especial a televisão, para difundir suas propostas do "Brasil potência", do "Brasil grande".

No âmbito do projeto de modernização dos meios de comunicação, os empresários da mídia foram beneficiados pelos militares. A eles foram concedidos financiamentos para a construção dos novos prédios necessários para abrigar as novas máquinas e permitir a expansão das redações. A publicidade dos órgãos oficiais também muito beneficiou a mídia — basta lembrar que cerca de 30% das receitas dos jornais eram obtidos dos clientes oficiais, o que significava uma grande dependência do Estado.

O governo militar atuou de forma contraditória em relação à censura. Na busca de legitimidade política, o discurso dos militares justificava sua permanência no poder como uma forma de restabelecer a democracia, ameaçada pelo governo Goulart e pelos comunistas. Os militares não assumiam abertamente a censura, nem a repressão à liberdade de expressão. Era proibido denunciar a censura. A imprensa foi se afastando do governo à medida que a censura foi se tornando uma prática comum no novo regime, principalmente depois da edição do Ato Institucional nº 5, de dezembro de 1968. A prisão de vários jornalistas desencadeou o medo nas redações, determinando a prática da autocensura.

Os proprietários dos meios de comunicação se submeteram à censura em grande parte devido à dependência econômica que tinham do Estado, o que funcionou como amortecedor de uma possível oposição. Mas a censura prévia, com os censores dentro das redações — o que feria a autoridade e o poder dos proprietários —, criou as condições para o afastamento da mídia dos militares e uma maior aproximação com os jornalistas que lutavam pela liberdade de imprensa.

É importante lembrar que, até os anos 1970, a empresa jornalística era controlada por seu proprietário (ou por sua família), o que lhe possibilitava total domínio sobre a orientação política e do noticiário. As transformações técnicas, acompanhadas de novos métodos racionais de gestão, incentivaram uma renovação na gestão empresarial e na direção das redações. A partir de 1970 e 1980, o poder nas empresas adquiriu outra dimensão: não estava mais nas mãos de um só dono. O controle acionário passou a ser exercido por um número maior de membros da família, e quem dirigia as empresas eram os herdeiros da segunda geração ou novos proprietários. Esses proprietários de meios de comunicação tornaram-se homens de organização, submetidos à racionalidade da empresa e dotados de diversas especializações profissionais: eram agora economistas, administradores, engenheiros de produção, engenheiros de informática, submetidos a conselhos de administração, a comitês de diretoria e coordenação.

O perfil dos jornalistas também mudou. A profissionalização dos jornalistas também ocorreu durante o regime militar, com a ampliação da grande indústria cultural. A exigência de diploma universitário de jornalismo, a dedicação em tempo integral à atividade jornalística e a regulamentação da profissão são indicadores da profissionalização.

De qualquer maneira, é possível identificar exemplos de atuação independente da mídia, assim como de sua participação na luta em favor do retorno à democracia. Mídia e jornalistas utilizaram diversas estratégias para denunciar a censura, a opressão dos militares e a política econômica então adotada. A imprensa alternativa, as charges, as editorias de economia, as páginas de opinião e as telenovelas foram instrumentos de crítica ao regime. Esses espaços expressavam o descontentamento de uma parcela da população com as medidas de repressão e com a política adotada.

O início da transição do regime militar para a democracia se deu a partir de 1974, quando o general Ernesto Geisel assumiu a presidência da República com uma proposta de liberalização política lenta e gradual, controlada pelos dirigentes autoritários. O projeto de abertura política tinha como um de seus pontos estratégicos a liberalização da imprensa, principalmente da imprensa escrita — só um pouco mais tarde a televisão seria atingida.

A imprensa, ao divulgar fatos e acontecimentos, provoca reações que tendem a ampliar de forma rápida a participação dos atores políticos no processo. Quando se deu a suspensão da censura, a imprensa tornou-se um elemento-chave para a aglutinação das forças sociais na luta pela redemocratização.

Assim, a mídia exerceu influência no processo de transição que perpassou as instituições e os mecanismos representativos clássicos, eleitorais e partidários. Como detentora de uma dimensão simbólica, suas mensagens circularam e foram apropriadas de formas diferenciadas, e adquiriram significados distintos, de acordo com as experiências individuais.

Jornalismo cidadão hoje

Ao se iniciar a volta ao regime democrático, novas orientações passaram a prevalecer na ação dos jornalistas, uma delas a ideia de que o jornalismo de "utilidade social" era um novo caminho a ser explorado. Essa ideia identificava a ação jornalística como tendente a servir aos interesses concretos dos cidadãos, a responder às preocupações dos leitores ou de sua audiência — era o "jornalismo cidadão". Esse novo jornalismo encontrou no "denuncismo" seu principal meio de expressão.

Verifica-se que, após a promulgação da Constituição de 1988, a imprensa passou a divulgar uma interminável lista de denúncias envolvendo políticos, empresários, policiais, militares e outros em negócios considerados ilícitos e que mereciam o exame da justiça e da polícia. Algumas dessas denúncias levaram à renúncia de ministros, à perda de cargos de altos funcionários da administração pública, à cassação de deputados e senadores e mesmo ao *impeachment* de um presidente da República.

A imprensa esteve no centro de todos esses processos, seja participando da investigação como coadjuvante na busca de dados e informações para desvendar os negócios ou ações ilícitas, seja como mera repetidora do que lhe era transmitido através do vazamento de informações. Com essa forma de atuação, a imprensa tem dado maior visibilidade aos processos de tomada de decisão e de condução de políticas públicas, o que pode resultar em uma ampliação da cidadania e, ao mesmo tempo, induzir a maior responsabilidade na prestação de contas dos homens públicos.

De acordo com Waisbord (2001:114), "o jornalismo investigativo não elimina a corrupção, mas permite dar consciência pública da sua existência. Ele não cria por si mesmo ou reforça mecanismos de fiscalização, mas contribui para que se desenvolva uma sociedade mais atenta aos abusos cometidos.

Não torna responsável aqueles que detêm o poder pela corrupção, mas os força a que respondam por seus atos. Não produz reformas políticas, mas mostra áreas que precisam ser reformadas. Não cura os males sociais, mas pode contribuir para o debate e a busca de soluções. Não tem todas as respostas para os muitos problemas da democracia contemporânea na América Latina, mas pode indicá-las".

Outra forma de manifestação do jornalismo de "utilidade pública" é o papel exercido pelos meios de comunicação como prestadores de serviço ao público. A imprensa escrita abriu espaço para queixas e reivindicações de seus leitores nas seções de serviços. Praticamente todos os jornais de grande circulação do eixo Rio-São Paulo mantêm colunas ou seções abertas ao público e procuram dar soluções a algumas das reclamações recebidas. Na década de 1990, houve um aumento considerável do número de jornais que abriram espaço para reivindicações dos leitores, assim como o aumento do número de usuários dessas colunas ou páginas de serviços. É importante assinalar que esses espaços atendem prioritariamente a reclamações do cidadão consumidor, de nível médio, tanto em termos de instrução quanto de renda. O rádio e a televisão abriram canais de reivindicação de acesso à justiça para as camadas da população de renda mais baixa, nas quais existe um maior contingente de analfabetos. Alguns canais de televisão fazem reportagens sobre o péssimo atendimento em hospitais, a má qualidade ou a falta de controle de produtos industriais, a falsificação de medicamentos, a violência da polícia e a corrupção desta e de funcionários públicos. Nesse tipo de programa, a mídia em geral transforma as reclamações da população em grande espetáculo.

A importância que adquiriu, no final dos anos 1980, a atuação das rádios comunitárias deve ser lembrada como uma das experiências das práticas de comunicação alternativas que contribuem para a construção da cidadania. Essas rádios propiciam a divulgação e a consolidação de organizações comunitárias, ajudam a divulgar suas ideias e suas atividades.

A política personalizada pela mídia

Atualmente há uma tendência, principalmente na televisão, de apresentar ou falar de política através de seus personagens, os políticos. Há uma acentuada preocupação em apresentar as declarações, os gestos, os traços de caráter e personalidade, as maneiras de se comportar, os defeitos daqueles que fazem política. As questões relevantes apresentadas pelos políticos, suas ideias, posições, a forma pela qual os problemas são apresentados e tratados não têm espaço hoje na discussão política tal como nos é apresentada pelos meios de comunicação.

A política, de acordo com a mídia, tornou-se um mero espetáculo de luta pelo poder e obtenção de vantagens em proveito próprio. Também a personalização da política tem levado a mídia a se ocupar por longo tempo de um mesmo personagem. A busca de audiência vem transformando a política em um grande enredo de novela. Isso pode significar que os jornalistas têm alguma dificuldade de entender e explicar as mudanças que estão ocorrendo no sistema político contemporâneo.

A internet: um novo desafio

A entrada em cena da internet na década de 1990 trouxe novas possibilidades de ampliação da cidadania. Ela reúne elementos de todas as mídias existentes — texto escrito, som, imagem em movimento — de modo muito mais ágil. O jornalismo online disponibiliza a notícia em "tempo real". A periodicidade da informação pode ser de minuto, hora do dia, semana, mês. Cabe ao internauta fazer a opção. Ele também pode escolher as notícias que lhe interessam, bastando se cadastrar e escolher os temas. Um site permite a existência de veículos dirigidos a públicos cada vez mais segmentados.

Essa nova tecnologia despertou tanto o entusiasmo dos que a consideram a transformadora da sociedade, quanto dos que veem na internet o fim das outras mídias. Vale lembrar que essa visão ocorreu em outros momentos, quando da chegada do telégrafo, do rádio, da televisão. As mídias existentes ao longo da história não foram eliminadas pelas novas que chegavam, elas se adaptaram. A internet vai obrigar a imprensa escrita, o rádio e a televisão a encontrarem novas estratégias para satisfazer às novas exigências do público.

Um dos limites da internet para chegar ao cidadão e exercer influência sobre seu comportamento é a multiplicidade de informações, que não são nem completas nem isentas.

Para saber mais, é preciso ler

ABREU, Alzira Alves de. *A modernização da imprensa (1970-2000)*. Rio de Janeiro: Jorge Zahar, 2002. (Descobrindo o Brasil).

BARBOSA, Marialva. *História cultural da imprensa:* Brasil, 1900-2000. Rio de Janeiro: Mauad X, 2007.

BOBBIO, Norberto. *O futuro da democracia*. Trad. Marco Aurélio Nogueira. 9. ed. São Paulo: Paz e Terra, 2000.

CARVALHO, José Murilo de. Cidadania: tipos e percursos. *Estudos Históricos,* v. 18, p. 337-359, 1996.

———. *Cidadania no Brasil;* o longo caminho. Rio de Janeiro: Civilização Brasileira, 2001.

CASTELS, Manuel. *O poder da identidade*. São Paulo: Paz e Terra, 1999.

CHARON, Jean-Marie; FURET, Claude. *Un secret si bien violé*: la loi, le juge et le journaliste. Paris: Seuil, 2000.

GRISSANTI, Suely M. Os meios de comunicação e o acesso dos cidadãos à justiça. In: SADEK, Maria Tereza (Org.). *Acesso à justiça*. Rio de Janeiro: Fundação Konrad Adenauer, 2001. (Séries Pesquisa, 23).

MARSCHALL, T. H. *Cidadania, classe social e status*. Rio de Janeiro: Zahar, 1967.

PANDOLFI, Dulce Chaves et al. (Orgs.). *Cidadania, justiça e violência*. Rio de Janeiro: FGV, 1999.

RIBEIRO, Ana Paula Goulart. *Imprensa e história no Rio de Janeiro dos anos 50*. Rio de Janeiro: E-Papers, 2007.

RIEFFEL, Rémy. *Sociologie des médias*. Paris: Ellipses, 2005.

WAISBORD, Silvio. El buen periodismo: las contradicciones irresueltas del periodismo de investigation. *Contribucione,* Buenos Aires, v. 2, n. 70, abr./jun. 2001.

13 A população brasileira: sua evolução

Sergio Lamarão
Elizabeth Dezouzart Cardoso

Devido à precariedade das informações disponíveis, é extremamente arriscado precisar o número de índios que viviam no Brasil quando as primeiras caravelas portuguesas aqui chegaram no começo do século XVI. As estimativas apresentam grande variação, indo desde 1 milhão até 5 milhões de indígenas, distribuídos em 1.400 tribos, que falavam 1.300 línguas diferentes. Independentemente da sua quantidade efetiva, a população nativa sofreu uma drástica redução devido às doenças trazidas pelos europeus, ao extermínio puro e simples e ao desgaste causado pelo trabalho escravo.

Calcula-se que, nos primeiros dois séculos de colonização, vieram para o Brasil cerca de 100 mil portugueses. Eles se fixaram no litoral, particularmente na região Nordeste — Pernambuco e Bahia — e no Sudeste — Rio de Janeiro e São Paulo —, onde foram fundados os primeiros núcleos urbanos. Os outros europeus que aqui chegaram — os franceses, que ocuparam a baía de Guanabara em meados do século XVI e trecho da costa maranhense no início do século XVII, e os holandeses, que invadiram a Bahia e Pernambuco na primeira metade daquele século — não deixaram marca demográfica significativa no país.

Os negros africanos começaram a chegar ao Brasil em meados do século XVI. Eles pertenciam basicamente a dois grandes grupos, sudaneses e bantos, e foram trazidos para cá para trabalhar como escravos na agroindústria açucareira, a principal atividade econômica da colônia, então concentrada na Zona da Mata de Pernambuco e no Recôncavo Baiano. Até 1850, quando cessou o tráfico negreiro, entre 3 milhões e 5 milhões de africanos vieram para o Brasil, o equivalente a 37% do total de negros enviados da África para o continente americano.

A economia e a sociedade da colônia foram definidas por relações de produção calcadas na mão de obra escrava negra e na monocultura canavieira voltada para exportação. Não é de se estranhar, portanto, a extrema ruralidade da demografia brasileira e, consequentemente, a modesta rede urbana montada no Brasil nos dois primeiros séculos de ocupação. Ao longo do século XVI e da primeira metade do século seguinte, foram fundadas São Vicente (1532), Salvador (1549), Olinda (1535), Recife (1537), São Paulo (1554), Rio de Janeiro (1565), Paraíba, atual João Pessoa (1585), São Cristóvão (1590), Natal (1599), Alagoas, atual Marechal Deodoro (1611),

São Luís (1612) e Belém (1616). À exceção de São Paulo, todos os demais núcleos urbanos foram instalados na franja litorânea.

O interior do Brasil só começou a ser ocupado pelos portugueses de forma mais consistente no início do século XVIII, graças principalmente à ação dos bandeirantes, que desbravaram o sertão em busca de ouro e metais preciosos e para apresar índios.

A mineração, cujos primeiros passos foram dados no final do século XVII, firmou-se como a principal atividade econômica da colônia ao longo do século XVIII. A exploração mineral atraiu para o interior do Brasil, mais precisamente para a região montanhosa das Minas Gerais, um impressionante contingente populacional, não apenas de diferentes pontos da colônia, como Rio de Janeiro, Bahia e Pernambuco, mas também de Portugal e mesmo de outros países da Europa. A emigração portuguesa atingiu níveis elevadíssimos. Algumas estimativas revelam que uma média de 5 mil a 6 mil pessoas dirigiam-se anualmente para o Brasil, levando a Coroa a tomar medidas drásticas para limitar essa verdadeira sangria populacional.

A rápida ocupação da área mineradora das Minas Gerais traduziu-se na formação de uma importante rede urbana, fato totalmente novo para os padrões da colônia. Os pequenos núcleos originados da junção de vários arraiais nos vales onde se extraía ouro dos rios se desenvolveram e alguns deles foram elevados à categoria de vila. Entre 1711 e 1715, período mais intenso desse processo de urbanização, foram criadas as vilas de Mariana e Ouro Preto (1711), Sabará (1711), São João del Rei (1713), Caeté (1714), Serro (1714) e Pitangui (1715). Com o passar do tempo, a mineração se ampliou espacialmente, vindo a dar origem a novos núcleos urbanos, entre os quais a atual Diamantina, que centralizava uma área especializada na exploração de diamantes.

A interiorização do povoamento teve continuidade com a descoberta de ouro em rios do atual estado de Mato Grosso, na região Centro-Oeste, em 1719. Repetindo-se o processo observado em Minas Gerais, a exploração aurífera foi responsável pela fundação de alguns aglomerados, entre os quais Cuiabá, elevado à condição de vila em 1727. Com o progressivo esgotamento das minas de Cuiabá, os mineradores deslocaram-se mais para o oeste, chegando até a fronteira da atual Bolívia. Foi essa a origem de Vila Bela da Santíssima Trindade, elevada a vila em 1752. O povoamento de Goiás também se deveu à extração de ouro, tendo sido fundada uma série de pequenos arraiais de mineração, que deram origem às atuais cidades de Pirenópolis (1727) e Goiás Velho (1739).

O escravo africano desempenhou papel fundamental também nas áreas de mineração, atuando não só nas atividades diretamente ligadas à extração do ouro e de outros metais preciosos, como também nos mais diferentes serviços agrícolas e artesanais. Em 1735, havia cerca de 100 mil escravos apenas em Minas Gerais.

A ocupação da Amazônia teve como ponto de partida a fundação da cidade de Belém do Pará, mas a presença portuguesa na vasta região permaneceu extremamente reduzida durante todo o século XVII e primeira metade do século XVIII. Ao longo desses anos, registram-se apenas algumas missões religiosas e pequenas vilas e fortificações, que se instalaram na extensa planície do rio Amazonas e de seus afluentes, próximas às áreas de maior densidade de população indígena. A economia regional baseava-se no extrativismo vegetal.

Em meados do século XVIII, as autoridades portuguesas promoveram um novo tipo de intervenção na floresta amazônica, procurando desenvolver o cultivo de arroz, milho, mandioca, cana-de-açúcar, algodão, tabaco etc. e a criação de animais. Novas áreas foram desmatadas, recorrendo-se à mão de obra indígena, que sofreu um gradual processo de extermínio. Nesse momento, vieram para a Amazônia os primeiros escravos negros.

Outra região da colônia que teve sua ocupação e seu povoamento intensificados no decorrer do século XVIII foi o litoral sul, correspondente aos atuais estados de Santa Catarina e Rio Grande do Sul. Em 1746, o rei d. João V determinou que fosse iniciado o processo de inscrição de casais açorianos que deveriam embarcar para o Brasil meridional. Entre 1748 e 1756, mais de 4.500 açorianos fixaram residência em Santa Catarina e aproximadamente 1.500 migraram para o Rio Grande do Sul. Florianópolis e Laguna, núcleos urbanos catarinenses fundados no final do século XVII, receberam importante contribuição demográfica com a vinda dos imigrantes açorianos. No Rio Grande do Sul, eles se dirigiram para Rio Grande e Viamão, fundadas em 1737 e 1741, e fundaram Porto Alegre (1776).

Em 1776 foi divulgada uma das primeiras estimativas gerais da população da colônia, iniciativa do abade Correa da Serra. O Brasil contava então com 1,9 milhão de habitantes, em sua imensa maioria residindo no campo. Mais ou menos por essa época, Salvador contava com 40 mil habitantes e era ainda o maior centro urbano da colônia. A cidade do Rio de Janeiro, capital do Brasil desde 1763, vinha a seguir, abrigando nessa ocasião uma população aproximada de 30 mil pessoas.

Ao longo do século XVIII, a população brasileira cresceu de modo relativamente rápido. Se em 1700, época da descoberta das minas, cerca de 300 mil pessoas viviam no Brasil, 100 anos depois a população já ultrapassava a casa dos 3 milhões, dos quais 1 milhão eram negros escravos. Mas a população negra em seu conjunto, incluindo os não escravos, era ainda mais expressiva, representando 47% do contingente demográfico da colônia em 1800, contra 30% de mulatos e 23% de brancos.

A transferência, em 1808, da Corte portuguesa para o Brasil, episódio de importância fundamental na história do país, teve também uma importante dimensão demográfica. Com efeito, a repentina chegada ao Rio de Janeiro de cerca de 15 mil pessoas — entre as quais nobres, militares e funcionários de alto escalão — causou um formidável impacto numa cidade que não comportava mais de 50 mil habitantes. Esse acréscimo demográfico foi determinante para a grande expansão populacional do Rio. Por volta de 1810, superando Salvador, a cidade tornou-se o maior centro urbano do Brasil. Em menos de duas décadas sua população praticamente duplicou, chegando a aproximadamente 100 mil habitantes em 1822 e a 135 mil em 1840.

Nessa década, o café começava a se firmar como o principal produto de exportação da economia brasileira. A expansão da lavoura cafeeira acarretou uma intensificação do emprego da mão de obra escrava, inicialmente na província do Rio de Janeiro e, um pouco mais tarde, na primeira fase da expansão do ciclo cafeeiro paulista. O café atingiria o seu apogeu em São Paulo, mas recorrendo ao trabalho de imigrantes europeus.

O recenseamento geral do Império de 1872

Em agosto de 1872, dando cumprimento ao disposto na Lei nº 1.829, de 9 de setembro de 1870, a Diretoria-Geral de Estatística (DGE) iniciou as operações do primeiro recenseamento geral da população brasileira. Esta foi a única experiência de arrolamento demográfico bem-sucedida na tarefa de considerar praticamente toda a população do Brasil no seu período imperial e escravista. Antes desse censo, o máximo que se conseguiu fazer em termos de arrolamentos populacionais foram censos de abrangência regional.

A DGE, órgão cuja criação também estava prevista na lei, coletou informações sobre condição social (livres ou escravos), cor/origem étnica (branco, preto, pardo e caboclo, categoria que incluía os indígenas e seus descendentes), naturalidade (nacionais e estrangeiros), instrução (focalizava a frequência escolar de crianças e jovens de seis a 15 anos, priorizando, portanto, a instrução primária) e distribuição ocupacional da população (dividida em 36 profissões).

O Brasil, no Censo de 1872, tinha quase 10 milhões de pessoas — mais precisamente 9.930.478 habitantes —, dos quais 8,4 milhões eram cidadãos livres e 1,5 milhão, escravos. Os negros e mulatos correspondiam a cerca de 60% da população (aproximadamente 6 milhões de pessoas), os brancos a 37% e os caboclos a 3%. Quanto à naturalidade, em mil habitantes, 960 eram brasileiros e apenas 40 estrangeiros. A imensa maioria da população, pouco menos de 84%, era analfabeta.

Em relação à distribuição da população pelo território nacional, Minas Gerais era a província brasileira mais populosa, somando cerca de 2 milhões de habitantes, seguida pela Bahia, cujo contingente demográfico era da ordem de 1,35 milhão de pessoas, por Pernambuco e por São Paulo, que reuniam, cada um, aproximadamente 800 mil habitantes. O Nordeste era então a região com a maior população do Brasil, com cerca de 4,4 milhões de habitantes, vindo logo atrás o Sudeste, com 4,2 milhões. A região Sul reunia cerca de 800 mil habitantes, ao passo que as duas outras regiões, de enorme extensão territorial — a Norte e a Centro-Oeste — eram verdadeiros vazios demográficos, possuindo, respectivamente, 320 mil e 200 mil habitantes.

País eminentemente rural, o Brasil tinha uma rede urbana pouco significativa. Sua capital, a cidade do Rio de Janeiro, era o maior centro urbano brasileiro, com uma população de mais de 250 mil habitantes. Duas capitais nordestinas vinham a seguir: Salvador, com 130 mil, e Recife, com 126 mil. Nesse momento, São Paulo contava com uma população bastante reduzida, inferior a 30 mil habitantes, sendo superada por diversas cidades, entre as quais Belém, Porto Alegre, Fortaleza, Manaus e Niterói.

Os censos de 1890 e 1900: a imigração europeia e o "branqueamento" do Brasil

Embora a Lei nº 1.829 estabelecesse a periodicidade decenal para a realização dos censos, somente em 1890, após sucessivos adiamentos, e já sob o regime republicano, efetuou-se o segundo recenseamento da população do país. Planejado ainda na vigência do Império, o Censo de 1890 refletia importantes mudanças no panorama demográfico brasileiro, sobretudo no quesito referente à cor/origem étnica, colocando em destaque a questão da imigração. Essas mudanças ficariam ainda mais evidentes no censo seguinte, o terceiro da história do país, realizado em 1900.

Desde meados do século XIX, fatores como a proibição do tráfico de escravos (1850), a elevada mortalidade da população negra e a crescente demanda de mão de obra para a lavoura cafeeira em contínua expansão, particularmente em São Paulo, representaram um forte estímulo à imigração europeia. Assim, por iniciativa sobretudo dos grandes proprietários, cafeicultores paulistas em sua maioria, incentivou-se a vinda de europeus — principalmente italianos, num primeiro momento — para trabalhar na lavoura. Já em 1880, a participação dos negros no conjunto da população havia caído para 20%, contra 42% de mulatos e 38% de brancos. O peso da população não branca não cessaria de diminuir desde então e pelo menos até a década de 1960, paralelamente ao aumento progressivo da população branca.

A decretação da Lei Áurea, em maio de 1888, declarando extinta a escravidão no país, tornou ainda mais urgente uma resposta à oferta de força de trabalho no campo. A República, proclamada no ano seguinte, apoiou desde os seus primórdios a imigração, que a partir de 1889 deixou de ser promovida com fundos privados, passando a ser garantida por recursos públicos. Outra iniciativa importante do novo regime foi a chamada "grande naturalização", que considerou brasileiros todos os estrangeiros residentes no país em 15 de novembro de 1889, salvo manifestação em contrário. No ano seguinte, a Lei Glicério determinava a livre entrada no Brasil de todos os indivíduos aptos para o trabalho, exceção feita — o texto era explícito a esse respeito — aos negros.

A política imigratória, aliada a uma intensa miscigenação entre brancos e negros, não deixou evidentemente de alterar profundamente a composição étnica da população brasileira. Assim, de um total de 14.333.915 habitantes recenseados em 1890 — dois anos, portanto, após a abolição da escravatura — 2,1 milhões eram pretos e 4,6 milhões, mestiços, que somavam 47% da população.

As mudanças demográficas também se faziam sentir na distribuição da população. São Paulo passou a ocupar o terceiro lugar entre os estados da federação, superando Pernambuco, ao mesmo tempo em que o Sudeste ultrapassava o Nordeste como a região mais populosa do país. Os estados nordestinos sofreram o impacto do início do ciclo da borracha na Amazônia, que atraiu um expressivo contingente populacional de seus territórios, atingidos pela seca e pelas precárias condições de vida.

Pari passu com o incremento populacional do Sudeste e do estado de São Paulo, a capital paulistana, centro comercial e financeiro da economia cafeeira, experimentou um notável crescimento demográfico. Em 1890, a cidade, polo de atração de muitos imigrantes, contava com quase 65 mil habitantes, mais do dobro do levantado pelo Censo de 1872. Galgando diversas posições entre os principais centros urbanos brasileiros, a cidade ficava atrás apenas de Salvador (175 mil habitantes), Recife (111 mil habitantes) e do Rio de Janeiro, a metrópole incontestes do país. A capital brasileira, que também passava por um acelerado aumento em sua população, somava então mais de 520 mil habitantes. Todavia, o Brasil continuava sendo um país esmagadoramente rural. Segundo dados estimativos não oficiais, apenas 6,8% da população residiam em cidades em 1890.

A imigração continuou sendo, e de forma ainda mais intensa, a característica mais marcante do quadro demográfico brasileiro da década de 1890. Entre 1891 e 1900, entraram no país mais de 1,1 milhão de imigrantes, em sua imensa maioria formada por brancos europeus (italianos, portugueses e espanhóis, sobretudo), que se dirigiram para o estado de São Paulo e para o Sul (Paraná, Santa Catarina e Rio Grande do Sul) e para a capital do país. Esses contingentes vinham preencher, em aberta concorrência com a política desenvolvida pela vizinha Argentina, a lacuna de força de trabalho deixada pelos escravos.

A primeira Constituição republicana, promulgada em 1891, descentralizou as competências sobre colonização e imigração, que passaram a ser atribuições dos governos estaduais. Na prática, porém, apenas São Paulo, o estado mais rico da federação, reunia condições financeiras para manter um forte ritmo migratório. Contrariamente a países como os Estados Unidos e a África do Sul, onde foram aplicadas políticas segregacionistas, o Brasil, nos termos da Constituição de 1891, declarou a igualdade jurídica de todos os seus cidadãos, embora na prática essa igualdade fosse esmaecida ou mesmo negada pela adoção das teorias racistas de desigualdade biológica. Apostando numa miscigenação "dirigida", as autoridades republicanas vislumbravam como saída para o "problema" da composição demográfica do país o fomento à imigração europeia, que, literalmente, "branquearia" a população brasileira.

O terceiro recenseamento demográfico do Brasil, realizado em 1900, contabilizou 17.438.434 habitantes, dos quais cerca de 1,25 milhão eram imigrantes (7,2% do total). As unidades da federação que contavam com maior percentual de estrangeiros eram o Distrito Federal — a cidade do Rio de Janeiro —, com 25%, e São Paulo, com 23,2%. Na cidade de São Paulo, o peso do trabalhador imigrante era ainda mais destacado. Em 1900, 92% dos operários das fábricas paulistanas eram estrangeiros, sendo 81% italianos.

Confirmando tendência já apontada, o Sudeste continuou apresentando taxas de crescimento demográfico superiores à média do país, o que redundava no aumento da sua participação na população nacional. Naquele ano, os estados da região somados representavam mais de 45% do total nacional. São Paulo ultrapassou a Bahia e tornou-se o segundo estado brasileiro mais populoso, tendo à sua frente apenas Minas Gerais.

No que diz respeito ao *ranking* das cidades, São Paulo continuou sua ascensão irresistível e — apoiada ainda nas atividades ligadas à cafeicultura, mas também num vigoroso processo de industrialização — passou à condição de segundo maior centro urbano brasileiro na virada do século. Em apenas 10 anos o contingente demográfico paulistano praticamente quadruplicou, atingindo a marca de quase 240 mil habitantes em 1900, deixando para trás Salvador (205 mil) e Recife (113 mil). De todo modo, a cidade do Rio de Janeiro permanecia com folga à frente do pelotão, reunindo cerca de 700 mil habitantes.

O Censo de 1900, a exemplo do de 1920, não contemplou a variável cor, que só voltaria a ser pesquisada no Censo de 1940.

O Censo de 1920: o desenho da matriz econômica brasileira

Decorridos 20 anos desde a realização do último recenseamento — o censo demográfico marcado para 31 de dezembro de 1910 deixara de ser realizado pela crise política e militar registrada naquele ano —, o governo brasileiro organizou o quarto censo da história do país e o terceiro do período republicano. Nessa oportunidade, além do censo demográfico propriamente dito, foram realizados pela primeira vez os censos agrícola e industrial.

Em 1920, o Brasil contabilizava 30.635.605 habitantes. Os cinco estados mais populosos da federação — Minas Gerais, São Paulo, Bahia, Rio Grande do Sul e Pernambuco — respondiam por 59% da população nacional. Minas, com pouco mais de 5,9 milhões, e São Paulo, com cerca de 4,6 milhões, contribuíam com mais de um terço do total.

Havia no país aproximadamente 1,6 milhão de imigrantes, concentrados no Distrito Federal, em São Paulo e nos estados do Sul. São Paulo, sozinho, abrigava 53% deles. A presença de estrangeiros era particularmente significativa na capital estadual. Com efeito, o recenseamento de 1920 registrou 205.245 imigrantes em São Paulo, isto é, cerca de 35,4% da população da cidade não haviam nascido no país.

Pouco mais de 4,55 milhões de pessoas residiam em cidades e vilas, das quais apenas um número relativamente pequeno tinha mais de 20 mil habitantes. A urbanização era mais acentuada nas regiões Sudeste — na qual só o estado de São Paulo contava com 20 centros urbanos com mais de 20 mil pessoas — e Nordeste, que dispunha de 20 cidades com população superior àquele total. Duas cidades — Rio de Janeiro e São Paulo — concentravam cerca de dois quintos da população urbana brasileira. A capital federal ultrapassara a casa do milhão de habitantes, atingindo em 1920, precisamente, 1.157.873 pessoas, enquanto a capital paulistana reunia quase 580 mil.

Outro dado revelado pelo Censo de 1920 era a baixa escolaridade da população do país. Na população de sete anos ou mais, o Brasil tinha 31% de alfabetizados. A Argentina tinha 62%, exatamente o dobro. Somente o Distrito Federal e o Rio Grande do Sul apresentavam índices de alfabetização superiores a 30%. Os indicadores mais elevados desse estado, bem como os de São Paulo e de Santa Catarina, relacionavam-se à presença de imigrantes europeus e seus descendentes.

Na sua dimensão econômica, o recenseamento de 1920 identificou 9,1 milhões de brasileiros, do total de 30,6 milhões, com ocupação conhecida e definida. Pouco mais de 70% desses trabalhadores — 6,4 milhões de pessoas — estavam envolvidos na agricultura, pecuária etc. A predominância das atividades econômicas ligadas ao campo era generalizada, à exceção apenas do Distrito Federal. Mesmo em São Paulo, o estado mais desenvolvido do país, a economia ainda se baseava na agricultura, em virtude da importância do café. Cerca de 9% da população ocupada na agricultura — ou seja, 577 mil pessoas — eram proprietários, e 70 mil eram administradores e arrendatários. Os 90% restantes, aproximadamente 5,76 milhões de indivíduos, eram trabalhadores rurais. As atividades industriais empregavam menos de 300 mil operários. Desse total, quase um terço trabalhava no setor têxtil, concentrado na capital federal e em São Paulo. A categoria dos profissionais liberais (professores, juristas, engenheiros, médicos etc.) reunia 168 mil pessoas.

A fundação do IBGE e a regularidade dos censos

O quinto recenseamento geral acabou não acontecendo em virtude de uma sucessão de acontecimentos políticos que tiveram por desfecho a deposição do presidente Washington Luiz em outubro de 1930 e a tomada do poder por Getúlio Vargas. Em contrapartida, o Governo Provisório de Vargas adotou uma série de medidas quanto aos serviços estatísticos do país, que culminaram na criação, em 1938, do Instituto Brasileiro de Geografia e Estatística (IBGE). A partir de então, os levantamentos estatísticos ganharam mais regularidade e maior apoio do Estado.

Em 1940, o IBGE organizou o primeiro censo demográfico decenal. Esse censo refletiu uma importante mudança nos levantamentos estatísticos brasileiros, uma vez que foi o primeiro elaborado com as metodologias internacionalmente consagradas. Vale salientar que, na sua elaboração, o Censo de 1940 contou com a colaboração de renomados estatísticos, como o italiano Giorgio Mortara, que veio para o Brasil fugindo do regime fascista de Benito Mussolini.

O Censo de 1940 foi um marco internacional, pois pela primeira vez em todo o mundo seriam investigadas em um censo demográfico duas questões cruciais — a fecundidade e a mortalidade infantil —, além de vários outros temas de natureza social e econômica que foram incluídos desde então, como emprego/desemprego, rendimento, migrações etc.[1]

A evolução demográfica do Brasil entre os censos de 1940 e 2000

A população do Brasil cresceu rapidamente desde a realização regular dos censos decenais, tendo quadruplicado entre 1940 e 2000, conforme atesta a tabela 1.

Tabela 1
POPULAÇÃO BRASILEIRA, 1940-2000

Ano	População
1940	41.236.315
1950	51.944.397
1960	70.070.457
1970	93.139.037
1980	119.002.706
1991	146.825.475
2000	169.799.170

Fonte: www.ibge.gov.br/censo/revista1.pdf.

Um dado significativo identificado desde o Censo de 1940 até o de 2000 foi o movimento de interiorização da população. Assim, as regiões Norte e Centro-Oeste conheceram um aumento expressivo do seu peso relativo no total do contingente populacional do país, enquanto a região Nordeste diminuiu bastante sua participação e as regiões Sul e Sudeste permaneceram com participações semelhantes. Isso reflete um grande fluxo de emigração do Nordeste, ocorrido principalmente nas primeiras décadas do período, e o avanço para novas fronteiras agrícolas no Norte e no Centro-Oeste, principalmente em décadas mais recentes.

O grande crescimento da população brasileira entre os censos de 1940 e 2000 redundou num forte incremento da densidade demográfica no país, a qual passou de 4,8 hab./km² em 1940 para 19,9 hab./km² em 2000. Há, entretanto, fortes diferenciações entre as regiões do país. A região Norte, por exemplo, apresenta as menores densidades — 0,4 hab./km² (1940) e 3,4 hab./km² (2000), ao passo que a região Sudeste, a mais urbanizada, apresenta densidades bem superiores, as mais elevadas do país — 19,8 hab./km² e 76,3 hab./km² para 1940 e 2000, respectivamente.

A acelerada urbanização é outro importante fenômeno registrado no quadro demográfico brasileiro entre 1940 e 2000. Nesse período, enquanto a população total do país registrou um incremento de 2,4 em sua taxa média geométrica anual, o crescimento da população urbana elevou-se a uma taxa de 4,1, mais de 20 vezes superior à taxa de crescimento da população rural, que foi de apenas 0,2.

---

[1] Além dos censos, que são mais abrangentes em quesitos, o IBGE realizou em 1996, no meio da década portanto, e em 2007, uma contagem da população, quando foram levantados todos os habitantes, sem, entretanto, aplicar um questionário mais abrangente. O objetivo dessas contagens foi o de melhorar as estimativas da população total e dos municípios, dados dos quais dependem repasses feitos pelo governo federal.

Em 1940, nenhuma das regiões do país tinha atingido taxa de urbanização de 50%. Naquele ano, o Sudeste tinha 39,6% de sua população residindo em áreas urbanas e detinha 46,6% do total da população urbana do país. Nas demais regiões, as taxas de urbanização situavam-se entre 23% e 28%. Se em 1940 a taxa de urbanização era de apenas 31,3%, em 2000 essa taxa atingiu 81,2%. O aumento da urbanização, entretanto, não ocorreu apenas nas regiões Sudeste e Sul, onde já era um processo observado há mais tempo, mas também nas regiões Norte e Centro-Oeste, onde as taxas geométricas de crescimento da população urbana registradas no decorrer do período — 5,3 e 6,5, respectivamente — foram maiores que a média nacional.

Relativamente à população rural, destacam-se não apenas as baixas taxas de crescimento em geral em todas as regiões, como o crescimento negativo da população rural no Sudeste. Nessa região, a taxa média geométrica de crescimento foi de –0,8, reflexo da migração campo-cidade e da modernização na agricultura. A tabela 2 mostra a evolução da taxa média geométrica de crescimento das populações total, rural e urbana, por regiões, entre 1940 e 2000.

Tabela 2
TAXA MÉDIA GEOMÉTRICA DE CRESCIMENTO DAS POPULAÇÕES TOTAL, RURAL E URBANA
(1940 E 2000)

Região	População total	População urbana	População rural
Brasil	2,4	4,1	0,2
Norte	3,6	5,3	2,0
Nordeste	2,0	3,9	0,5
Sudeste	2,4	3,8	–0,8
Sul	2,5	4,4	0,2
Centro-Oeste	4,1	6,5	1,0

Fonte: IBGE, 2007:18.

Relativamente à estrutura da população por sexo, passou-se de uma situação de equilíbrio em 1940, para uma situação de desequilíbrio, com predomínio de indivíduos do sexo feminino em 2000. Em 1940, a razão de sexo[2] era de 99,9 e, em 2000, passou a ser de 96,9.

Ao longo desses anos, também ocorreram alterações significativas na composição etária da população devido à diminuição da fecundidade e ao aumento da expectativa de vida. A taxa de fecundidade, que em 1940 era de 6,2 filhos por mulher, começou a baixar, principalmente a partir dos anos 1970, tendo atingido em 2000 a taxa de 2,4 filhos por mulher. Já a expectativa de vida subiu de 42,7 anos em 1940 para 70,4 anos em 2000, devido a melhorias no atendimento e na cobertura dos serviços médicos e sanitários, que diminuíram as taxas de mortalidade.

Por conseguinte, houve sensíveis mudanças na pirâmide etária da população. Em 1940, 42,9% da população tinham até 14 anos de idade, 53% tinham entre 15 e 59 anos e apenas 4,1% tinham 60 anos ou mais, números que definem uma pirâmide com uma base bastante larga. Já em 2000, a

---

[2] Entende-se por razão de sexo a relação entre homens e mulheres de uma população, expressada pelo quociente (homens/mulheres) * 1.000, onde a razão > 100 significa maior número de homens e a razão < 100 significa um maior número de mulheres. Admite-se o equilíbrio entre 98 e 102.

população até 14 anos representava apenas 29,6% do total, enquanto a população entre 15 e 59 anos atingia 61,8% e a de idosos, ou de 60 anos ou mais, representava 8,6% do total. Nesse momento, o desenho da pirâmide era diferente, apresentando uma base mais estreita e um topo mais largo.

Uma importante consequência da nova estrutura etária da população foi a mudança no indicador razão de dependência, que revela o peso dos inativos (crianças, adolescentes e idosos) sobre o segmento populacional que, em princípio, pode exercer alguma atividade produtiva.[3] A razão de dependência caiu bastante entre 1940 e 2000, passando de 88,7 inativos para cada 100 ativos para 61,7% a cada 100 ativos. Isso se deveu principalmente à redução do número de crianças. A razão de dependência de crianças em 1940 era de 81 para 100 ativos e a de 2000 era de apenas 42,9 para 100 ativos. Já a razão de dependência de idosos cresceu devido ao aumento da longevidade. Em 1940 era de 7,7 e, em 2000, de 13,8 por 100 ativos.

Deve ser destacado também, quanto à estrutura etária, o envelhecimento da população. O índice de envelhecimento da população, ou seja, a proporção entre idosos e crianças, cresceu de 9,5 em 1940 para 28,9 em 2000.

A análise dos dados permite visualizar a transição demográfica que está ocorrendo no Brasil. Se, em 1940, os índices de fecundidade e natalidade eram bastante elevados, observa-se, 60 anos depois, uma clara tendência à ocorrência de índices de fecundidade que permitem a mera reposição da população.[4] No bojo desse mesmo processo, houve o envelhecimento da população, consequência da diminuição dos índices de mortalidade devido à disseminação de controles médicos e sanitários. Isso implica que os investimentos em saúde e educação infantil poderão diminuir, mas, em contrapartida, aumentará a demanda por empregos e assistência aos idosos. Essa nova realidade acarreta igualmente maiores gastos com a previdência social.

Relativamente à cor/raça da população houve também significativas alterações entre os censos de 1940 e 2000. O percentual de pessoas que se declararam brancas reduziu-se de 63,4% para 53,7%, o de pessoas que se diziam pretas passou de 14,6% para apenas 6,2%, e o de amarelas de 0,6% para 0,4%. As pardas, em compensação, aumentaram de 21,2% para 38,5%. Esses dados atestam a crescente miscigenação da população brasileira no período. Como os indígenas não foram recenseados em 1940, não se pode fazer uma apreciação de sua evolução. De todo modo, em 2000 eles representavam apenas 0,4% da população brasileira.

Quanto à religião, dados novos foram também revelados. Houve um significativo decréscimo de fiéis da religião católica e um incremento considerável dos que professavam a religião evangélica e dos sem religião. Em 1940, a religião católica predominava largamente, sendo praticada por 95% da população, percentual que caiu para 73,6% em 2000. Os evangélicos, que representavam apenas 2,6% da população, chegaram a 15,4% da população em 2000. Já os sem religião passaram de 0,2% em 1940 para 7,4% em 2000. Os que professavam outras religiões passaram de 1,9% em 1940 para 3,4% em 2000. Entre as outras religiões estão a espírita, a umbanda, o candomblé, o judaísmo, o budismo etc. Os espíritas, por exemplo, que em 1940 eram 460 mil adeptos, em 2000 chegaram a 2 milhões, e os budistas, que em 1940 eram 120 mil, chegaram a 214 mil no último censo. Os demais 0,2% da população, nos dois censos, não declararam religião.

Os dados relativos à alfabetização e à escolaridade, de inegável importância para qualquer país, alcançaram significativa melhoria no período entre os dois censos aqui comentados. A taxa de alfa-

---

[3] Razão de dependência = relação entre a população inativa (0 a 14 anos ou mais de idade) e a potencialmente ativa (15 a 59 anos).
[4] A taxa de fecundidade que permite a reposição da população é de 2,1 filhos por mulher.

betização em 1940, que era de apenas 43,2%, subiu enormemente nesse lapso de tempo, chegando a 87,9% em 2000. E se antes os homens apresentavam um percentual de alfabetização mais elevado (48,3%) do que as mulheres (38,1%), em 2000 as mulheres eram mais alfabetizadas, com uma taxa de 88,1%, contra 87,7% dos homens. Os dados sobre alfabetização revelam ainda significativas diferenças regionais, com a região Nordeste exibindo os menores percentuais de alfabetização do país. A tabela 3 mostra as taxas de alfabetização por regiões para os anos de 1940 e 2000, conforme os censos daqueles anos.

Tabela 3
TAXA DE ALFABETIZAÇÃO POR REGIÕES (1940 E 2000)

Região	1940	2000
Norte	42,0	85,2
Nordeste	26,8	77,0
Sudeste	52,1	93,0
Sul	57,6	93,5
Centro-Oeste	35,2	89,9

Fonte: IBGE, 2007:56.

Outro dado relevante é a taxa de escolarização, que indica o grau de retenção das pessoas no sistema escolar. Em 1940, o percentual de pessoas de sete a 14 anos que frequentavam a escola era de 30,5%. Sessenta anos depois, o percentual era mais de três vezes superior — 94,5% —, chegando-se, portanto, praticamente à universalização do ensino. Mais uma vez, contudo, são marcantes as diferenças regionais, conforme revela a tabela 4.

Tabela 4
TAXA DE ESCOLARIZAÇÃO POR REGIÃO (1940 E 2000)

Região	1940	2000
Norte	35,90	88,8
Nordeste	18,80	92,9
Sudeste	36,60	96,3
Sul	41,25	96,5
Centro-Oeste	20,50	95,5

Fonte: IBGE, 2007:58.

Relativamente à força de trabalho, há também algumas variáveis comparáveis entre os censos de 1940 e 2000. Uma primeira é a que indica o percentual de população ocupada com mais de 10 anos, por faixa de idade. Nesse indicador, verificamos o decréscimo de crianças e adolescentes e de idosos ocupados e o aumento de ocupados nas faixas de idade intermediárias. Isso se deve, entre outros fatores, à maior permanência de crianças e adolescentes nas escolas, assim como à diminuição do trabalho infantil no campo. O contingente da população entre 10 e 19 anos que trabalhava em 1940 era de 33,7% da população, decaindo em 2000 para 10,8%. Quanto ao trabalho rural, o contingente de pessoas ocupadas de 10 a 19 anos caiu de 30,9% em 1940 para 16,9% em 2000. A tabela 5 mostra a distribuição das pessoas de 10 anos ou mais ocupadas, por grupos de idade no Brasil em 1940 e em 2000.

Tabela 5
DISTRIBUIÇÃO DA POPULAÇÃO TRABALHADORA DE 10 ANOS OU MAIS, POR FAIXA DE IDADE (1940 E 2000)

Faixa etária	1940	2000
10 a 19 anos	33,7	10,8
20 a 29 anos	24,7	28,4
30 a 39 anos	16,9	26,6
40 a 49 anos	11,9	19,5
50 a 59 anos	7,1	9,9
60 anos ou mais	5,8	4,6

Fonte: IBGE, 2007:74.

As migrações internas

As migrações internas mudaram significativamente tanto de direção quanto de natureza ao longo do período estudado. Até os anos 1970, o Brasil caracterizou-se por fluxos migratórios inter-regionais, principalmente da região Nordeste para a região Sudeste, e pelos deslocamentos campo-cidade — o chamado êxodo rural.

A partir daquela década, o movimento migratório no país deixou de ter como ponto de partida apenas o Nordeste, passando a incluir também o Sul-Sudeste e tendo como destino as frentes pioneiras de ocupação nas regiões Centro-Oeste e Norte. Aí tiveram papel fundamental a expansão da agroindústria da soja, primeiro no Centro-Oeste e depois na região Norte, e os grandes projetos de colonização e de infraestrutura localizados na Amazônia. Nessa região, os grandes empreendimentos de mineração também funcionaram como importante polo de atração.

Durante todo o período, destacaram-se também as migrações rumo às cidades, principalmente em direção às capitais e às regiões metropolitanas. Esse intenso fluxo migratório foi uma das causas do enorme crescimento das regiões metropolitanas já existentes e da criação de novas. O Brasil tornou-se, nesse período, uma sociedade urbanizada, não apenas por ter a maioria da população morando nas cidades, mas também porque o campo passou a ser organizado pela cidade, que determina o que e onde produzir e para onde convergem os fluxos de renda produzidos no mundo rural.

Ao longo do período, entretanto, os fluxos migratórios, bastante significativos entre 1940 e 1960, foram diminuindo. Entre 1960 e 1970, o número de indivíduos recenseados em lugar diferente daquele em que nasceram apresentou um crescimento anual de 4,2%. Na década de 1970, essa taxa baixou para 3,3% e, entre 1980 e 1991, para 1,6%, permanecendo nesse patamar durante a década de 1990.

O novo censo a ser realizado em 2010 deverá trazer dados mais finos sobre os novos fluxos migratórios. Estudos recentes já apontam uma significativa diminuição dos deslocamentos populacionais para as regiões metropolitanas. Essa redução é tão marcante que alguns autores denominam esse processo "involução metropolitana".

Ao mesmo tempo em que as grandes metrópoles perdem relativamente seu poder de atração, as cidades de médio porte passam a se tornar atrativas, principalmente para membros de classe média, que veem nelas oportunidades de trabalho com melhor qualidade de vida. A diminuição relativa da oferta de empregos industriais e a concentração fundiária nas antigas fronteiras agrícolas estão produzindo fluxos demográficos inéditos na história do país: cada vez mais a busca de terra e trabalho se realiza dentro dos limites dos estados de origem da população, diminuindo, portanto, as migrações inter-regionais. Outro fluxo até então desconhecido e que vem se desenvolvendo nos últimos anos é a migração de retorno à área de origem.

Os movimentos recentes de imigração e emigração

Nas décadas recentes, o Brasil voltou à rota das migrações internacionais. Inicialmente, teve lugar um movimento mais forte de emigração e, nos últimos anos, uma vez mais, de imigração. Nos anos 1970, teve início o fluxo de brasileiros para as áreas rurais do Paraguai. Esse fluxo intensificou-se bastante e hoje, estima-se, constitui o segundo maior fluxo de emigração do Brasil. Os chamados "brasiguaios" são cerca de 300 mil pessoas, ficando atrás somente daqueles que emigraram para os Estados Unidos, que, segundo estimativas, somam aproximadamente 500 mil indivíduos. Na segunda metade da década de 1980, intensificou-se o fluxo emigratório do Brasil. Nos anos 1990, havia mais de 1 milhão de brasileiros morando fora do país, principalmente nos Estados Unidos, Paraguai e no Japão, mas também na Itália, Portugal, Inglaterra, França, Canadá, Austrália, Suíça, Alemanha, Bélgica, Países Baixos e Israel.

Na década de 1990, igualmente se intensificou o fluxo de estrangeiros que imigravam para o Brasil, incluindo desde coreanos até latino-americanos. O afluxo destes últimos já vinha ocorrendo desde os anos 1980, período em que o número de latino-americanos que entrava no país passou a ser maior do que o de brasileiros que se deslocavam para outros países latino-americanos. A maior parte desses fluxos é de população pouco qualificada. Em São Paulo, por exemplo, a indústria de confecções, que está cada vez mais nas mãos de coreanos, contrata uma quantidade crescente de trabalhadores bolivianos, peruanos e colombianos, a maioria em situação irregular.

Além dos fluxos já mencionados, o Brasil vem contando, recentemente, com a imigração de mão de obra qualificada vinda da Argentina e do Chile, principalmente em direção à metrópole paulista. Ou seja, o fluxo de migrantes latino-americanos configura grupos sociais distintos e, em particular, com destino metropolitano. Já na emigração de brasileiros para a América Latina predominam os agricultores, que vão para países vizinhos. Relativamente à imigração estrangeira, no entanto, o Brasil também tem recebido fluxo de mão de obra qualificada dos Estados Unidos, Inglaterra, Alemanha e França.

Apesar do decréscimo recente de suas taxas de crescimento — que na década de 1990 foi de cerca de 1,6% anuais —, 2,45% para a população urbana e 1,30% para a população rural —, o Brasil é hoje o quinto país mais populoso do mundo. Contando com uma população de 183.967.291 habitantes (conforme a estimativa da contagem de 2007), o país só fica atrás da China (1.321.852.000 habitantes), da Índia (1.129.866.673 habitantes), dos Estados Unidos (301.139.947 habitantes) e da Indonésia (234.693.997 habitantes). O Brasil é, de longe, o país mais populoso da América Latina, superando amplamente o México, o segundo colocado, cuja população é de cerca de 108.700.000 habitantes.

Para saber mais, é preciso ler

BAENINGER, Rosana. *O Brasil na rota das migrações internacionais recentes*. Disponível em: <http://bnesocial.mm.com/?p=529>. Acesso em: 10 ago. 2009.

BARCELLOS, Tanya M. de. *Migrações no Brasil: considerações sobre o período recente*. Disponível em: <http://revistas.fee.tche.br/index.php/indicadores/article/viewFile/1024/1335>. Acesso em: 10 ago. 2009.

BRITO, Fausto. Transição demográfica e desigualdades sociais no Brasil. *Revista Brasileira de Estudos Populacionais*, São Paulo, v. 25, n. 1, p. 5-26, jan./jun. 2008.

CARVALHO, José Murilo de. *Os três povos da República*. Disponível em: <www.ifcs.ufrj.br/~ppghis/corpo_docente12.htm-13k>. Acesso em: 10 ago. 2009.

CHAMBOULEYRON, Rafael. *Plantações, sesmarias e vilas*: uma reflexão sobre a ocupação da Amazônia seiscentista. Disponível em: <www.nuevomundo.revues.org/pdf/2260>. Acesso em: 11 ago. 2009.

CUNHA, José Marcos P. da. Migração e urbanização no Brasil: alguns desafios metodológicos para análise. *São Paulo em Perspectiva*, v. 19, n. 4, out./dez. 2005.

CVRD. A *mineração no Brasil e a Companhia Vale do Rio Doce*. Rio de Janeiro: CVRD, 1992.

IBGE. *Tendências demográficas:* uma análise da população com base nos resultados dos censos demográficos 1940 e 2000. Rio de Janeiro: IBGE/Coordenação de População e Indicadores Sociais, 2007.

OLIVEIRA, Jane Souto de. *Brasil mostra a tua cara:* imagens da população brasileira nos censos demográficos de 1872 a 2000. Rio de Janeiro: Escola Nacional de Ciências Estatísticas, 2003. (Textos para Discussão, 6).

Sites

www.dpi.inpe.br/geopro/modelagem/relatorio_urbanizacao_amazonia.pdf.

www.ideiaseensaios.com.br/2008/06/virada-racial-ttulo-provisrio.html.

www.jdia.com.br/pagina.php?pg=exibir_reporter&idnoticia=57.

www.nea.ufsc.br/homenagens_guido.php.

www.nemesis.org.br/artigos/projeto2.pdf.

www.bederblog.com/listas-de-paises-mais-populosos-do-mundo.

www.ibge.gov.br/censo/revista1.pdf.

www.moderna.com.br/moderna/didaticos/em/geografia/progensinogeo/rumos/0030.

www.seiba.gov.br/images/bahia-sintese/censo-2000/tabelas/censo2000_tab_12.xls.

www.voyagesphotomanu.co./populacao_mexico.html.

14 Uma cronologia dos principais acontecimentos no Brasil republicano

Alzira Alves de Abreu
Juliana Gagliardi de Araujo

1889

- Proclamação da República no Brasil. O marechal Deodoro da Fonseca assume a chefia do Governo Provisório (15 nov.).
- D. Pedro II e a família real embarcam para a Europa por ordem do novo regime (17 nov.) e têm seu banimento decretado (21 dez.).
- Assinatura de decreto instituindo a nova bandeira nacional (19 nov.).

1890

- O ministro da Fazenda Rui Barbosa faz reforma bancária para aumentar a oferta de moeda e facilitar a criação de sociedades anônimas. A medida mais polêmica é a que concede a alguns bancos o direito de emitir moeda, o que resulta em inflação e especulação desenfreada e origina a chamada crise do encilhamento (jan.).
- Eleições para a Assembleia Nacional Constituinte (15 set.).
- Criação do Supremo Tribunal Federal (STF), que substituiu o Supremo Tribunal de Justiça, de 1828 (11 out.).
- Aprovação do novo Código Penal no Brasil, o primeiro a regular delitos em uma sociedade não escravista (out.).

1891

- Promulgação da primeira Constituição republicana do Brasil (24 fev.).
- O marechal Deodoro da Fonseca é eleito indiretamente presidente da República, sendo o marechal Floriano Peixoto o vice-presidente (25 fev.).
- A Constituinte transforma-se em Congresso Nacional (25 fev.).
- Deodoro da Fonseca decreta estado de sítio e dissolve o Congresso (3 nov.).

- A resistência dos parlamentares faz com que Deodoro renuncie à presidência, sendo substituído por Floriano Peixoto (23 nov.).
- D. Pedro II morre em Paris (5 dez.).

1892

- Início de uma série de conflitos que oporiam, até 1904, duas correntes políticas: a dos republicanos radicais, formada principalmente por militares, positivistas e jacobinos, e a dos republicanos civis e liberais, cujo núcleo era composto pelos políticos paulistas.

1893

- Eclosão da Revolução Federalista — conflito entre federalistas e republicanos — no Rio Grande do Sul, estendendo-se para Santa Catarina e Paraná (fev.).
- Início do movimento de Canudos, na Bahia, com a fundação do arraial do Belo Monte, revolta de cunho messiânico, cuja liderança foi exercida por Antônio Conselheiro (jun.). O movimento, violentamente reprimido pelos governos baiano e federal, só foi aniquilado em 1897.
- Início da Revolta da Armada (6 set.), levante de oposição ao presidente Floriano Peixoto, no Rio de Janeiro.
- Fundação do Partido Republicano Federal, cujo objetivo era eleger o sucessor de Floriano Peixoto e tirar o poder das mãos dos militares (out.).

1894

- O paulista Prudente de Morais é eleito o primeiro presidente civil do Brasil, sendo o baiano Manuel Vitorino seu vice. Ambos são empossados em 15 de novembro.
- Fim da Revolta da Armada, iniciada em 1893 (mar.).
- O Brasil rompe relações diplomáticas com Portugal, no contexto de um crescente antilusitanismo, que começa a tomar conta da cidade do Rio de Janeiro. Trata-se do movimento republicano radical jacobino (maio).

1895

- O Brasil reata relações diplomáticas com Portugal (mar.).
- Fim da Revolução Federalista, sufocada violentamente pelo coronel do Exército Moreira César, conhecida como "Corta Cabeças" (ago.).

1897

- Fundação da Academia Brasileira de Letras (20 jul.).
- Inauguração da cidade de Minas, a nova capital do estado de Minas Gerais e primeira cidade projetada no Brasil (12 out.). A cidade de Minas passa a se chamar Belo Horizonte em 1901.

- Fim do movimento de Canudos, depois que a quarta expedição militar oficial extermina a sua população (out.).

1898

- O paulista Campos Sales é eleito presidente da República, sendo Rosa e Silva seu vice (mar.). Ambos são empossados em 15 de novembro.
- Campos Sales estabelece negociações com os Rothschild, banqueiros ingleses, relativas a um *funding loan*, um empréstimo para o pagamento dos juros e da dívida externa do país (15 jun.).

1900

- Walter Hauser, presidente da Suíça e da comissão de arbitragem que decidia sobre a disputa referente à região do Amapá, dá ganho de causa ao Brasil contra a França, e o Amapá é incorporado ao estado do Pará (1 jan.).

1902

- O paulista Rodrigues Alves é eleito presidente da República, sendo Silviano Brandão seu vice (mar.). Ambos são empossados em 15 de novembro.
- O barão do Rio Branco torna-se ministro das Relações Exteriores, inaugurando um novo período na política externa, com negociações para a delimitação das fronteiras do Brasil e maior aproximação dos Estados Unidos.
- Publicação de *Os sertões*, de Euclides da Cunha, pela Editora Laemmert. O livro provoca impacto político pelas denúncias sobre o massacre de Canudos.

1903

- Com a posse de Pereira Passos (3 jan.) como prefeito, tem início uma série de reformas urbanas na cidade do Rio de Janeiro, então capital federal, com o objetivo de transformar a cidade no símbolo de um Brasil moderno.
- O médico Oswaldo Cruz integra a equipe de Pereira Passos, assumindo a direção da Saúde Pública e inicia uma campanha, na cidade, de saneamento e vacinação contra a febre amarela (mar.).
- Ocorrência, no Rio de Janeiro, da primeira greve operária considerada generalizada (ago./set.).
- O Acre se torna território brasileiro com a assinatura do Tratado de Petrópolis, que garantia à Bolívia livre navegação pelo rio Amazonas e a promessa de construção da estrada de ferro Madeira-Mamoré na região (17 nov.).

1904

- O Banco da República passa a ser chamado de Banco do Brasil (ago.).
- Promulgação da lei que torna obrigatória a vacinação contra a varíola (31 out.). Em resposta à medida, eclode a Revolta da Vacina na cidade do Rio de Janeiro, levante popular que foi violen-

tamente reprimido com prisões e desterros (nov.). No mesmo contexto, um grupo de estudantes militares e oficiais do Exército, liderado por um reduzido grupo de militares e políticos, deflagrou a Revolta da Escola Militar da Praia Vermelha, sob a liderança do general de brigada Silvestre Travassos, com o apoio, entre outros, de Lauro Sodré, senador pelo Partido Republicano Federal (14 nov.). Em decorrência da revolta militar, o governo assinou decreto fechando a Escola Militar do Brasil (16 nov.).

- Em reação às revoltas e à ameaça golpista, o governo decreta estado de sítio, que só tem fim em março do ano seguinte (nov.).
- Assinatura de acordo entre os governos brasileiro e britânico para resolver impasse sobre a demarcação de fronteiras entre o Brasil e a Guiana Inglesa (jun.).

1906

- Os governos de São Paulo, Rio de Janeiro e Minas Gerais assinam o Convênio de Taubaté, que estabelece a política de valorização do café, com o objetivo de estabilizar os preços do produto para os cafeicultores (27 fev.).
- O mineiro Afonso Pena é eleito presidente da República, sendo o fluminense Nilo Peçanha seu vice (mar.). Ambos são empossados em 15 de novembro.
- Realizado o I Congresso Operário Brasileiro, no Rio de Janeiro, liderado pelos anarquistas. O congresso foi um indício da força do anarquismo dentro do movimento de organização dos trabalhadores urbanos no Brasil (15 abr.).
- Santos Dumont pilota o *14-Bis* no primeiro voo público em aeroplano, em Paris. No Brasil, ele passa a ser saudado como o inventor do avião (23 out.).

1907

- Aprovação pelo Congresso da lei proposta pelo senador Adolfo Gordo, que previa expulsar do país operários estrangeiros envolvidos em agitações políticas (jan.).
- O senador pela Bahia Rui Barbosa representa o Brasil na II Conferência Internacional de Paz, em Haia, na Holanda, em defesa da igualdade entre as nações. Essa é a primeira vez que o Brasil participa em um encontro desse tipo e, por sua brilhante atuação, Rui Barbosa passa a ser conhecido como "Águia de Haia" (15 jun.).

1908

- Gustavo Lacerda, repórter do jornal *O Paiz*, funda a Associação Brasileira de Imprensa (ABI) (7 abr.).
- Aprovação da Lei do Serviço Militar Obrigatório (maio).
- Criação da Confederação Operária Brasileira como um dos desdobramentos do I Congresso Operário Brasileiro de 1906 (1 maio).

1909

❑ Fundação da Universidade do Amazonas, primeira universidade do país (19 jan.).
❑ O presidente Afonso Pena morre e seu vice, Nilo Peçanha, assume a presidência da República (14 jun.).
❑ Assinatura dos tratados de limites com o Peru (set.) e com o Paraguai (out.), de acordo com a política do ministro das Relações Exteriores, Rio Branco.
❑ O baiano Rui Barbosa é lançado candidato da oposição à presidência da República, pela chapa da Campanha Civilista e com o apoio do Partido Republicano Paulista (PRP). O militar gaúcho Hermes da Fonseca é o candidato da situação, com o apoio de Minas Gerais e do Rio Grande do Sul. Configura-se a primeira cisão, desde o governo Campos Sales, na chamada política dos governadores (3 out.).

1910

❑ Hermes da Fonseca é eleito presidente da República, sendo Venceslau Brás seu vice. Ambos são empossados em 15 de novembro.
❑ Eclosão da Revolta da Chibata no Rio de Janeiro, sob a liderança do marinheiro João Cândido, o "Almirante Negro", contra os castigos corporais aplicados pela Marinha (22 nov.).

1911

❑ Início da "política do salvacionismo", do governo Hermes da Fonseca, com o objetivo de afastar do poder oligarquias locais, para, assim, instalar uma aliança de militares e políticos favoráveis ao governo federal. A política gera conflitos e intervenções em alguns estados.

1912

❑ Falecimento do ministro das Relações Exteriores, barão do Rio Branco, que ocupava o cargo desde 1902 (10 fev.).
❑ Eclosão da Guerra do Contestado em região de fronteira entre Paraná e Santa Catarina disputada pelos dois estados. A rebelião popular e de cunho messiânico reuniu grande número de famílias em busca de terra e trabalho na região (out.).

1913

❑ Aprovação pelo Congresso de lei de autoria do senador Adolfo Gordo, de repressão ao movimento operário. Em reação emergiram protestos em vários pontos do país (jan.).
❑ Início da Revolta de Juazeiro, no Ceará, em que se fortaleceu a figura do padre Cícero Romão Batista.

1914

- O mineiro Venceslau Brás é eleito presidente da República, sendo o maranhense Urbano Santos seu vice (mar.). Ambos são empossados em 15 de novembro.
- Greves ocorridas no Rio de Janeiro (e, posteriormente, no Pará e em São Paulo) motivaram o estado de sítio decretado pelo governo da República (out.).

1916

- Início de vigência do primeiro Código Civil Brasileiro, de autoria do jurista Clóvis Bevilacqua (1 jan.).
- Fundação da Academia Brasileira de Ciências (maio).
- Fim da Guerra do Contestado, com a assinatura de acordos de fronteiras entre Paraná e Santa Catarina (out.).
- Entrada em vigor, nacionalmente, do serviço militar obrigatório (dez.).

1917

- Segunda valorização do café e aprovação da Lei de Auxílio à Produção Cafeeira (ago.).
- Navios brasileiros são atingidos por torpedos da Marinha alemã. Em reação, o Brasil declara guerra à Alemanha (26 out.).

1918

- Rodrigues Alves é novamente eleito presidente da República, sendo Delfim Moreira seu vice (mar.).
- Chegada ao Brasil da forte epidemia de gripe espanhola, que já havia atingido profundamente a população europeia (out./nov.).
- A Alemanha e as nações aliadas — o Brasil inclusive — assinam armistício (11 nov.).
- Delfim Moreira assume a presidência no lugar de Rodrigues Alves, impossibilitado por ter adoecido (15 nov.).

1919

- Falecimento do presidente eleito Rodrigues Alves (16 jan.). São marcadas novas eleições para a presidência. Entre os candidatos ao cargo estavam Epitácio Pessoa, da situação, e Rui Barbosa, da oposição.
- Epitácio Pessoa é eleito presidente da República (13 abr.) e recebe a faixa presidencial de Delfim Moreira (28 jul.), que retoma seu cargo de vice-presidente.
- Ocorrência, durante todo o ano, em várias cidades do país, de greves e manifestações anarquistas. O movimento operário inspirado nessas ideias sofre intensa repressão e entra em declínio.

1920

- Choques entre a polícia e setores da oposição descontentes com os resultados eleitorais e liderados pelo "coronel" Horácio de Matos ocorrem na Bahia. A intervenção no estado é decretada pelo governo federal (23 fev.).
- Falecimento do vice-presidente Delfim Moreira (1 jul.). O senador mineiro Francisco Álvaro Bueno de Paiva é eleito para ocupar o seu lugar (5 set.).
- Criação da Universidade do Rio de Janeiro pelo presidente Epitácio Pessoa (7 set.).
- O presidente Epitácio Pessoa proíbe que homens negros joguem pela seleção brasileira de futebol.

1921

- Promulgação do Decreto-Lei nº 4.269 de censura à imprensa, com o objetivo de reprimir os movimentos anarquistas (17 jan.).
- Os estados do Rio de Janeiro, Rio Grande do Sul, Bahia e Pernambuco se reúnem em torno dos nomes de Nilo Peçanha e J. J. Seabra, como candidatos à presidência e à vice-presidência da República, em oposição aos candidatos situacionistas — o mineiro Artur Bernardes e o maranhense Urbano Santos, apoiados por Minas Gerais, São Paulo e outros estados —, articulando o Movimento de Reação Republicana (jun.).
- Estabelecimento, pelo governo federal, de uma política de permanente defesa do café, como tentativa de deter a crise (out.).

1922

- Realização, em São Paulo, da Semana de Arte Moderna, marco do movimento modernista brasileiro (13, 15 e 17 fev.).
- Artur Bernardes é eleito presidente da República, sendo Urbano Santos seu vice (1 mar.). Ambos são empossados em 15 de novembro.
- Fundação, em Niterói (RJ), do Partido Comunista do Brasil (PCB) (25 mar.).
- Epitácio Pessoa, ainda presidente da República, fecha o Clube Militar e prende seu presidente, o marechal Hermes da Fonseca, em reação à agitação nos quartéis motivada pela nomeação de um civil, Pandiá Calógeras, para o Ministério da Guerra (2 jul.). No mesmo contexto de crise, eclode o Levante dos 18 do Forte (5 jul.), movimento em que parte das guarnições do Forte de Copacabana, da Vila Militar e da Escola Militar se insurge. Em decorrência do movimento, o governo decreta o estado de sítio, após reprimir o movimento. Parte dos envolvidos é fuzilada.
- A Federação Brasileira pelo Progresso Feminino é fundada por Berta Lutz como um polo de luta para que o direito de voto seja concedido às mulheres (ago.).
- Inauguração da Exposição do Centenário da Independência do Brasil, em razão da qual foram construídas edificações na área anteriormente ocupada pelo morro do Castelo, no Centro do Rio de Janeiro (7 set.).

- O Centro Dom Vital é fundado no Rio de Janeiro, ligado à Igreja Católica e sob a liderança de Jackson de Figueiredo, visando à formação de novas gerações de intelectuais católicos (maio).

1923

- Aprovação do Decreto nº 4.682, mais conhecido como Lei Elói Chaves, que determinava a criação, em cada estrada de ferro do país, de uma caixa de aposentadoria e pensões para seus respectivos empregados. A medida é considerada o marco inicial da previdência social no Brasil (24 jan.).
- Eclosão da guerra civil conhecida como Revolução Gaúcha (jan.), quando a reeleição para o quinto mandato consecutivo de Borges de Medeiros no governo do Rio Grande do Sul provocou reações. O conflito entre os republicanos, liderados por Borges de Medeiros, e os federalistas liderados por Joaquim Francisco de Assis Brasil, durou o ano todo e só foi finalizado quando ambas as partes assinaram o Pacto de Pedras Altas, acordo através do qual os rebeldes aceitavam o novo mandato de Borges de Medeiros enquanto este se comprometia a não tentar nova reeleição.
- O presidente Artur Bernardes institui o Conselho Nacional do Trabalho (CNT), encarregado de prestar auxílio ao governo federal em questões trabalhistas (abr.).
- Fundação da Rádio Sociedade do Rio de Janeiro, primeira emissora do país (abr.).

1924

- Desde o julgamento e a punição dos militares envolvidos nos levantes de 1922, a relação entre o Exército e o governo permanece tensa. Eclode uma rebelião militar em São Paulo (5 jul.), liderada pelo general reformado Isidoro Dias Lopes. Os revoltosos ocupam estações, quartéis e outros pontos estratégicos da cidade e tomam o Palácio dos Campos Elísios. As forças legalistas resistem com bombardeios. O levante exige a convocação de uma assembleia constituinte, o voto secreto e a renúncia do presidente da República. O estado de sítio é decretado no estado do Rio e em São Paulo e posteriormente estendido a mais oito estados, tendo sido prorrogado até o fim de dezembro de 1926.
- Eclosão de levantes tenentistas em Sergipe, Mato Grosso e no Amazonas (jul.).
- Deflagração, no Rio Grande do Sul, de insurreição tenentista liderada por Luís Carlos Prestes, também de combate ao governo e que contou com a adesão de alguns líderes que haviam participado da revolta ocorrida em São Paulo, em julho (28 out.).

1925

- Formação da Coluna Prestes, com a junção das tropas que haviam se sublevado em São Paulo e no Rio Grande do Sul no ano anterior, sob a liderança de Luís Carlos Prestes e do major Miguel Costa (abr.). A coluna percorreria 13 estados, pelo interior do país, combatendo as forças legalistas, chegando, em 1927, à Bolívia e ao Paraguai.
- Aprovação pelo Congresso da Lei de Férias, que concede 15 dias de férias a operários e funcionários de várias instituições, embora tenha sido intensamente burlada até 1930 (24 dez.).

1926

- O paulista Washington Luís, único candidato, é eleito presidente da República, sendo o mineiro Melo Viana seu vice (1 mar.). Ambos são empossados em 15 de novembro.
- Fundação, em São Paulo, do Partido Democrático (PD), por dissidentes do Partido Republicano Paulista (PRP) e egressos de outras forças políticas (21 mar.).
- Aprovação, pelo Congresso Nacional, de reforma constitucional que amplia os poderes do Executivo (7 set.).
- Aprovação, pelo Congresso Nacional, do Código de Menores, que limita ao tempo máximo de seis horas diárias o trabalho de menores de 14 anos (1 dez.). No entanto, o código é amplamente desrespeitado até 1930.

1927

- Criação da Universidade de Minas Gerais, por iniciativa do governo do estado (ago.).
- Aprovação, pelo Congresso, da lei que ficou conhecida como "Celerada", projeto de Aníbal de Toledo, de repressão ao comunismo no movimento operário (ago.).

1928

- Organização do Bloco Operário Camponês (BOC), ligado ao Partido Comunista Brasileiro (PCB) (1 fev.).
- Fundação do Centro das Indústrias do Estado de São Paulo (Ciesp).
- Lançamento da *Revista de Antropofagia*, por Oswald de Andrade. Mário de Andrade escreve *Macunaíma* e Tarsila do Amaral pinta *O Abaporu*, marcos do movimento modernista brasileiro (maio).

1929

- O Brasil é obrigado a fazer cortes nos investimentos necessários para a política de valorização do café em razão da quebra da Bolsa de Nova York (21 out.).
- Início da campanha oposicionista de Getúlio Vargas, pela Aliança Liberal, e apresentação da plataforma de governo de Júlio Prestes, candidato governista à presidência da República (dez.).

1930

- Júlio Prestes, candidato situacionista, é eleito presidente da República, sendo o mineiro Melo Viana seu vice (1 mar.).
- Luís Carlos Prestes rompe com o tenentismo e, do exílio em Buenos Aires, lança manifesto de adesão ao comunismo (29 maio).
- O candidato à vice-presidência pela chapa oposicionista de Getúlio Vargas, João Pessoa, é assassinado (26 jul.). O episódio é usado como pretexto para o movimento que resulta na Revolução de 1930.

- Início da Revolução de 1930, que leva Getúlio Vargas à presidência da República (3 out.). O presidente Washington Luís é deposto (24 out.) e Getúlio Vargas assume a liderança do Governo Provisório (3 nov.). O presidente deposto segue para o exílio na Europa (21 nov.).
- O Governo Provisório dissolve o Congresso Nacional e nomeia interventores para assumirem todos os estados da Federação, com a exceção de Minas Gerais. Dois novos ministérios são criados: o Ministério do Trabalho, Indústria e Comércio e o Ministério da Educação e Saúde Pública (nov.).
- Fundação da Ordem dos Advogados do Brasil (OAB) (18 nov.).

1931

- Fundação do Clube 3 de Outubro (fev.).
- Estabelecimento, pelo Decreto nº 19.770, das bases de uma nova Lei de Sindicalização que submete ao controle do Ministério do Trabalho as associações operárias (19 mar.).
- Levante comandado pelo general Isidoro Dias Lopes, chefe da 2ª Região Militar, emerge na Força Pública de São Paulo, em razão do descontentamento com o interventor João Alberto (28 abr.).
- Fundação da Liga Paulista pela Constituição e pela Ordem, que lutava pela constitucionalização do país (17 maio).
- Fundação da Liga de Defesa Paulista, com o objetivo de lutar pela autonomia de São Paulo (19 maio).
- Criação do Conselho Nacional do Café, com o objetivo de elaborar uma política nacional para o café. Teve início a queima de estoques como estratégia para a manutenção de preços (maio).
- Decretação do Código dos Interventores, através do qual o presidente da República, Getúlio Vargas, regulamentou o controle que exerceria sobre as interventorias federais nos estados (28 ago.).
- Inauguração, no Rio de Janeiro, da estátua do Cristo Redentor (12 out.).
- Francisco Campos, então ministro da Educação e Saúde, promove a reforma do ensino secundário e universitário do país, primeira reforma da educação realizada no pós-1930.
- Suspensão do pagamento da dívida externa brasileira. Inicia-se nova negociação com os credores.

1932

- Formação, em São Paulo, da Frente Única Paulista, resultado da união entre membros do Partido Democrático e do Partido Republicano Paulista, com o objetivo de se opor a Getúlio Vargas (jan.).
- Criação do Clube 24 de Fevereiro, no Rio de Janeiro, que pedia o estabelecimento de uma Constituição (24 fev.). O grupo se constituiu em oposição ao Clube 3 de Outubro, de 1930.
- Estabelecimento do Novo Código Eleitoral, que criou a Justiça Eleitoral, responsável, a partir de então, por todos os trabalhos eleitorais (24 fev.). O código introduziu ainda o voto secreto, o voto feminino e a representação de classes.
- A Frente Única Gaúcha, formada em 1928 pela união do Partido Republicano Rio-Grandense com o Partido Libertador, rompe com o governo Vargas (18 mar.).
- Um grupo de educadores lança o Manifesto dos Pioneiros da Educação Nova, redigido por Fernando Azevedo, reivindicando a renovação da educação no país (mar.).

- Início da Revolução Constitucionalista de São Paulo, resultante do descontentamento da elite paulista com o governo de Getúlio Vargas (9 jul.).
- Fundação da Ação Integralista Brasileira (AIB), inspirada na doutrina fascista (7 out.).
- Regulamentação da Carteira de Trabalho e Previdência Social, pelo Decreto nº 22.035 (29 out.). O documento tem a função de garantir aos trabalhadores o acesso aos benefícios declarados nas novas leis que regulam o trabalho.
- Fundação do Partido Socialista Brasileiro em congresso no Rio de Janeiro, então Distrito Federal (nov.).
- Entrada em vigor, durante o ano, de diversas leis de regulamentação das relações de trabalho no país. Algumas das medidas abordam a definição da jornada de trabalho de oito horas, a regulamentação do trabalho feminino e de menores de idade, a instituição das convenções coletivas de trabalho e as pensões e aposentadorias para mineiros, comerciários, estivadores e bancários.

1933

- Fundação da Confederação Industrial do Brasil (25 jan.).
- Criação do Departamento Nacional do Café, que extingue o Conselho Nacional do Café (fev.).
- Realização de eleições para representantes da Assembleia Nacional Constituinte (3 maio). No mês seguinte, houve eleições para as representações classistas da mesma assembleia. A Assembleia Nacional Constituinte é instalada (15 nov.) e seu funcionamento vai até julho de 1934.
- Criação da Frente Única Antifascista, para combater o fascismo e o integralismo (25 jun.). Foi formada por sindicalistas, socialistas e comunistas liberais.

1934

- Lançamento do programa de rádio *Hora do Brasil*, com a função de noticiar as realizações do governo, e que se tornou importante meio de propaganda política (jan.).
- Fundação da Universidade de São Paulo (USP) (25 jan.).
- Fundação do Partido Constitucionalista de São Paulo (24 fev.).
- Com o objetivo de estimular o desenvolvimento nacional, edição do Código de Minas e do Código de Águas (10 jul.), sob a orientação do ministro da Agricultura, Juarez Távora.
- Sanção da nova Lei de Sindicalização, pelo Decreto nº 24.694, que permite a autonomia e a pluralidade sindicais (12 jul.).
- Promulgação da Constituição de 1934 (16 jul.).
- A Assembleia Nacional Constituinte elege Getúlio Vargas presidente da República (17 jul.).
- Luís Carlos Prestes se filia ao PCB no período em que esteve exilado na União Soviética (ago.).
- Realização de eleições para senadores, deputados federais e deputados estaduais constituintes (14 out.).
- Criação da Universidade de Porto Alegre (28 nov.), integrando escolas, institutos e faculdades e constituindo-se num importante marco para o reconhecimento da Universidade do Rio Grande do Sul.

1935

- Estabelecimento de acordo comercial entre o Brasil e os Estados Unidos (2 fev.) sobre tarifas alfandegárias.
- Criação da Aliança Nacional Libertadora (ANL), organização política de âmbito nacional que reuniu representantes de diversas classes e correntes políticas para lutar contra o fascismo e o imperialismo (12 mar.).
- Promulgação da primeira Lei de Segurança Nacional (4 abr.), que definia crimes contra a ordem política e social.
- Criação da Universidade do Distrito Federal, no Rio de Janeiro, por Anísio Teixeira, secretário de Educação do prefeito Pedro Ernesto (abr.).
- A ANL é posta na ilegalidade e tem sua sede fechada pelo governo (11 jul.).
- Início do levante em Natal, Recife e no Rio de Janeiro conhecido como Intentona Comunista, idealizado pela ANL. O governo reprime o movimento, prendendo parte de seus participantes e decretando o estado de sítio (nov.).

1936

- Criação da Comissão Nacional de Repressão ao Comunismo (10 jan.). Passou a ser exigido o atestado de ideologia para todos os que fossem ocupar cargos públicos e sindicais.
- Criação das comissões de salário mínimo, com a incumbência de fixar o valor do salário mínimo nas regiões do país (14 jan.).
- Luís Carlos Prestes e Olga Benário, líderes do levante da ANL de 1935, são presos no Rio de Janeiro (5 mar.).
- Instauração do estado de guerra no país (21 mar.), período em que foram presos diversos parlamentares que se opunham ao fechamento do regime.
- Início da Guerra civil espanhola (jun.).
- Criação do Tribunal de Segurança Nacional, que poderia ser ativado sempre que o país estivesse em estado de guerra, para promover e julgar aqueles que atentassem contra as instituições políticas, militares e sociais e contra a segurança externa do país (set.).

1937

- Armando Sales de Oliveira, ex-interventor paulista, torna-se o candidato da oposição à sucessão presidencial de Vargas (jan.). José Américo de Almeida, ex-ministro de Vargas, seria o candidato governista.
- Luís Carlos Prestes é julgado pelo Tribunal de Segurança Nacional e condenado a 35 anos de prisão (maio).
- Criação da Universidade do Brasil (5 jul.), que dava continuidade à antiga Universidade do Rio de Janeiro.
- O governo brasileiro divulga o Plano Cohen, documento contendo suposto plano de golpe comunista ao poder (set.). Posteriormente foi esclarecido que o documento foi forjado como pretexto para a instauração do Estado Novo.

- Início do Estado Novo, período ditatorial do governo Vargas em que o Congresso foi fechado e outorgada uma nova Constituição (10 nov.).
- Suspensão do pagamento da dívida externa até 1º de julho de 1939 (20 nov.).
- O governo federal intervém em todos os estados da federação, exceto Minas Gerais (24 nov.).
- Criação por decreto do Serviço do Patrimônio Histórico e Artístico Nacional (Sphan), baseado em documento preparado por Mário de Andrade (30 nov.).
- Extinção de todos os partidos políticos pelo Decreto-Lei nº 37 (2 dez.). A Ação Integralista Brasileira também foi extinta, já que se proibiu a existência de sociedades civis com a mesma denominação com a qual haviam se registrado como partidos.

1938

- Criação do Instituto Brasileiro de Geografia e Estatística (IBGE) (fev.).
- Criação do Conselho Nacional do Petróleo pelo Decreto-Lei nº 395, para regular o setor petrolífero brasileiro (29 abr.).
- Tentativa de insurreição promovida pelos integralistas (11 maio). O grupo atacou o Palácio Guanabara, porém foi dominado pela guarda do palácio e pelos próprios familiares do presidente.
- Criação do Departamento Administrativo do Serviço Público (Dasp) para auxiliar no aprofundamento da reforma administrativa e da racionalização do serviço público nacional (30 jul.).

1939

- Extinção, pelo Decreto-Lei nº 1.063, da Faculdade do Distrito Federal, sendo seus quadros incorporados à Faculdade Nacional de Filosofia da Universidade do Brasil (20 jan.).
- Regulamentação da Justiça do Trabalho pelo Decreto-Lei nº 1.237 (1 maio).
- Declaração, durante a Conferência do Panamá, da neutralidade do Brasil e das outras repúblicas americanas com relação à guerra que se iniciava na Europa (set.).
- Criação, pelo Decreto nº 1.915, do Departamento de Imprensa e Propaganda, que extinguiu o Departamento Nacional de Propaganda (DNP), para centralizar e controlar a propaganda nacional, interna e externa (27 dez.).

1940

- Invasão, pela polícia, da sede do jornal *O Estado de S. Paulo* (26 mar.). Até 1945 permaneceria naquele jornal a orientação governista.
- Instituição, pelo Decreto-Lei nº 2.377, do imposto sindical referente a desconto de valor equivalente a um dia de trabalho de cada trabalhador para garantir a sustentação financeira dos sindicatos (8 jul.).
- Instituição, pelo Decreto-Lei nº 2.848, do novo Código Penal brasileiro (7 dez.).

1941

- Criação, pelo Decreto nº 2.961, do Ministério da Aeronáutica (20 jan.).
- Criação da Força Aérea Brasileira (FAB) (22 jan.).

- Assinatura do decreto-lei que determinava a criação da Companhia Siderúrgica Nacional (CSN) (30 jan.).
- O Brasil autoriza a utilização, pelos norte-americanos, de suas bases navais e aéreas localizadas no Nordeste do país (jul.).
- Assinatura de acordo entre Brasil e Estados Unidos estabelecendo a permissão brasileira para a construção de bases militares norte-americanas em Natal, Belém e Recife; em troca, os Estados Unidos financiariam a construção da Companhia Siderúrgica Nacional (1 out.).
- Os japoneses atacam a base naval norte-americana em Pearl Harbor, Havaí. O episódio marca a entrada dos Estados Unidos na guerra contra os países do Eixo (7 dez.).

1942

- Criação do Serviço Nacional de Aprendizagem Industrial (Senai) (22 jan.).
- Realização, no Brasil, da Conferência dos Chanceleres americanos, quando o Brasil rompe relações diplomáticas com os países do Eixo (15 a 28 jan.).
- Criação do território de Fernando de Noronha (9 fev.).
- Promulgação da Lei Orgânica do Ensino Secundário, também conhecida como Reforma Capanema, em referência ao ministro da Educação Gustavo Capanema, por meio da qual ficava instituído no ensino secundário um primeiro ciclo de quatro anos de duração (ginasial) e um segundo ciclo de três anos, que poderia ser de dois tipos — clássico e científico (9 abr.).
- Criação da Fábrica Nacional de Motores (FNM) e da Companhia Vale do Rio Doce (jun.).
- Submarinos alemães torpedeiam navios brasileiros na costa entre Maceió e Santos, matando 607 pessoas. Em seguida aos episódios, o Brasil declara guerra aos países do Eixo (ago.).
- Criação da Legião Brasileira de Assistência (LBA), órgão assistencialista (28 ago.).
- O cruzeiro torna-se a nova moeda do Brasil, substituindo o mil-réis (5 out.).

1943

- A Consolidação das Leis do Trabalho (CLT) é sancionada e anunciada aos trabalhadores no estádio de São Januário (1 maio).
- Golpe militar na Argentina leva o coronel Juan Domingo Perón ao poder (4 jun.).
- Prisão de Mussolini, na Itália, e constituição de um novo governo sem a presença dos fascistas (jul.).
- Criação da Força Expedicionária Brasileira (FEB) para representar o Brasil ao lado dos Aliados na II Guerra Mundial (ago.).
- A Comissão Militar Brasileira é enviada à Itália para acertar a participação brasileira na guerra (dez.).
- Criação dos territórios do Amapá, Rio Branco (atual estado de Roraima), Guaporé (atual estado de Rondônia), Ponta Porã e Iguaçu, pelo Decreto nº 5.812 (15 set.).

1944

- Criação da Fundação Getulio Vargas (FGV), instituição dedicada inicialmente ao estudo e ao ensino da administração (20 dez.).

1945

- Criação, pelo Decreto-Lei nº 7.293, da Superintendência da Moeda e do Crédito (Sumoc), como início do que viria a ser mais tarde o Banco Central do Brasil (2 fev.).
- Assinatura, por Vargas, da Lei Constitucional nº 9, pela qual ficava prevista a realização de eleições, em data a ser marcada 90 dias depois, para a presidência da República, a Assembleia Nacional Constituinte, governadores e constituintes estaduais (28 fev.).
- Nomeação de José Linhares, por Vargas, a presidente do Supremo Tribunal Federal (STF) (19 mar.) e do Tribunal Superior Eleitoral (TSE) (27 maio).
- Formação da União Democrática Nacional (UDN), com o lançamento da candidatura de Eduardo Gomes à presidência da República (7 abr.).
- Fundação do Partido Social Democrático (PSD), em Minas Gerais (8 abr.).
- Os exilados políticos podem regressar ao país em razão do *habeas corpus* concedido pelo Supremo Tribunal Federal (STF) (11 abr.).
- A Força Expedicionária Brasileira (FEB) conquista a cidade italiana de Montese (15 abr.).
- Todos os acusados de crimes políticos desde 1934 recebem a anistia pelo Decreto-Lei nº 7.474. A medida possibilita a libertação de Luís Carlos Prestes, após nove anos de prisão (18 abr.).
- O Brasil restabelece relações com a União Soviética (abr.).
- Fim da II Guerra Mundial com a rendição da Alemanha (8 maio).
- Criação do Partido Trabalhista Brasileiro (15 maio).
- Extinção do Departamento de Imprensa e Propaganda (DIP), pelo Decreto-Lei nº 7.582 (25 maio).
- Promulgação de nova Lei Eleitoral, que instituía o voto secreto e obrigatório, o registro dos partidos nacionais e a previsão de eleições presidenciais e parlamentares para o dia 2 de dezembro seguinte, e eleições estaduais para 6 de maio de 1946 (28 maio).
- Criação da Confederação Nacional dos Trabalhadores na Indústria (CNTI) (19 jul.).
- Lançamento, pelos Estados Unidos, de duas bombas atômicas sobre as cidades japonesas de Hiroshima (6 ago.) e Nagasaki (9 ago.).
- Início do movimento queremista, que reivindicava a permanência de Getúlio Vargas na presidência da República durante a elaboração da nova Constituição (ago./out.).
- Rendição do Japão (2 set.).
- Fundação da Organização das Nações Unidas (ONU), com o objetivo de manter a paz e a cooperação entre as nações (24 out.).
- Movimento civil e militar depõe o presidente Getúlio Vargas. O presidente do Supremo Tribunal Federal, José Linhares, assume interinamente o cargo (29 out.).
- Extinção do Tribunal de Segurança Nacional (17 nov.).
- Vargas lança um manifesto apoiando a candidatura do general Dutra à presidência da República (25 nov.).
- Realização de eleições diretas presidenciais e para deputados federais e senadores. Eurico Gaspar Dutra é eleito presidente, tendo como vice Nereu de Oliveira Ramos (2 dez.). Ambos são empossados em 31 de janeiro de 1946.

1946

- Instalada a Assembleia Nacional Constituinte (2 fev.).
- Greve em São Paulo envolve 100 mil trabalhadores, que lutam contra o arrocho salarial e a carestia (20 fev.).
- O presidente Dutra baixa o Decreto-Lei nº 9.215, que proíbe a prática ou a exploração de jogos de azar e fecha os cassinos (30 abr.).
- Promulgação da nova Constituição brasileira (18 set.).
- Inauguração da Usina de Volta Redonda (12 out.).

1947

- Realização de eleições diretas para governadores, deputados estaduais e federais, senadores, prefeitos, vice-prefeitos e vereadores em todo território nacional (19 jan.).
- O Partido Comunista do Brasil (PCB) tem seu registro cassado pelo Tribunal Superior Eleitoral e vários sindicatos sofrem intervenção do governo (7 maio).
- Fundação do Partido Socialista Brasileiro (PSB) (6 ago.).
- Osvaldo Aranha preside Assembleia Geral da ONU que aprova a criação do Estado de Israel (16 set.).
- O Brasil rompe relações diplomáticas com a União Soviética (20 out.).

1948

- Os deputados eleitos pelo PCB têm seus mandatos cassados (10 jan.).
- Chegada ao Congresso do que ficou chamado de Estatuto do Petróleo, projeto do governo de regulamentação da exploração nacional do petróleo (jan.).
- Realização, no Rio de Janeiro, da primeira passeata vinculada à campanha "O petróleo é nosso" (15 jul.).
- Organização da Comissão Brasileiro-Americana de Estudos Econômicos, conhecida como Missão Abbink (set.).

1949

- Criação da Escola Superior de Guerra (ESG), pela Lei nº 785, concebida inicialmente para ministrar aos militares curso de alto comando (20 ago.).
- Fundação, por Carlos Lacerda, do jornal *Tribuna da Imprensa*, que seria um importante campo de oposição ao governo Vargas nos anos 1950 (27 dez.).

1950

- Aprovação, pelo Congresso, do Plano Salte, relativo às áreas de saúde, alimentação, transporte e energia (18 maio).

- Inauguração do Estádio do Maracanã, construído em razão da copa do mundo no Brasil (10 jun.).
- Início da Guerra da Coreia, que se estenderia por três anos (25 jun.).
- Getúlio Vargas é escolhido pelo PTB como candidato à presidência da República (17 jul.).
- Eleições diretas para presidente, vice-presidente, governadores, senadores, deputados estaduais e federais, prefeitos, vice-prefeitos e vereadores. Getúlio Vargas, ao vencer o brigadeiro Eduardo Gomes, é eleito presidente da República com 48,7% dos votos, tendo como seu vice João Campos Café Filho (3 out.). Ambos são empossados em 31 de janeiro de 1951.

1951

- Criação do Conselho Nacional de Pesquisas (CNPq) (15 jan.), mais tarde Conselho Nacional de Desenvolvimento Científico e Tecnológico.
- Inauguração da TV Tupi do Rio de Janeiro (20 jan.).
- Fundação do jornal *Última Hora*, de Samuel Wainer, de apoio a Vargas (12 jun.).
- Criação da Campanha Nacional de Aperfeiçoamento do Pessoal de Nível Superior (Capes), que posteriormente passa de campanha a coordenação (11 jul.).
- Instalação da Comissão Mista Brasil-Estados Unidos, com o objetivo central de apontar os caminhos para o desenvolvimento econômico brasileiro (19 jul.).
- Aprovação da Lei Afonso Arinos, que transforma o racismo em crime passível de punição penal (3 jul.).
- Juan Domingo Perón é reeleito presidente da Argentina (11 nov.).
- Aprovação do Plano Nacional de Reaparelhamento Econômico, também chamado de Plano Lafer, com a ajuda financeira dos EUA (nov.).

1952

- Criação do Banco Nacional do Desenvolvimento Econômico (BNDE) (20 jun.).
- Criação do Banco do Nordeste do Brasil (19 jul.).
- Instalação da Conferência Nacional dos Bispos do Brasil (CNBB) (16 out.).
- Criação do Instituto Brasileiro do Café (IBC) (22 dez.).

1953

- Estouro da greve dos 300 mil, em São Paulo, por reajuste salarial (mar.).
- Fundação da Petrobras, empresa petrolífera brasileira (3 out.).
- Entrada em vigor da Instrução nº 70 da Sumoc, com o objetivo de estimular exportações e favorecer importações de bens essenciais ao desenvolvimento econômico do país (9 out.).

1954

- No âmbito das comemorações do IV Centenário da Cidade de São Paulo, são inaugurados o Parque do Ibirapuera, a Catedral da Sé e o Monumento às Bandeiras (jan.).

- Em reação à proposta de aumento salarial encaminhada por João Goulart, ministro do Trabalho, é lançado o *Manifesto dos Coronéis* (8 fev.).
- Demissão de João Goulart do cargo de ministro do Trabalho e do general Espírito Santo Cardoso do cargo de ministro da Guerra, na tentativa de controlar o agravamento da situação política (22 fev.).
- Vargas anuncia aumento de 100% no salário mínimo (1 maio).
- O Supremo Tribunal Federal decide pela constitucionalidade do decreto que elevou o salário mínimo (7 jul.).
- Atentado ao jornalista Carlos Lacerda na rua Tonelero, no Rio de Janeiro, em que morre o major Rubens Vaz (5 ago.). Carlos Lacerda responsabiliza o governo federal pelo episódio. As investigações apontariam Gregório Fortunato, funcionário do governo Getúlio Vargas, como mandante do atentado (17 ago.).
- Realização da reunião ministerial em que Vargas é aconselhado a pedir licença do cargo por 90 dias (24 ago.).
- Suicídio do presidente Getúlio Vargas, que deixa uma carta-testamento (24 ago.).
- O vice-presidente, Café Filho, assume o cargo (25 ago.).
- Uma multidão segue o transporte do corpo de Vargas do Catete até o Aeroporto Santos Dumont (25 ago.), para o sepultamento em São Borja (26 ago.).
- Realização de eleições diretas para o Senado e a Câmara dos Deputados, para o Executivo estadual, assembleias legislativas, o Executivo e câmaras municipais (3 out.).
- Lançamento da candidatura de Juscelino Kubitschek à presidência da República pelo PSD (25 nov.).

1955

- Inauguração da Usina Hidrelétrica de Paulo Afonso, no rio São Francisco, entendida como um marco na engenharia nacional (15 jan.).
- Instituição da Instrução nº 113 da Sumoc, que permitia a importação de máquinas e equipamentos sem cobertura cambial para o Brasil, na forma de investimento direto (17 jan.).
- Criação, pelo Decreto nº 37.608, do Instituto Superior de Estudos Brasileiros (Iseb) como um órgão do Ministério da Educação e Cultura, com o objetivo de estudar, ensinar e divulgar as ciências sociais como um meio de compreender criticamente a realidade brasileira (14 jul.).
- Divulgação, pelo jornal *Tribuna da Imprensa*, da chamada Carta Brandi, que tornava públicas supostas articulações entre o ministro do Trabalho, João Goulart, e o governo argentino de Juan Domingo Perón, com vistas a deflagrar um movimento armado de caráter sindicalista no Brasil (17 set.).
- Realização de eleições para presidente e vice-presidente, governadores, prefeitos, vice-prefeitos e vereadores. Juscelino Kubitschek é eleito presidente da República, tendo João Goulart como seu vice (3 out.).
- Café Filho se afasta da presidência da República, que é assumida pelo presidente da Câmara dos Deputados, Carlos Luz (8 nov.).
- O general Henrique Teixeira Lott, que havia deixado o cargo de ministro da Guerra no dia anterior, lidera o movimento militar 11 de novembro, visando garantir a posse do presidente eleito

Juscelino Kubitschek. O movimento resultou na destituição de Carlos Luz e na posse de Nereu Ramos, vice-presidente do Senado, na presidência (11 nov.).
- Fundação do Departamento Intersindical de Estatística e Estudos Socioeconômicos (Dieese) (22 dez.).

1956

- Posse na presidência e na vice-presidência da República, respectivamente, de Juscelino Kubitschek e João Goulart (31 jan.).
- Criação do Conselho de Desenvolvimento, com a função de implementar o Plano de Metas — conjunto de 30 objetivos a serem atingidos em vários setores da economia —, que foi caracterizado como a tentativa de se avançar "50 anos em cinco" (1 fev.).
- Início da sublevação de Jacareacanga, no Pará, de oficiais da Aeronáutica revoltados contra o governo (10 a 29 fev.). O episódio demonstrou a hostilidade sofrida pelo governo Kubitschek por parte de setores da Marinha e da Aeronáutica.
- Sanção da Lei nº 2.874 que criou a Companhia Urbanizadora da Nova Capital (Novacap) (19 set.).
- Criação da Comissão Nacional de Energia Nuclear (Cnen) (10 nov.).
- Assinatura de acordo entre Brasil e Estados Unidos que concedia permissão para a instalação de uma base militar norte-americana de rastreamento de foguetes em Fernando de Noronha. Em troca, o Brasil receberia cerca de US$ 100 milhões em armamentos (17 dez.).

1957

- Aprovação do plano piloto de autoria de Lucio Costa para a construção de Brasília (mar.)

1958

- Instalação do primeiro reator nuclear da América Latina na Universidade de São Paulo (USP) (25 jan.).
- Envio ao Brasil de missão do Fundo Monetário Internacional (FMI) para averiguar a capacidade do país de honrar o empréstimo solicitado por Juscelino Kubitschek (16 mar.).
- Atualização do Tratado Roboré, assinado entre Brasil e Bolívia em 1938, que dispunha sobre a exploração brasileira de petróleo na Bolívia (29 mar.).
- Apresentação do primeiro automóvel fabricado no Brasil (com 50% de peças nacionais), o DKW-Vemag (28 abr.).
- O presidente Juscelino Kubitschek apresenta, em jantar oferecido aos embaixadores latino-americanos, a Operação Pan-Americana (OPA), que buscaria o desenvolvimento da América Latina envolvendo diretamente os Estados Unidos (20 jun.).
- A seleção brasileira vence pela primeira vez a Copa do Mundo de Futebol, derrotando a seleção sueca em Estocolmo (24 jun.).

- Lançamento do LP *Canção do amor demais*, com Elizete Cardoso interpretando músicas de Tom Jobim e Vinícius de Moraes, e da música *Chega de Saudade*, de João Gilberto, marca o surgimento da Bossa Nova (ago.).
- Realização de eleições diretas para o Senado e a Câmara dos Deputados, governadores, assembleias legislativas, prefeitos e câmaras municipais (3 out.).

1959

- Fidel Castro torna-se primeiro-ministro de Cuba, após a vitória da Revolução Cubana (jan.).
- Inauguração da 1ª Exposição Neoconcreta no Museu de Arte Moderna do Rio de Janeiro (19 mar.). Poucos dias depois foi publicado, em suplemento do *Jornal do Brasil*, o Manifesto Neoconcreto, assinado, entre outros, por Ferreira Gullar, Amílcar de Castro, Franz Weissman, Lígia Clark e Lígia Pape (22 mar.).
- Visita do primeiro-ministro cubano Fidel Castro ao Brasil (2 maio).
- Rompimento de relações do presidente Juscelino Kubitschek com o Fundo Monetário Internacional (FMI) como consequência da recusa brasileira de ceder às exigências do órgão para a concessão de financiamentos (17 jun.).
- Eclosão da Revolta de Aragarças, em Goiás, em que oficiais da Aeronáutica se rebelaram contra o governo. Seus líderes se refugiaram no Paraguai, na Bolívia e na Argentina (2 dez.).
- Criação, pela Lei nº 3.692, da Superintendência do Desenvolvimento do Nordeste (Sudene), com o objetivo de promover e coordenar o desenvolvimento da região (15 dez.).

1960

- Visita do presidente dos EUA, Dwight Eisenhower, ao Brasil (25 fev.).
- Inauguração de Brasília, a nova capital brasileira (21 abr.). O município do Rio de Janeiro, antiga capital, transforma-se no estado da Guanabara.
- Retomada das negociações com o FMI, marcadas pela concessão de um grande empréstimo ao Brasil (maio).
- Realização de eleições diretas para presidente e vice-presidente, governadores, prefeitos, vice-prefeitos e vereadores. Jânio Quadros é eleito presidente da República e João Goulart elege-se como vice (3 out.). No mesmo pleito, Carlos Lacerda é eleito o primeiro governador da Guanabara.

1961

- Posse de Jânio Quadros e João Goulart na presidência e na vice-presidência da República, respectivamente (31 jan.).
- Tentativa malograda de invasão da baía dos Porcos, em Cuba, por exilados apoiados pelo governo norte-americano (17 abr.).
- Cuba é declarada por Fidel Castro uma república democrática socialista (1 maio).
- Realização da Conferência do Conselho Interamericano Econômico e Social (Cies), durante a qual foi assinada a Carta de Punta del Este, documento que lançou as bases da Aliança para o

Progresso — programa de ajuda financeira dos EUA aos países latino-americanos, exceto Cuba (5 a 17 ago.).
- Início da construção do muro de Berlim, dividindo o lado ocidental do lado oriental (13 ago.).
- O presidente Jânio Quadros condecora Ernesto Che Guevara, ministro da Economia de Cuba, provocando descontentamento nas Forças Armadas (19 ago.).
- Jânio Quadros renuncia à presidência quando o vice-presidente, João Goulart, realizava viagem oficial à China. Ministros militares tentam impedir a posse de Jango, situação que deixa o Exército dividido. Leonel Brizola, apoiado pelo III Exército, lança a Campanha da Legalidade (27 ago.).
- O PCB decide, em conferência nacional, que passará a se chamar Partido Comunista Brasileiro e não mais Partido Comunista do Brasil, de forma a ressaltar o caráter nacional do partido. A mudança fez parte de uma estratégia para facilitar a legalização do PCB, que já havia sido anteriormente posto na ilegalidade sob a acusação de vincular-se à União Soviética (ago.).
- Como tentativa de conter a crise política gerada pela perspectiva de posse do vice-presidente João Goulart, em razão da renúncia de Jânio Quadros, foi instituído o regime parlamentarista no país, após aprovação pelo Congresso da Emenda Constitucional nº 4 (2 set.).
- Jango assume a presidência da República, tendo como primeiro-ministro Tancredo Neves (7 set.).
- Sanção da Lei nº 4.024 — em tramitação no Congresso desde 1947 —, a chamada Lei de Diretrizes e Bases (LDB) fixa as diretrizes da educação nacional (20 dez.).

1962

- A Organização dos Estados Americanos (OEA) realiza a VIII Reunião de Consulta dos Ministros das Relações Exteriores, no Uruguai. Na ocasião, o ministro das Relações Exteriores do Brasil, Francisco Clementino de San Tiago Dantas, posicionou-se contra os EUA, que pretendiam retirar Cuba da OEA (22 a 31 jan.).
- Fundação do Instituto de Pesquisa e Estudos Sociais (Ipes), que reunia empresários do Rio de Janeiro e de São Paulo e permitia a sua atuação política decorrente da preocupação de defender os interesses da iniciativa privada (2 fev.).
- Dissidentes do Partido Comunista Brasileiro, que se opunham à conduta pacifista assumida pelo partido, fundam o Partido Comunista do Brasil (PCdoB), influenciado pelo maoísmo chinês (18 fev.).
- Inauguração da Universidade de Brasília (21 abr.).
- Instalação da Eletrobrás (Centrais Elétricas Brasileiras S.A.) (11 jun.).
- Sanção da Lei nº 4.070, elevando o Acre à categoria de estado (15 jun.).
- O presidente João Goulart sanciona a Lei nº 4.090, que institui o pagamento do 13º salário (13 jul.).
- Realização do IV Encontro Sindical Nacional, em São Paulo, ocasião em que foi criado o Comando Geral dos Trabalhadores (CGT), organização dirigida por sindicalistas do PTB e do PCB visando a coordenação do movimento sindical (17 a 19 ago.).
- Aprovação da Lei Complementar nº 2, que antecipava a realização do plebiscito sobre a continuidade ou não do sistema parlamentar para o dia 6 de janeiro de 1963 (15 set.).
- Realização de eleições diretas para Senado e Câmara dos Deputados, governadores, assembleias legislativas, prefeitos e câmaras municipais (7 out.).

- Anúncio do Plano Trienal de Desenvolvimento Econômico e Social, que pretendia estabelecer regras para controlar a inflação e reduzir o déficit público (30 dez.).

1963

- Realização do plebiscito que determinou o fim do parlamentarismo, restabelecendo o sistema presidencialista (6 jan.).
- Aprovação da Lei nº 4.214, que dispunha sobre o Estatuto do Trabalhador Rural, regulando as relações de trabalho e estendendo direitos aos trabalhadores rurais (2 mar.).
- Sublevação, em Brasília, de cabos, sargentos e suboficiais da Marinha e da Aeronáutica, em razão de o Supremo Tribunal Federal (STF) ter reafirmado a decisão de manter a inelegibilidade de sargentos para órgãos do Poder Legislativo (12 set.).
- O presidente João Goulart solicita a decretação do estado de sítio por 40 dias, mas o Congresso rejeita o pedido (4 out.).
- Manifestação pela reforma agrária em Recife reúne 30 mil camponeses, sendo reprimida pelo IV Exército (6 out.).
- Início da Greve dos 700 mil, em São Paulo, que reivindicava aumento salarial (29 out.).
- O presidente dos EUA, John Kennedy, é assassinado em Dallas, no Texas (22 nov.).
- Criação da Confederação Nacional dos Trabalhadores da Agricultura (Contag) como uma entidade que buscaria a melhoria das condições de vida dos trabalhadores do campo (20 dez.).

1964

- Sanção, pelo Decreto nº 53.451, durante o governo João Goulart, da Lei de Remessa de Lucros, que restringia a remessa de lucros das empresas estrangeiras no país a valor equivalente a 10% do capital registrado (20 jan.).
- Realização do Comício da Central, em frente ao prédio do Ministério da Guerra, reunindo cerca de 150 mil pessoas. Na ocasião, o presidente João Goulart anuncia as reformas de base, o que radicalizou profundamente a tensão política (13 mar.).
- Líderes do CGT organizam assembleias em vários estados brasileiros com o objetivo de mobilizar a população ante a possibilidade do impedimento de João Goulart (16 mar.).
- Realização da Marcha da Família com Deus pela Liberdade, em São Paulo, por setores conservadores da Igreja Católica contra as reformas anunciadas por Goulart (19 mar.).
- Protesto em assembleia de comemoração de aniversário da Associação dos Marinheiros e Fuzileiros Navais do Brasil, realizada no Sindicato dos Metalúrgicos do Rio de Janeiro, reunindo cerca de 2 mil marinheiros, em razão da prisão de 12 dirigentes da entidade que se haviam manifestado a favor das reformas de base propostas pelo presidente Goulart (25 mar.).
- Em Juiz de Fora, encontram-se o general Olímpio Mourão Filho, o marechal Odilo Denis e o governador Magalhães Pinto com a finalidade de combinar a deposição do presidente da República (28 mar.).
- João Goulart discursa a favor das reformas de base no Automóvel Clube do Rio de Janeiro (30 mar.).
- Golpe militar depõe o presidente João Goulart (31 mar.).

- O presidente da Câmara, Ranieri Mazzilli, assume a presidência da República (2 abr.).
- O ato institucional, que posteriormente passou a ser o de n° 1, cassa 40 mandatos e transfere o poder para os militares (9 abr.).
- Eleição indireta escolhe o general Humberto de Alencar Castello Branco como novo presidente da República, sendo seu vice José Maria de Alkmim (11 abr.).
- O general Castello Branco toma posse na presidência da República (15 abr.).
- Rompimento de relações do Brasil com Cuba (2 maio).
- Criação do Serviço Nacional de Informações (SNI), sob a chefia do coronel Golbery do Couto e Silva (13 jun.).
- Prorrogação, pelo Congresso, do mandato do general Castello Branco até 15 de março de 1967 (22 jul.).
- O Congresso aprova a extinção da UNE e de outras uniões estudantis (27 out.).
- O presidente Castello Branco sanciona o Estatuto da Terra (30 nov.), pela Lei n° 4.504. É a primeira vez que um governo brasileiro realiza uma proposta de reforma agrária.
- Lançamento do Programa Ação Econômica do Governo (Paeg) (nov.).
- Promulgação da Lei n° 4.595, de Reforma Bancária, que cria o Banco Central do Brasil (31 dez.).

1965

- Inauguração da Ponte da Amizade, sobre o rio Paraná, ligando o Brasil ao Paraguai (26 mar.).
- O jornal *O Estado de S. Paulo* sofre atentado com explosão de bomba em suas oficinas (22 abr.).
- Início das transmissões da TV Globo no Rio de Janeiro (26 abr.).
- Tropas brasileiras seguem para a República Dominicana integrando a Força Interamericana de Paz que faria frente à revolução em curso naquele país (28 abr.).
- Inauguração da Usina Hidrelétrica de Furnas (12 maio).
- O novo Código Eleitoral sanciona a Lei das Inelegibilidades e o Estatuto dos Partidos (15 jul.).
- Realização de eleições diretas para governadores, prefeitos, vice-prefeitos e vereadores (3 out.).
- Abolição do pluripartidarismo através do Ato Institucional n° 2 (27 out.). Os partidos políticos são dissolvidos. O AI-2 torna ainda indireta a eleição presidencial e transfere o julgamento de crimes políticos para a Justiça Militar.
- Instituição do cruzeiro novo como moeda (13 nov.).
- Assinatura do Ato Complementar n° 4, que dispunha sobre a organização dos novos partidos (20 nov.). Embora permitisse que fossem criados até três novos partidos, surgem apenas dois: a Aliança Renovadora Nacional (Arena), partido de apoio aos militares, e o Movimento Democrático Brasileiro (MDB), partido de oposição consentida.

1966

- Promulgação do Ato Institucional n° 3, que determina eleições estaduais indiretas (5 fev.).
- Edição do Ato Complementar n° 8, que dispõe sobre a intervenção federal nos municípios (29 mar.).

- O MDB decide não participar das eleições indiretas para a presidência da República (jun.).
- Cassação e perda de direitos políticos de 46 pessoas (4 jul.). Após reagir, o Congresso é posto em recesso por um mês.
- Realização de eleições indiretas para governador (3 set.).
- Criação do Fundo de Garantia do Tempo de Serviço (FGTS) (13 set.).
- O Congresso elege o general Artur da Costa e Silva para a presidência da República, sendo Pedro Aleixo seu vice (3 out.).
- Inauguração da Universidade Estadual de Campinas (Unicamp) (5 out.).
- Aprovação do texto do projeto da nova Constituição por Castello Branco (25 out.).
- Carlos Lacerda, Juscelino Kubitschek e João Goulart lançam a Frente Ampla, movimento contrário ao regime militar (28 out.).
- Realização de eleições diretas para deputados federais, senadores, deputados estaduais, prefeitos, vice-prefeitos e vereadores (15 nov.).
- Criação do Instituto Nacional de Previdência Social (INPS) (21 nov.).

1967

- Promulgação da sexta Constituição Brasileira (24 jan.), que, entre outras medidas, criou o Conselho de Segurança Nacional.
- Sanção da nova Lei de Imprensa (9 fev.) e da nova Lei de Segurança Nacional (11 mar.).
- O marechal Costa e Silva é empossado na presidência da República (15 mar.).
- O general Garrastazu Médici assume a chefia do Serviço Nacional de Informações (17 mar.).
- Realização de congresso clandestino da UNE em São Paulo (ago.).
- Criação da Fundação Nacional do Índio (Funai) (5 dez).

1968

- O estudante Edson Luís morre em conflito com a polícia militar, no Rio de Janeiro (28 mar.).
- Martin Luther King, líder do movimento negro e Prêmio Nobel da Paz, é assassinado nos EUA (4 abr.).
- A Frente Ampla é proibida pelo governo (5 abr.).
- Eclosão de greves operárias em Minas Gerais e em São Paulo (abr. e jul.).
- Realização da Passeata dos 100 Mil, no Rio de Janeiro, que protesta contra o regime militar (26 jun.).
- O deputado Márcio Moreira Alves faz discurso no Congresso sugerindo o boicote às paradas militares de comemoração do Dia da Independência do Brasil (2 set.).
- Prisão de estudantes no 30º Congresso da UNE, em São Paulo (12 out.).
- O governo pede à Câmara licença para processar o deputado Márcio Moreira Alves por seu discurso de 2 de setembro (12 out.).
- Realização de eleições diretas para prefeitos, vice-prefeitos e vereadores (15 nov.).
- Aprovação do projeto de reforma universitária pelo governo (28 nov.).
- A Câmara rejeita o pedido do governo para processar o deputado Márcio Moreira Alves e Costa e Silva decreta o Ato Institucional nº 5, fechando o Congresso Nacional (13 dez.).

1969

- Edição do Decreto-Lei nº 477, que prevê a prisão e o afastamento da universidade de estudantes considerados subversivos (26 fev.).
- Lançamento da Operação Bandeirantes (Oban), em São Paulo, entidade de repressão (1 jul.).
- O homem vai à Lua (20 jul.).
- Em razão de uma trombose, Costa e Silva é afastado da presidência, sendo substituído por uma junta militar formada pelo general Aurélio de Lira Tavares, pelo almirante Augusto Rademaker e pelo brigadeiro Márcio Melo (31 ago.).
- Sequestro do embaixador dos EUA, Charles Elbrick, no Rio de Janeiro (4 set.).
- Promulgação do Ato Institucional nº 13, que previa o banimento de presos considerados perigosos para a segurança nacional, e do Ato Institucional nº 14, que admitia a pena de morte e a prisão perpétua (5 set.).
- Publicação da nova Lei de Segurança Nacional (27 set.).
- Entrada em vigor da nova Constituição brasileira (out.).
- Eleição indireta de Emílio Garrastazu Médici para presidente da República, sendo o almirante Augusto Rademaker seu vice (25 out.).
- Posse do general Médici e do almirante Augusto Rademaker (30 out.).
- Assassinato de Carlos Marighela, líder da Ação Libertadora Nacional (ALN) (4 nov.).
- Realização de eleições diretas para prefeitos, vice-prefeitos e vereadores (30 nov.).

1970

- Aprovação do Decreto-Lei nº 1.077, que dispunha sobre a censura prévia à imprensa (26 jan.).
- O cruzeiro novo volta a ser chamado de cruzeiro (15 maio).
- Sequestro do embaixador da Alemanha Ocidental, Ehrenfried von Holleben (11 jun.).
- Anúncio da abertura da rodovia Transamazônica, ligando o Maranhão ao Acre (16 jun.).
- Criação, pelo Decreto-Lei nº 1.110, do Instituto Nacional de Colonização e Reforma Agrária (Incra) (9 jul.).
- A Lei Complementar nº 7/70 cria o Programa de Integração Social (PIS) (7 set.).
- Realização de eleições indiretas para governadores (3 out.).
- Realização de eleições diretas para deputados federais, senadores, deputados estaduais, prefeitos, vice-prefeitos e vereadores (15 nov.).
- Sequestro do embaixador suíço Giovanni Bucher (7 dez.), tendo sido liberado após a libertação de presos políticos em 18 de janeiro de 1971.

1971

- O Decreto nº 69.534 concede ao presidente a possibilidade de emitir decretos secretos (11 nov.).

1972

- Realização da primeira transmissão em cores de TV no país (19 fev.).
- O ministro da Justiça, Alfredo Buzaid, proíbe a veiculação de notícias sobre a sucessão presidencial (15 set.).
- Realização de eleições diretas para prefeitos, vice-prefeitos e vereadores (15 nov.).
- Início do combate da guerrilha do Araguaia, organizada pelo PCdoB.

1973

- O trabalhador rural passa a desfrutar do FGTS (8 jun.).
- Lançamento da "anticandidatura", episódio em que políticos do MDB, por sugestão do grupo de deputados conhecidos como "autênticos", lançam Ulysses Guimarães à presidência da República e Barbosa Lima Sobrinho à vice-presidência, como forma de protesto (4 set.).
- Golpe militar bombardeia o Palácio La Moneda, no Chile, para derrubar o presidente Salvador Allende, que morre (11 set.).

1974

- O Colégio Eleitoral elege para a presidência o general Ernesto Geisel, tendo Adalberto dos Santos como vice (15 jan.). Ambos tomam posse em 15 de março.
- Inauguração da ponte Presidente Costa e Silva, ligando o Rio de Janeiro a Niterói (4 mar.).
- A Revolução dos Cravos, em Portugal, derruba o governo ditatorial (25 abr.).
- Sanção da Lei Complementar nº 20, que determina a fusão do estado da Guanabara com o estado do Rio de Janeiro (1 jul.).
- Restabelecimento das relações diplomáticas entre o Brasil e a China Popular (15 ago.).
- Realização de eleições indiretas para governadores (3 out.).
- Realização de eleições legislativas diretas para o Senado, a Câmara Federal e as assembleias legislativas (15 nov.). O MDB obtém expressiva votação.
- Aniquilação da guerrilha do Araguaia, que mantinha suas bases no vale da Ribeira (SP), após algumas investidas militares oficiais (dez.).

1975

- O novo estado do Rio de Janeiro surge da fusão com o estado da Guanabara (15 mar.).
- Fim da Guerra do Vietnã, com a derrota dos EUA (30 abr.).
- Assinatura do acordo nuclear entre o Brasil e a Alemanha (27 jun.).
- O presidente Geisel autoriza a realização de contratos com cláusula de risco na pesquisa de petróleo (9 out.).
- O Exército emite nota oficial comunicando ter encontrado o jornalista Vladimir Herzog morto em uma cela do DOI-Codi, em São Paulo (26 out.).
- Criação do Programa Nacional do Álcool (Proálcool) (14 nov.).

- Luiz Inácio Lula da Silva chega à presidência do Sindicato dos Metalúrgicos de São Bernardo do Campo.

1976

- Decreto assinado por Geisel cassa os mandatos e suspende os direitos políticos dos deputados federais pelo MDB Nadyr Rossetti e Amaury Muller (29 mar.), do Rio Grande do Sul, e Lysâneas Maciel (1 abr.), do Rio de Janeiro.
- Aprovação pelo Congresso da Lei nº 6.339, conhecida como Lei Falcão, que restringia a propaganda eleitoral no rádio e na TV (1 jul.).
- Desastre de automóvel tira a vida do ex-presidente Juscelino Kubitschek (22 ago.).
- Realização de eleições para prefeitos, vice-prefeitos e vereadores (15 nov.).
- O ex-presidente João Goulart morre no exílio, na Argentina (6 dez.).
- Realização de eleições para prefeitos, vice-prefeitos e vereadores nos municípios em que não haviam sido realizadas em 15 de novembro (20 dez.).

1977

- Lançamento pelo governo do Pacote de Abril (15 abr.), conjunto de medidas (14 emendas, três artigos novos e seis decretos-leis) que visavam garantir a maioria governista no Legislativo por meio de providências como a eleição indireta para um terço dos senadores — que ficaram conhecidos como "biônicos" —, eleições indiretas para governadores, alteração do quórum para aprovação de emendas constitucionais e ampliação do mandato presidencial para seis anos.
- Publicação do manifesto da Associação Brasileira de Imprensa (ABI) contra a censura (7 jun.).
- Promulgação da Emenda Constitucional nº 9, que dispunha sobre a possibilidade do divórcio no país (28 jun.).
- O presidente Geisel exonera o ministro do Exército, general Silvio Frota, aspirante a candidato às eleições presidenciais (12 out.).

1978

- Jimmy Carter, presidente dos EUA, visita o Brasil (29 mar.).
- Eclosão da greve geral dos metalúrgicos de São Bernardo do Campo (SP), na qual Lula emerge como uma nova liderança sindical (12 maio).
- Os colégios eleitorais elegem os novos governadores (1 set.).
- Aprovação da revogação do AI-5, do Decreto-Lei nº 477 e do restabelecimento do *habeas corpus* em caso de crimes políticos (20 set.).
- De acordo com a Emenda Constitucional nº 11, deixa de vigorar o Ato Institucional nº 5 (13 out.).
- O Colégio Eleitoral elege o general João Figueiredo presidente da República, sendo Antônio Aureliano Chaves de Mendonça seu vice (15 out.).
- Realização de eleições diretas para deputados federais e estaduais e senadores (15 nov.).

1979

- Criação do estado de Mato Grosso do Sul, tendo como capital Campo Grande (1 jan.).
- Posse na presidência do general João Baptista de Oliveira Figueiredo, tendo como vice Aureliano Chaves (15 mar.).
- O presidente Figueiredo sanciona a Lei nº 6.683, de Anistia, permitindo que centenas de exilados comecem a retornar ao país (28 ago.).
- Aprovação de projeto de reforma que dispunha sobre o restabelecimento da pluralidade partidária (29 nov.), extinguindo-se a Arena e o MDB.
- Criação do Partido Popular (PP), sob a liderança do senador Tancredo Neves (20 dez.).

1980

- Criação do Partido dos Trabalhadores, em São Paulo (10 fev.).
- Afastamento de Luís Carlos Prestes da Secretaria-Geral do PCB (19 maio).
- Luiz Inácio Lula da Silva é eleito presidente do PT (25 maio).
- Fundação do Partido Democrático Trabalhista (PDT), sob a liderança de Leonel Brizola (26 maio).
- Ocorrência de atentados com explosões de duas cartas-bomba na Câmara Municipal e na OAB, resultando na morte da secretária Lida Monteiro da Silva (27 ago.).
- Aprovação da Emenda Constitucional nº 15, que restabelece eleições diretas para governadores de estados e senadores (19 nov.).

1981

- Ocorrência de atentado no Riocentro, durante show em comemoração ao Dia do Trabalho, no qual a explosão de uma bomba mata um sargento e fere um capitão, que, segundo indícios, eram os responsáveis pelo atentado (1 maio).
- Em razão de infarto sofrido pelo presidente Figueiredo, o vice Aureliano Chaves assume interinamente a presidência da República (18 set. a 11 nov.).
- A Lei Complementar nº 041 cria o estado de Rondônia (22 dez.).

1982

- Realização de eleições diretas para governadores, deputados federais e estaduais, senadores, prefeitos, vice-prefeitos e vereadores (15 nov.). O cacique Mario Juruna é eleito deputado federal pelo PDT, tornando-se o primeiro índio a assumir mandato parlamentar.

1983

- Criação do Conselho Nacional do Meio Ambiente para regular o uso de reservas ecológicas e tomar medidas para limitar a poluição (1 jun.).

- Fundação da Central Única dos Trabalhadores (CUT) durante congresso sindical em São Paulo (26 a 28 ago.).
- Realização, em São Paulo, do primeiro comício pela retomada das eleições presidenciais diretas (27 nov.).

1984

- Formação do Movimento dos Sem Terra (MST), em encontro no Paraná, congregando trabalhadores rurais (20 a 22 jan.).
- As manifestações chamadas de Diretas Já multiplicam-se por vários pontos do país, reunindo cerca de 1 milhão de pessoas no Rio de Janeiro (10 abr.) e 1,7 milhão em São Paulo (16 abr.).
- A despeito de todas as mobilizações favoráveis ao restabelecimento de eleições presidenciais diretas, é rejeitada no Congresso a Emenda Dante de Oliveira (26 abr.).
- Formação da Aliança Democrática, reunindo o PMDB e a Frente Liberal, para apoiar a candidatura de Tancredo Neves à presidência (14 jul.).
- O Senado decide pelo voto aberto para as eleições presidenciais seguintes (12 dez.).

1985

- Tancredo Neves é o primeiro presidente civil eleito, ainda indiretamente, após o regime militar, tendo como vice o ex-líder da Arena, José Sarney (15 jan.).
- Criação, por dissidentes do PDS, do Partido da Frente Liberal (PFL) (24 jan.).
- Realização, em Curitiba, do primeiro congresso do Movimento dos Sem Terra (30 jan.).
- Antes de tomar posse, Tancredo Neves é hospitalizado (14 mar.).
- O vice-presidente José Sarney assume interinamente a presidência (15 mar.).
- Comunicação do falecimento do presidente eleito Tancredo Neves, causando comoção nacional (21 abr.).
- José Sarney assume definitivamente a presidência da República (22 abr.).
- José Sarney sanciona diversas medidas aprovadas pelo Congresso, que visavam democratizar o país, entre as quais o direito de voto para os analfabetos e o restabelecimento das eleições presidenciais diretas (10 maio).
- Realização de eleições diretas para prefeituras de capitais, estâncias hidrominerais, antigos municípios de segurança nacional e municípios recém-criados (15 nov.).
- Aprovação da Emenda Constitucional nº 26, convocando uma Assembleia Nacional Constituinte para redigir uma nova Constituição (27 nov.).

1986

- Lançamento do Plano Cruzado e da nova moeda nacional homônima (28 fev.).
- Criação do seguro-desemprego, que beneficia trabalhadores demitidos por período superior a 60 dias (30 abr.).
- O Brasil retoma as relações externas com Cuba (jun.).

- O PCB realiza congresso, pela primeira vez dentro da legalidade desde a década de 1940 (jul.).
- Eleições para a Assembleia Nacional Constituinte e para governadores, com expressiva vitória do PMDB (15 nov.). São realizadas ainda eleições diretas para prefeitos, vice-prefeitos e vereadores de municípios criados até 15 de junho de 1986.
- Anúncio do Plano Cruzado II, que instaura significativo aumento de preços de produtos e de tarifas, motivando várias manifestações contrárias (21 nov.).

1987

- Instalação da Assembleia Nacional Constituinte (1 fev.).
- O presidente Sarney anuncia a suspensão do pagamento dos juros da dívida externa (moratória) (20 fev.).
- Em Montevidéu, José Sarney se reúne com os presidentes da Argentina, Raúl Alfonsín, e do Uruguai, Júlio Sanguinetti, para discutir a integração econômica entre os países (27 maio).
- Anúncio do Plano Bresser, que previa o congelamento de preços e salários por 90 dias (12 jun.).
- A inflação acumulada chega aos 360% ao final de 1987.

1988

- Suspensão da moratória (jan.).
- Brasil e Argentina assinam tratado de acordo, cooperação e desenvolvimento destinado a formar um mercado comum no decorrer de 10 anos (6 abr.).
- Aprovação, pela Assembleia Nacional Constituinte, do aumento do mandato de Sarney para cinco anos (2 jun.).
- Criação do Partido da Social Democracia Brasileira (PSDB) (24 jun.).
- Promulgação da nova Constituição brasileira, que ficou conhecida no país como a Constituição "cidadã" (5 out.). Entre outras medidas, é criado o estado de Tocantins e o território de Roraima passa a estado.
- Realização de eleições para prefeitos, vice-prefeitos e vereadores de municípios criados até 15 de julho de 1988 (15 nov.).
- O líder seringueiro Chico Mendes é assassinado no Acre (22 dez.).

1989

- Lançamento do Plano Verão (jan.).
- Em resposta à política econômica do governo, CUT e CGT convocam greve geral (14 e 15 mar.).
- Realização do primeiro turno das eleições para prefeitos, vice-prefeitos e vereadores dos municípios criados até 15 de julho de 1988 (16 abr.) e até 15 de junho de 1989 (15 nov.).
- Queda do muro de Berlim, que, desde 1961, separava a Alemanha Oriental da Alemanha Ocidental (9 e 10 nov.).

- Realização do primeiro turno das eleições presidenciais diretas (15 nov.). No segundo turno, Fernando Collor de Mello é eleito presidente da República, tendo como vice Itamar Franco (17 dez.). No mesmo dia ocorre o segundo turno das eleições para prefeitos, vice-prefeitos e vereadores de municípios.
- A inflação chega a 1.700% ao fim de 1989.

1990

- Posse de Fernando Collor e Itamar Franco (15 mar.).
- Lançamento do Plano Collor, que, entre outras medidas, previa o confisco temporário de depósitos e aplicações financeiras, a volta do cruzeiro e a demissão de funcionários públicos (16 mar.).
- Sanção da Lei nº 8.031, que cria o Programa Nacional de Desestatização (PND) (12 abr.).
- Realização de eleições para o Senado, a Câmara dos Deputados, as assembleias legislativas e os governos estaduais (3 out.). Os governadores do Distrito Federal e dos recém-criados estados do Amapá e de Roraima são escolhidos diretamente pela primeira vez.
- Realização do segundo turno das eleições para governadores (25 nov.).

1991

- Lançamento do Plano Collor II, que instituía a criação do Fundo de Ações Financeiras (FAF), a substituição do Bônus do Tesouro Nacional (BNT) pela Taxa Referencial Diária (TRD) como indexador dos preços com juros prefixados e um novo congelamento de preços e salários, entre outras medidas (31 jan.).
- Criação do Mercosul, com a assinatura do Tratado de Assunção entre os presidentes do Brasil, da Argentina, da Bolívia e do Uruguai (26 mar.).
- Liberação dos cruzados bloqueados pelo Plano Collor (15 ago.).
- Primeira privatização de empresa estatal no país com a venda da Usiminas (24 out.).

1992

- O irmão do presidente Fernando Collor, Pedro Collor, denuncia esquema de corrupção envolvendo o governo federal (10 maio).
- Instauração de Comissão Parlamentar de Inquérito (CPI) para investigar as denúncias feitas por Pedro Collor (26 maio).
- Realização, no Rio de Janeiro, da ECO-92, encontro internacional em defesa do meio ambiente (3 a 14 jun.).
- Manifestação dos jovens "caras-pintadas" contra o governo Collor (14 ago.).
- Barbosa Lima Sobrinho, presidente da Associação Brasileira de Imprensa (ABI), é escolhido para liderar o pedido de *impeachment* do presidente Collor (20 ago.).
- Aprovação, pela Câmara dos Deputados, do afastamento e do processo de *impeachment* do presidente (29 set.).
- O vice-presidente Itamar Franco assume interinamente a presidência da República (2 out.).

- Realização do primeiro turno das eleições diretas para prefeitos, vice-prefeitos e vereadores (3 out.).
- Acidente aéreo tira a vida do deputado Ulysses Guimarães e de Severo Gomes (12 out.).
- Início do julgamento do *impeachment* de Collor no Senado (18 out.).
- Realização do segundo turno das eleições diretas para prefeitos, vice-prefeitos e vereadores (15 nov.).
- Collor renuncia à presidência pouco antes de o Senado declará-lo impedido de ocupar o cargo e suspender seus direitos políticos por um prazo de oito anos (29 dez.).
- Itamar Franco assume em caráter definitivo a presidência da República (29 dez.).

1993

- Realização de plebiscito, previsto na Constituição de 1988, que confirma o regime republicano e presidencialista no Brasil (21 abr.).
- Privatização da Companhia Siderúrgica Nacional (abr.).
- O cruzeiro real torna-se a nova moeda do país (1 ago.).

1994

- Início de nova reforma monetária, com a criação da Unidade Real de Valor (URV) (1 mar.).
- Lançamento do Plano Real de estabilização econômica, pelo ministro da Fazenda, Fernando Henrique Cardoso (1 jul.).
- Realização de eleições para a presidência e a vice-presidência da República, deputados federais, estaduais, senadores (3 out.). Na mesma data é realizado o primeiro turno das eleições para governadores.
- Realização do segundo turno das eleições para governadores (15 nov.).

1995

- Posse de Fernando Henrique Cardoso e Marco Maciel na presidência e na vice-presidência da República, respectivamente (1 jan.).

1996

- Massacre de Eldorado dos Carajás, em que 19 pessoas são mortas durante conflito entre a polícia e o MST no Pará (17 abr.).
- Realização do primeiro turno das eleições para prefeitos, vice-prefeitos e vereadores (3 out.).
- Realização do segundo turno das eleições para prefeitos, vice-prefeitos e vereadores (15 nov.).
- Promulgação da Lei nº 9.394, a nova Lei de Diretrizes e Bases (LDB) (20 dez.).

1997

- Privatização da Companhia Vale do Rio Doce (7 maio).
- Aprovação da Emenda Constitucional nº 16, que permite a reeleição para presidente da República, governadores e prefeitos (4 jun.).
- O Brasil decide aderir ao Tratado de Não Proliferação de Armas Nucleares (20 jun.).
- Privatização de 12 empresas estatais do setor de telecomunicações (jul.).

1998

- Realização de eleições para a presidência e a vice-presidência da República, deputados federais e estaduais, senadores e governadores (4 out.).
- Realização do segundo turno das eleições para governadores (25 nov.).

1999

- Posse de Fernando Henrique Cardoso, reeleito presidente da República (1 jan.).
- Criação do Ministério da Defesa (10 jun.).

2000

- Realização de eleições municipais por meio de urnas eletrônicas no país (1 out.).
- Realização do segundo turno das eleições municipais (29 out.).
- Diversos eventos comemoram, ao longo do ano, os 500 anos do descobrimento do Brasil.

2001

- Atentado terrorista em Nova York causando mais de 2.700 mortes e grande impacto na economia mundial (11 set.). A organização fundamentalista islâmica Al-Qaeda é responsabilizada pelos ataques.

2002

- Realização do primeiro turno das eleições presidenciais (6 out.). Luiz Inácio Lula da Silva (PT) e José Serra (PSDB) vão para o segundo turno. No mesmo dia são realizadas eleições para deputados federais e estaduais, senadores e governadores.
- Luiz Inácio Lula da Silva é eleito, em segundo turno, para a presidência da República (27 out.), tornando-se o primeiro presidente originário das classes populares, após três tentativas de se eleger, sem êxito, em eleições consecutivas. No mesmo dia ocorre o segundo turno das eleições para governadores.

2003

- Posse de Luiz Inácio Lula da Silva e José Alencar Gomes da Silva na presidência e na vice-presidência da República, respectivamente (1 jan.).
- Criação, pela Lei nº 10.689, do Programa Nacional de Acesso à Alimentação (PNAA), vinculado a ações de combate à fome (13 jun.).
- Lançamento pelo governo do Bolsa-Família, programa de apoio financeiro a famílias pobres que incentiva a manutenção das crianças dessas famílias na escola (20 out.).

2004

- O Brasil envia tropas ao Haiti para atuarem na Missão de Paz da Organização das Nações Unidas, com o objetivo de intervir na guerra civil (jun.).
- Realização de eleições para prefeitos, vice-prefeitos e vereadores (3 out.).
- Realização do segundo turno das eleições para prefeitos, vice-prefeitos e vereadores (31 out.).

2005

- Realização de referendo para a manifestação do eleitorado sobre a comercialização de armas de fogo e munição no território nacional (23 out.).

2006

- Realização do primeiro turno das eleições presidenciais (1 out.). Luiz Inácio Lula da Silva (PT) e Geraldo Alckmin (PSDB) vão para o segundo turno. No mesmo dia são realizadas eleições para deputados federais e estaduais, senadores e governadores.
- Luiz Inácio Lula da Silva é reeleito, em segundo turno, presidente da República (29 out.). No mesmo dia é realizado o segundo turno das eleições para governadores.

2008

- Realização de eleições para prefeitos, vice-prefeitos e vereadores (5 out.).
- Realização do segundo turno das eleições para prefeitos, vice-prefeitos e vereadores (26 out.).

2009

- Barack Hussein Obama toma posse na presidência dos Estados Unidos, tornando-se o primeiro negro a ocupar o cargo no país (20 jan.).

Para saber mais, é preciso ler

FERREIRA, Jorge. A estratégia do confronto: a frente de mobilização popular. *Revista Brasileira de História*, São Paulo, v. 24, n. 47, 2004.

GASPARI, Elio. *A ditadura envergonhada*. São Paulo: Companhia das Letras, 2002a.

———. *A ditadura escancarada*. São Paulo: Companhia das Letras, 2002b.

GOMES, Angela Maria de Castro et al. *A República no Brasil*. Rio de Janeiro: Nova Fronteira, Cpdoc, 2002.

Sites

Centro de Pesquisa e Documentação de História Contemporânea do Brasil: <www.cpdoc.fgv.br>.

Ministério do Planejamento, Orçamento e Gestão: <www.planejamento.gov.br>.

Tribunal Superior Eleitoral: <www.tse.gov.br>.

Universidade de Brasília: <www.unb.br>.

Sobre os autores

ADALBERTO CARDOSO é doutor em sociologia pela USP e professor do Iuperj. Pesquisa nas áreas de sociologia do trabalho, sociologia urbana e estrutura social. Entre suas publicações recentes destacam-se: *As normas e os fatos: desenho e efetividade das instituições de regulação do mercado de trabalho no Brasil*, em coautoria com Telma Lage (FGV, 2007); e *A construção da sociedade do trabalho no Brasil: uma investigação sobre sociabilidade capitalista, padrões de justiça e persistência das desigualdades*, a sair pela FGV em 2010.

ALCIDES JORGE COSTA é doutor e livre-docente pela Faculdade de Direito da USP, professor titular (aposentado) da mesma faculdade, fundador e ex-presidente do Instituto Brasileiro de Direito Tributário.

ALZIRA ALVES DE ABREU é doutora em sociologia pela Universidade Paris V-Sorbonne, pesquisadora do Cpdoc/FGV e coordenadora da 2ª edição do *Dicionário histórico-biográfico brasileiro pós-30* (2001).

CARLOS ROBERTO DE C. JATAHY é procurador de justiça do Ministério Público do Rio de Janeiro, bacharel em direito pela Uerj e mestre em direito público pela Unesa. Atualmente, exerce o cargo de subprocurador-geral de justiça. É autor dos livros *Curso de princípios institucionais do Ministério Público* (4. ed., Lumen Juris, 2009), *O Ministério Público no Estado democrático de direito* (Lumen Juris, 2007) e *Ministério Público: legislação institucional* (4. ed., Roma Victor, 2008), e professor da Escola de Direito da Fundação Getulio Vargas e da Fundação Escola do MP-RJ.

ELIZABETH DEZOUZART CARDOSO graduou-se em geografia na UFRJ (1975-1979), obteve o título de mestre em geografia pela mesma universidade e é doutora em geografia pela UFF.

FABIANO SANTOS, doutor em ciência política pelo Iuperj, é professor e pesquisador desse mesmo instituto, presidente da Associação Brasileira de Ciência Política, coordenador do Núcleo de Estudos sobre o Congresso do Iuperj, e autor de vários livros, capítulos de livros e artigos em periódicos nacionais e internacionais versando sobre as instituições representativas no Brasil e em perspectiva comparada.

Joaquim Falcão é doutor em educação pela Universidade de Genebra, mestre em direito pela Harvard Law School, professor de direito constitucional da Fundação Getulio Vargas e conselheiro do Conselho Nacional de Justiça (2005-2009).

José Augusto Garcia de Sousa, defensor público junto ao segundo grau de jurisdição no estado do Rio de Janeiro, é mestre em direito pela Uerj, professor assistente de direito processual civil da mesma universidade, professor de direito processual civil da Escola de Direito da Fundação Getulio Vargas, no Rio de Janeiro, e ex-vice-presidente da Associação Nacional dos Defensores Públicos (Anadep).

Juliana Gagliardi de Araujo é graduada em história pela Uerj e mestranda de comunicação e mediação no Programa de Pós-Graduação em Comunicação da UFF.

Luiz Carlos Merege, economista, mestre e doutor pela Maxwell School of Citizenship and Public Affairs da Syracuse University (EUA). É professor-titular da Eaesp/FGV, onde criou o Centro de Estudos do Terceiro Setor (Cets). É autor de *Terceiro setor: a arte de administrar sonhos* (2009), entre outros livros e artigos nessa área.

Márcio Grijó Vilarouca, doutor em ciência política pelo Iuperj, é pesquisador do Núcleo de Estudos sobre o Congresso do mesmo instituto e autor, em parceria com Fabiano Santos, de "Political institutions and governability from FHC to Lula", capítulo do livro *Democratic Brazil revisited*, organizado por Peter R. Kingstone e Timothy J. Power (University of Pittsburgh Press, 2008).

Sergio Lamarão é doutor em história pela UFF e coeditor da 2ª edição do *Dicionário histórico-biográfico brasileiro pós-30* (2001).